# 地域学入門

——〈つながり〉をとりもどす——

柳原邦光/光多長温/家中 茂/仲野 誠 編著

ミネルヴァ書房

地域学 入門
　―〈つながり〉をとりもどす―


【目　次】

序章　地域を生きるために ……………………………………… 柳原邦光　1

## 第Ⅰ部　地域を考える

第1章　いまなぜ地域を考えるのか ……………………………… 柳原邦光　12
　　　　1　「地域」という言葉のあいまいさ　12
　　　　2　現代社会の生きにくさ　13
　　　　3　ローカルな世界から考える　16
　　　　4　地域に関わる研究から見えてくるもの　18
　　　　5　根源的な問いに向き合う地域学　24

第2章　地域主義の系譜と地域学 ………………………………… 光多長温　29
　　　　1　地域主義の系譜　29
　　　　2　戦後の地域学の系譜　36
　　　　3　これからの地域学　40

第3章　文化現象としての地域 …………………………………… 吉村伸夫　51
　　　　　──生の充実を求めて
　　　　1　「文化」の定義と「地域」　51
　　　　2　表象の宇宙としての地域　52
　　　　3　「見えない宗教」あるいは「自明性」の問題　54
　　　　4　「大衆」と「市民」──文化現象としての「近代」の矛盾　56
　　　　5　「個」と「平等」をめぐる問題　59
　　　　6　守るべき方向性の確認　61
　　　　7　コスモス的市民社会としての「地域」　65
　　　　8　コンパクトで濃密なコスモス　66

## 目次

第4章　生活のなかから生まれる学問 …………………………… 家中　茂 73
　　　　——地域学への潮流
　　1　地域学への問いかけ　73
　　2　近代日本における学問形成——正統的アカデミズムと民間学　74
　　3　アカデミズムという制度——民際学の視点から　78
　　4　当事者性と専門性を問い直す——水俣から　81
　　5　地域のなかで考える，地域とともに考える　85
　　6　地域学の実践性　91

## 第Ⅱ部　地域をとらえる

第5章　生きられる地域のリアリティ …………………………… 仲野　誠 104
　　　　——反省の学としての地域学を目指して
　　1　態度としての地域学　104
　　2　地域学の背景　110
　　3　地域をとらえる3つの視点　112
　　4　地域学という生き方，地域学という実践　116

第6章　人の移動から地域を問う ………………………………… 児島　明 127
　　1　人の移動から見る日本社会　127
　　2　移動を生きるということ　132
　　3　移動を前提に地域を考える　142

第7章　地形から地域を読む ……………………………………… 矢野孝雄 151
　　1　日本列島の地形　151
　　2　海運・港湾から見た日本の近代化　155
　　3　日本列島のおいたちと臨海工業地帯　164

         [4] 地形と地域づくり　171

第8章　経済が地域に及ぼす影響 …………………………… 光多長温　176
         [1] 経済と地域との関係　176
         [2] 経済構造の変化が地域経済に及ぼす影響――戦前のケース　178
         [3] 経済構造の変化が地域経済に及ぼす影響――戦後のケース　182
         [4] どのような経済要因が地域経済を変えたか　192
         [5] 経済と地域学　195

## 第Ⅲ部　地域をとりもどす

第9章　地域がつくる福祉 ………………………………… 竹川俊夫　202
         [1] 「福祉」とは何か　202
         [2] 住民がつくる福祉――小地域にねざした住民福祉活動　209
         [3] NPO がつくる地域の終の棲家
　　　　　　――宮崎県宮崎市の「かあさんの家」　214
         [4] 「地域がつくる福祉」の広がりと今後の展望　224

第10章　地域が学校をとりもどす ………………………… 渡部昭男　230
         [1] 子育て・教育は地域でどう営まれてきたのか　230
         [2] 地域が学校をとりもどす　236
         [3] 「地域教育学」から見えてくること　246

第11章　アートが地域を再生する ………………………… 野田邦弘　254
         [1] なぜ地域か，なぜアートか　254
         [2] アートによる都市・地域再生(1)――海外の事例　258
         [3] アートによる都市・地域再生(2)――日本の事例　264

目　次

　　④　創造都市論　270

第12章　地域に向き合う大学 ………………………………藤井　正　279
　　①　近代化から地域への注目へ　279
　　②　ローカルからの逆照射　281
　　③　近代の学歴社会と近年の若者の志向　283
　　④　大学の地域への着目と連携　286
　　⑤　地域協働教育　288
　　⑥　地域に向き合う大学　294

終章　希望の学としての「地域学」 …………………………柳原邦光　299
　　①　地域に発するさまざまな取り組み　299
　　②　いま何が問題なのか，何が起こっているのか　312
　　③　わたしたちの地域学――確かなものを求めて　314

　コラム
　　地域とは何か？…結城登美雄　28
　　復古創新…松場登美　49
　　鳥取でオペラをつくりながら考えたこと…新倉　健　72
　　地域雑誌『谷根千』の冒険…森まゆみ　101
　　　　――まちづくり四半世紀の経験から
　　阪神・淡路大震災から得たもの…河合節二　126
　　　　――神戸市長田区野田北部地区
　　「演劇」による「地域力」の涵養…園山土筆　150
　　　　――ボランティアがつくる「八雲国際演劇祭」での取り組み
　　小規模自伐林業（自伐林家的森林業）の推進…中嶋健造　175
　　古民家の価値…成相　脩　199
　　あなたの行動がまちを変える…住田済三郎　229
　　島の宝さがし…岩本　悠　253

v

劇場にできること…中島諒人　278
地域住民・学生の意識を変化させる"ものづくり"…土井康作　298
教室からの気づき――鳥取大学地域学部の授業をとおして…仲野　誠　327

| 序章 | 地域を生きるために |
|---|---|

柳原邦光

**本書の意図**

　本書は次のような社会的背景と構想のもとに企画された。21世紀に入り，20世紀の社会システム——それは近代国民国家を単位とする社会システムといい換えてもよい——のほころびが否応もなく目につくようになるにつれて，さまざまな分野において既存の枠組みの問い直しが始まっている。例えば，「家庭，あるいは共同体，国民国家といったある種の共通感覚をもつと想定されてきた集団が揺らぎながら，そうした共通経験によって支えられてきた場所が解体している」（伊豫谷 2007：4）という指摘が示しているように，グローバル化が進行するなかで，これまで固定したものと考えられてきた場が揺らいでいる。わたしたちはいまや，固定し安定した場を大前提に考えること自体を問い直さなければならない。

　その一方で，マジックワードのように用いられるようになった言葉がある。「地域」である。「地域主権」や「地域再生」をテーマとした主張や政策，「地域」を冠した大学の学部・学科の新設など，いくつも例を挙げることができる。いうまでもないことだが，「地域」は何らかの場と空間を前提にしている。こうした現象は何を意味しているのだろうか。グローバル化への反発であろうか。「地域」という言葉が一般化した背景にいったい何があるのか，どのような期待があるのだろうか。「地域」という言葉を当たり前のように使っているが，既存の枠組みが問い直されているなかにあって，わたしたちの目はそもそもの問題の在処にしっかりと届いているだろうか。本書を構想するにあたって，わたしたちはこのような疑問から出発して，「地域」をめぐる諸課題に真正面か

ら向き合うことにした。したがって，本書の特徴は，「地域」というときすぐにも想起されるような，地域課題をたちどころに解決する「処方箋」を提示することにあるのではない。より根源的に，「なぜ，いま，地域なのか」，「そもそも地域に着目するとはどういう知的営為なのか」，「そこから何がどのように見えてくるのか」という問いかけから，現代の諸課題の根底にある問題性を探り出し，そこから諸課題をとらえ直して，未来を考えようとする点にある。

　本書は鳥取大学地域学部での数年にわたる議論の蓄積に基づいているが，同時に，わたしたちが目をひらかれたのは，いわゆる学問分野の外で，人々の生活の営まれる現場で，既存の枠組みを問い返し組み立て直す力強い作業が至るところで沸々と湧き起こっていることである。本書のコラムに登場する方々の実践がその一端である。わたしたちは10年後，20年後の日本社会のありようを輝くものとして思い描くことができるであろうか。本書の終章のタイトルを「希望の学としての『地域学』」としたが，「希望」という表現は，「地域」をめぐる根源的な問いかけの向こうに確かな何かを希求しようとするわたしたちの学問への想いと，このような問いかけを通して出会うことのできた方々の実践のありようとに依っている。この「出会い」から「希望」は生まれたのである[1]。本書の目的は，このような根源的な問いから希望へと至る過程を読者に提示することにある。

　それでは，わたしたちの構想する地域学（以下，「地域学」と表記）の概要を示し，続いて本書の構成を紹介しよう。

### 「地域学」の概要

　本書は，「地域を考える」，「地域をとらえる」，「地域をとりもどす」の3つのパートと，序章と終章，そしていくつかのコラムから構成されるが，全章を通してさまざまな角度から検討するのは，次の4点である。①地域学への期待と必要性，②わたしたちが構想してきた「地域学」の前提と目的，③「地域学」の視点と方法，④さまざまな形の地域学の試みと生活の知から学ぶこと，である。本書の理解を容易にするために，あらかじめ「地域学」の骨格ともいうべきものを示しておこう。

まず,「地域学への期待と必要性」については,地域に関する研究史の整理,地元学などを含めた今日の多様な地域学のあり方,政治哲学や社会学など諸学の動向から,世界的に多くの学問分野で問題関心が地域と地域学に集まりつつあること,およびその背景を明らかにする。地域学の要請は時代と社会の深部から生じているとわたしたちは考えている。

　次に,「『地域学』の前提と目的」を示すと次のようになる。人は「人として安心して幸福に生きていく」ために,何らかの関係（例えば,人と人との結びつき,支え合う関係）とそのための場（例えば,地域）を必要としている。このような「関係」と「場」に必要な諸条件とそれを実現する方法とを考えるのが,「地域学」の役割である。つまり,「地域学」の独自性は,ひとりひとりの「生の充実」や「わたし（たち）の幸福」の実現を,換言すれば,「誰もが人として生きやすい状態」の実現を,地域という空間的な枠組みを通して考えることにある。この意味での地域は「わたし」が従属すべき絶対的な,不変の存在ではない。地域は現に在るもの（現実の地域）であると同時に,いまだ実現していない,こうであってほしいと望まれるもの（望まれる地域）でもある。「地域学」はこの隔たりをしっかりと認識し,これを埋めるべく,絶えず現実の地域を見つめ再検討する。そのために,あらゆる学問分野,「生活の知」を含むあらゆる知が動員されるのである。これが「地域学」の前提とするところであり目的である。したがって,「地域学」は,「まちづくり」や「地域活性化」といった住民活動や政策テーマと密接な関係はあるものの,その次元にとどまるものではない。このような活動や政策の根源に存するものへの自覚的な問いかけを促す。このような意味で,「地域学」は「実践の学」なのである。

　「『地域学』の視点と方法」は「地域学」において最も重要な部分である。というのは,「地域学」が何を目指しているのか,学としての基礎を何に,どこに置くのかに関わるからである。視点は4つある。ひとつは,これまで経験的に培われてきた（換言すれば,オーソドックスな）地域学ともいうべきもので,W. アイサードの「地域科学」に代表されるような,解決すべき問題に応じて地域（空間的な広がり）を設定し,地域の構造と特性をとらえつつ効果的な施策を考えて,人々の生活と幸せを高めようとする視点である。いわば課題解決に

向けた能動的・分析的な視点，あるいは〈客観的・構造的視点〉といえる。ふたつ目は，わたしたちの暮らしが営まれてきた「生活の空間」とそこで長期的な時間を生きてきた「生活の知」に着目する視点である。生活者として，地域で生きる当事者として，〈生活から考える視点〉といってもいい。3つ目は，「わたし」の「いま，ここ」から考える〈「わたし」からの視点〉である。これは，地域を不変不動の自明の存在とするところから発想するのではなく，「わたし」の目を通してさまざまな関係性やつながりのひとつとして地域をとらえようとする視点である。わたしたちを取り巻く関係のなかには，地域とのつながりをもてないような場合や地域をそれほど必要としない場合もあるだろう。それもまた，現代を生きるわたしたちのリアリティである。このことも認めた上で，さまざまな関係をとらえ直すのである。4つ目の視点は，〈「わたし」からの視点〉と関連するが，すべての人間を「移動する存在」とみて，人にとって地域のもつ意味，人と地域との関係を考えようとする〈移動の視点〉である。後者のふたつの視点には重要な役割がある。地域という枠組みから考えるとき埋没してしまいがちなひとりひとりの人間を救い出し，そうすることで地域の抱える諸問題を照らし出すことである。こうして見出された諸問題が検討の対象となる地域の広がりを決定し，どのような対策を用いるかを考える上で大きな役割を果たすのである。

　「地域学」はできるだけ誰もが生きやすい状態の実現を目指すのであるから，経済生活は人の生にとってリアルなものであり，きわめて重要なファクターである。しかし，リアルなものとは，経済生活だけにとどまらず，すぐには目に見えない文化的なもののなかにも存在し，むしろその方が人の生にとって決定的な場合もある。4つの視点はいずれも「地域学」に不可欠で，互いに補完し合うものなのである。したがって，「地域学」の特徴を次のようにまとめることができるだろう。これまで経験的に培われてきた地域学を根幹として地域の構造と特性を把握するとともに，ひとりひとりの思い（意思・欲求・願望）と生活とを重視して「現実の地域」に内在する諸問題を探り出し，その解決を図ること，つまり4つの複眼的な視点から「望まれる地域」の実現に寄与することにある。考察の起点のひとつとして，生活の場，ローカルな空間が重要になる

が，ここからナショナルな，さらにはグローバルな諸問題をとらえ直すのである。

**本書の構成**

　以上がわたしたちの構想する「地域学」の概要である。続いて，本書の３つのパートの目的とそれらの関係について述べよう。「第Ⅰ部　地域を考える」では，近代のとらえ直しと，社会が抱える諸問題の根源的な考察を通して，地域という枠組みで考えることの必要性と意義を問う。それは，わたしたちがいまどんな問題に直面しているのか，それは何に由来しているのか，わたしたちはどこを見据えて問題の解決を図るべきか，ということでもある。このことを少しばかり具体的に紹介しておこう。

　「第１章　いまなぜ地域を考えるのか」では，「地域」という言葉が広く一般的に使われるようになった背景に何があるのかを，主に地域に関わる研究領域と，住民を中心とした多様な地域学や地元学の展開から分析して，「地域学」が現代という時代の抱える根源的な問いに応えようとするものであることを明らかにする。「第２章　地域主義の系譜と地域学」は，地域学が必要とされてきた歴史を特に第二次大戦以降について検討しつつ，地域科学や地域学と呼ばれるものの幅の広さ，その多様な定義とそれが目指しているものとを確認し，こうした動きの根底にあるもの，求められているものが何かを明らかにする。「第３章　文化現象としての地域——生の充実を求めて」では，近代社会が原理的に抱えている諸問題の批判的検討と近代の生み出したものの再考とを通して，人の「生の充実」という観点から「地域」の意味をとらえ直し，「地域」にどう向き合うかを考える。ここでの「地域」は実体というよりも，人が生まれ育った環境のなかでいつの間にか身につけた共通のとらえ方，心のなかで思い描く共通の像（文化現象）としての地域である。地域を見る視点を人の生活に据えたのが，「第４章　生活のなかから生まれる学問——地域学への潮流」である。この章では，近代の学問と学校制度が人に自分自身とその生活から離れてものごとを考えるよう求め習慣づけてきたことを示し，生活者として見たとき，どのように見えてくるのか，何が問題として立ち現れてくるのか，と問

題を提起する。そして，地域を対象化・客体化して考えるのではなく，地域のなかで暮らすひとりの当事者として地域をとらえる意義について語る。

「第Ⅱ部　地域をとらえる」では，大別してふたつの視点から地域をとらえることを試みる。〈「わたし」からの視点〉（〈移動の視点〉を含む）と〈客観的・構造的視点〉である。ひとりの生身の人間として「わたし」を取り巻く世界を見たとき，人として生きるには何が必要なのか，どんな問題が見えてくるのか，そこでは地域はどのような意味をもつものとして立ち現れてくるのか。他方で，「わたし」からは見えにくいもの，見えてこないものがある。それをとらえるのが，地域の構造を客観的に解明するための〈客観的・構造的視点〉である。「現実の地域」と「望まれる地域」との隔たりを埋めるには，このふたつの視点を欠かすことはできない。双方の視点から見てはじめて効果的な施策が考えられるのである。

〈「わたし」からの視点〉に立っているのが第5章，それに関連するのが第6章である。「第5章　生きられる地域のリアリティ——反省の学としての地域学を目指して」では，「わたし」にとって地域はどのような意味をもっているのかという，「わたし」自身への／「わたし」自身からの問いから考える。この空間で「生きている」という実感のある状態を実現することが望ましいが，それは，「わたし」の生の営みをつねに問い直し，「わたし」の生と地域や社会との相互的な関係を考えること，そこに「わたし」を位置づけることから始まる。「わたしの幸福」と「わたしたちの幸福」との深いつながり，「わたし」がそのなかにいる社会構造や関係性のありようを問いながら，「これからどうすればいいのか」，「どうしたいのか」を考えるのである。このような知的実践のプロセスを通して地域をとらえ，その意味を自分のものにしようというのである。「第6章　人の移動から地域を問う」では，定住を人の生の本来的な姿だとは考えない。移動は例外ではなく「常態」であるという前提から，つまり，人の生にとっての「場所の自明性」を前提にしないで，人の生と地域との関係を問い直すのである。人は移動とともに身体に移動の痕跡（さまざまな地域性）を刻み込んでいく。そのような人々が出会い，衝突し，対話を試みるなかで，人と人とを隔てるさまざまな境界が見えるようになり，人は境界を越えてつな

がるための手がかりを探し求める。共に生きることのできる場と関係性を模索し続けるのである。第6章では，地域をこのようなプロセスが絶えず進行する場としてとらえ，地域の複雑で微妙に変化し続ける側面にまなざしを向ける。

第7章と第8章は，〈客観的・構造的視点〉に立って，長期的時間のなかで日本の地域構造とその変化を明らかにしようとする。「第7章　地形から地域を読む」は，地形・地質的構造と社会経済的地域構造との関係を問う。地形・地質的構造は地域のいわば土台であり，その上で人間の営みが展開される。したがって，この関係を考慮せずに地域性を解明することはできない。しかしながら，地形・地質的構造は生活や社会のあり方，経済を含む地域構造を枠づけているとはいえ，すべてを決定しているわけではない。時代によって人間や社会の求めるものが変わり，地形・地質的構造との適合関係も変わっていく。第7章では，地形と海運・港湾との関係に着目して，主に日本の近代化過程における社会経済的地域構造の変化を読み解く。

「第8章　経済が地域に及ぼす影響」では，経済のあり方（経済発展の段階，経済構造，経済環境，経済政策）と地域との関係を問う。経済は，本来，空間を考慮せずに動くものであるため，経済原理と国土政策との間でせめぎ合いが生じることもある（例えば，「国土の均衡ある発展」政策）。地域はこのような経済の動きや産業構造によってさまざまな面で大きな影響を受けている。したがって，これにどう対応するかが重要な課題なのである。第8章は，こうした動きを分析しつつ，地域がどのような変容を遂げてきたのか，今後どういう方向に進むのかを考える。人口と所得水準を基本指標とした統計的分析を通して，日本の経済的地域構造が変化してきたこと，サービス経済化の進展とともに経済の自律性がいっそう高まりつつある（つまり，人間による制御が難しくなっている）ことが明らかにされる。そして，この現状を前にして，地域の豊かさ，人の幸福とは何か，が検討される。

「第Ⅲ部　地域をとりもどす」では，地域の現場で起きているいくつかの動きを取り上げ，地域の切実な要請から生まれる創造性[2]とそれが地域においてもつ意味について考える。地域は絶えず動き変化しているが，変化は地域と関わりをもたないものによってもっぱら外在的にもたらされるわけではない。逆に，

地域固有の内在的条件のみによって生まれるのでもない。地域はふたつの複合によって，あるいは相互作用によって変化すると考えるべきであろう。第Ⅲ部では，この関係性の観点から，地域で生じている動きの意味を問う。

「第9章　地域がつくる福祉」では，戦後日本における福祉のあり方とその変化を概観して，「国がつくる福祉」から「地域がつくる福祉」へと重点が移りつつあること，生活の変化にともない福祉に求められていることも福祉を支える主体もともに多様化・複雑化して，行政だけでなく民間の働きが重要性を増していることが確認される。さらに，地域における民間での仲間づくり・見守り・相談等の活動事例の紹介を通して，高齢者の深刻な孤立化に取り組む人々の姿が描かれる。こうしたやむにやまれぬ民間の動きのなかから，施設を中心とする福祉でも「在宅福祉」でもない，日常の暮らしに近い，新たな福祉の形が生まれて，地域の暮らしを支えるネットワークの核となりつつあることが指摘される。

「第10章　地域が学校をとりもどす」では，学校教育の枠を越えた，もっと大きな教育と地域との関係が検討される。人は生まれ，育ち／育てられ，生活の規範を覚え／躾けられ，学び／教えられて，人となり，死んでいく。このプロセス全体がここでいう教育に含まれる。学校での教育はその一部である。近代国民国家は学校に国民をつくる役割をもたせ，就学を義務化した。それ以来，公教育こそが教育だと考えられがちであったが，今日では，地域や住民が学校運営にさまざまな形で参加・協働して，地域に存在する知を学校にもち込むケースが見られるようになった。また，学校を地域のなかに位置づけ直そうとする動きもある。この章では，こうした動きを「地域が学校をとりもどす」営みととらえ，自治体や学校の実践的活動の分析を通してその意味を考える。

「第11章　アートが地域を再生する」では，地域における公共政策（文化政策）の観点からアートによる地域再生の有効性を，国内外の事例や創造都市をめぐる議論を参照しつつ検討し，今後の地域政策のあり方について提言する。ところで，なぜ文化なのか，アートなのであろうか。注目すべきは，文化やアートのもつ経済的・社会的機能である。すなわち，文化施設や文化事業が地域にもたらす経済効果，さらには人と人とのつながりや住民の誇りを生み出す

社会的効果である。文化政策の対象となるアートはいわゆる高級芸術だけをいうのではない。エスニック・アートやポップ・カルチャーなどのサブ・カルチャーも含んでいる。地域におけるこのようなアートを中心としたアーティスト・住民・行政の協働，そのなかから生まれる活力と新しい豊かなつながりに着目して，今後の地域のあり方を考えるのである。

第12章は「地域に向き合う大学」である。ここでは，普遍化を目指してきた大学がローカルな世界にも目を向けて，地域と関係を深めることで新たな知を組み立てようとしていることが指摘される。大学と地域の距離は急速に縮まりつつある。大学教育もさまざまな形が各地で試みられており，学生が地域の知に学ぶとともに地域に貢献する方向で模索が続いている。

コラムは，主として大学の外で起こっている諸活動の紹介である。なぜこうした活動を取り上げるかといえば，次のように考えるからである。「地域学」の特徴は学際性と実践性にあり，さまざまな学問分野の方法論や成果を活用することが課題であるが，「地域学」が「実践の学」であるためには，すでに地域で展開されているさまざまな動きや試み，生活から生まれる知に学ばなければならない。これらから多くを吸収することができるのか，それを理論化し実践に結びつけることができるのか，ということも地域学の大きな課題なのである。コラム執筆者の諸活動からわたしたちが学んだことはすでに各章のなかで生かされているが，執筆者ご自身の言葉によって本書に具体性の豊かさと深さを加えたいと考えたのである。

終章では，コラムと全12章で提示された視点と論点とを総括して，わたしたちの思い描く「地域学」にできる限り明確な形を与えることを試みる。それは，「地域学」が「希望の学」として今日の困難な現状を打開するための有効な学になりうることを示す試みでもある。本書が「地域を考える」，「地域をとらえる」，「地域をとりもどす」という構成をとったのは，根源的な問いから希望へと至る道筋を順を追って示すためなのである。

＊＊

本書は鳥取大学地域学部教員の地域に関わる研究の成果からまとめられたも

のであるが，目指しているのは大学教育の教科書でも学術的な専門書のいずれでもない。いまという時代を生きることに不安を感じ，安心と充実した生を希求する人々に，「地域」について考えることで何か重要な手がかりになりうるものを提供したいと願っているのである。

注
(1) 鳥取大学地域学部では，学生たちは「地域学総説」（3年生必修科目）で地域学を理論的に学ぶようにしている。この授業では，毎年，外部講師数名を招いて，地域での素晴しい実践活動のお話をしていただいている。コラム執筆者のほとんどが外部講師としてお招きした方々である。本書各章の執筆者はみな地域学部の教員で，この地域学総説で講義し地域学の理論化に努めてきたが，外部講師の方々には大きな刺激と多くの示唆を受けた。本書はこうした知的協働の成果である。わたしたちの「地域学」ができ上がってきたプロセスとその概要について，詳しくは筆者が地域学部の紀要（『地域学論集』）に発表した「『地域学総説』の挑戦」シリーズの1〜5と仲野（2010）をご覧いただきたい。またそのほかに，「地域学の現在」（柳原2010a）も参照されたい。
(2) 広井良典は創造性の再定義を提案している。創造性は経済競争力や技術革新などと連想されやすい。この場合，「成長・拡大」が前提とされており，ここでは市場化・産業化・金融化といった「大きなベクトル」に人々が縛られ，そのなかで考え行動することを余儀なくされている。これに対していま求められているのは，「ひとつの大きなベクトル」や義務としての経済成長から人々が解放されて，真の意味でのひとりひとりの創造性が発揮され開花していく社会である，という（広井2010：35-36）。

文献
伊豫谷登士翁，2007，「方法としての移民——移動から場をとらえる」伊豫谷登士翁編『移動から場所を問う——現代移民研究の課題』有信堂高文社
仲野誠，2010，「地域学教育の当面の成果——2010年度『地域学総説』受講生の最終レポートから」『地域学論集』7（2）
広井良典，2010，「『創造的福祉社会』の構想——資本主義・社会主義・エコロジーの交差とコミュニティ」『at プラス』5
柳原邦光，2010a，「地域学の現在——鳥取大学地域学部の挑戦」『地域学論集』7（1）
————，2010b，「『地域学総説』の挑戦5」『地域学論集』7（2）

# 第Ⅰ部

## 地域を考える

# 第1章　いまなぜ地域を考えるのか

柳原邦光

## 1　「地域」という言葉のあいまいさ

　本書の課題は地域学についてのひとつの構想を提示することにあるが，それには，「なぜいま地域を考えるのか」，「地域とは何なのか」という問いに応えておかねばならない。とはいえ，これは容易なことではない。実際には，本書の各章における議論全体を通してこの課題が果たされることになる。そこで本章では，そのための導入として議論の大枠を示しておくことにしよう。

　今日では，さまざまな学術分野において地域で考える必要性が認識されつつあるが，難しいのは，「地域」という言葉は日常的にも頻繁に用いられていて，現象としては日常的な使用こそ注目すべきだと思うからである。もちろん，よく使われているということは，よく理解されているということを意味しない。

　そもそも，「地域」という言葉は何を指しているのだろうか。どのような認識が背後にあるのだろうか。身近な例を挙げて考えれば，「地域で子どもを守る」とか，「地域を巻き込んで」というように，困った事態が生じたときには，地域で何とかしようと，まさに地域頼みといっていいほど地域に期待が寄せられる。こういう場合に想定されているのは，空間的にはあまり大きくない日常の生活空間であろう。これ以外にも，もっと広い空間，例えば国家を越える広域的な空間を「地域」ということもある。いうまでもないことだが，「地域」は空間だけを指しているわけではない。「地域」というとき，そこで暮らしている人々や，彼らが結んでいる何らかの強固な，あるいは緩やかな関係が前提

になっている。しかし、この意味では、ややこしいことに、「地区」、「コミュニティ」、「地元」など、「地域」とよく似た言葉がある。「地方」という言い方もある。言葉が違う以上、それが示す対象も異なるはずであるが、「地域」がこれらと同じ意味で使われるときもある。このように「地域」は、はっきりと意味づけられることがないままに、さまざまな意味で用いられている（「地域」の多義性）。

　筆者が学生だった1970年代後半のことを思い出してみると、法律や学術領域を除いて、日常的には「地域」という言葉は使わなかったように思うが、いつの間にか頻繁に、しかも何らかの期待を込めて、肯定的に、広く使われるようになった。これはなかなか興味深い現象である。新しい言葉が時代の何かを映し出しているとすれば、このような「地域」の一般化は、社会がこれまでにない何かを求めていることの現われだといえるだろう。(1)「なぜ、いま、地域を考えるのか」という問いは、決して小さな問いではなく、大きな問題に関連していると考えるべきではないか。本章ではこのような観点から「地域」を時代の大きな文脈において考えたい。

## 2　現代社会の生きにくさ

### グローバル化と国民国家の揺らぎ

　わたしたちの生活はさまざまな制度によって支えられてきた。これらの制度の根底には、西欧近代が生み出した理念がある。すなわち、「自由」で「平等」な「個人」、自分自身で考え決定し行動して、その結果に責任を負う「個人」と、このような個人を主体とする「人権」という理念である。そしてこの理念は「国民国家」によって現実化されると考えられてきた。国家は国境で領域（領土）を画定し、国籍で成員（国民）を決定して、原則的にこの枠内で個人の安全と生活を守るのである。憲法をはじめとして、国家の諸制度はこのような考え方からできている。さまざまな束縛的関係から解放されて自由になった主体的な「個人」と領域性をもった「国民国家」、これこそが制度構築の大前提になってきたのである。

ところが，今日，国民国家は揺らいでいる。経済・政治・文化・社会・メディアのグローバル化によって世界はますます相互依存的に結びつき，均質化し一元化しつつある。先進諸国はその恩恵を享受しているが，その一方で，さまざまな問題にも直面している。グローバル化にともない国境の壁はずいぶん低くなり，多種多様なものが国境を越えて出入りするようになった。そのために，領域性とそのなかでの均質性とを前提としてきた国民国家は，かつてのようには機能できなくなっている。例えば，次のような事態が生じている。経済的合理性・効率性の徹底的な追求とグローバルな市場経済化が世界規模で競争を激化させ，さまざまな分野で標準化を進めてきた。その結果，どの国でも，それまで独自の制度によって保障してきた生活のための諸条件（雇用条件，社会保障，年金制度など）が維持し難くなり，社会生活の細部まで管理と保護の網の目を張りめぐらしてきた国家は大きく後退しつつある。いまや多くの人々が生活を脅かされ不安を感じているが，国家はうまく対処できていない。EU（欧州連合）の例からも明らかなように，もはやすべてを国民国家という枠組みだけで考え決定できる時代ではない。グローバル化という現象は国民国家というシステムを揺るがし，その役割を変化させ，さらには，同質的な国民と領域性をもった国家とを前提とする発想そのものの見直しも促しているのである（伊豫谷 2002，樋口 2000）。

## 孤立と不安

　国民国家の揺らぎと人々の不安はグローバル化だけが原因ではない。問題の根底には西欧近代，とりわけ，わたしたちが生きている後期近代のふたつの側面に関わる問題がある。すなわち，「個人」とその自由とを何よりも尊重し，すべてを個人の観点からとらえようとする個人主義の傾向，つまり個人化と，あらゆることを徹底的な批判的検証の対象とする傾向である。

　今日では，「個人の自由」が徹底して追求され，個人化が著しく進んでいる。ところが，この個人化の行き過ぎが新たな問題状況を生んでいる。物質的な生活水準が高まり，社会保障など制度的な生活保障が発展したことで集団的制約からの解放が可能になって，人々はかつてのように強固な集団的な枠組みや規

範に縛られることを好まなくなった（集団の優越性の衰退）。集団的なものとのつながりを断ち切ってこそ自由になれると考えられたのである。しかし，社会が流動化するなかで，この傾向は，社会的に発生する失業などの問題を集団や社会の問題としてではなく，何よりも個人的な問題として受けとめるよう促し，人々を不安定な状況に置いている。集団的なものに守られなくなって，社会的なリスクに直接さらされ，自分ひとりで何とかしなければならないと感じるところまで人々は追い込まれているのである。人に頼らず，何もかも自分でしなければならないとか，問題があれば「自分のせいだ，自分で何とかしなければ」という感覚である。

　また，すべてを批判的に検証しようとする傾向は，個人化と同じように近代を特徴づける特質のひとつであるが，近代における強い確信の源，変化を求めるエネルギーの源であった諸々の理念や価値，それに基づく国家の諸制度さえも徹底的な批判的検証の対象とした。こうして，近代の理念や価値は初期の神秘性・絶対性を失った（「近代の徹底化」，「近代の非ユートピア化」）。依拠すべき確かなものが何もない，不安な状態を生み出したのである（ヴィレーム 2009，宇野 2009）。

　したがって，後期近代は個人を集団的・社会的制約から解放し，自由をもたらし，選択肢を増大させたが，他方で，近代を支えてきた諸理念や諸価値，国家の諸制度を揺さぶり，個人を社会的な絆を欠いた不確実で不安定な状態においてしまったのである。

　日本の現状に目を移せば，このような状態を具体的に確認することができる。例えば，近年，地縁も血縁も社縁ももたない，つながりを欠いた社会を意味する「無縁社会」という言葉が使われるようになっている。誰とも親しい関係をもたないままに暮らし，誰にも知られることなく死んでいく人が増えている。亡くなったことさえすぐにはわからない。遺体や遺品の引き取り手もない。そのために，そうした処理を専門に行うことがビジネスとして成り立つまでになっている。寂しい生であり死である。

　確かに人は「個人の自由」を追求し集団的な枠組みや規範から自由になることができたのかもしれない。しかし，「無縁社会」という言葉が象徴している

ように，それまでの暮らしを支えてきたさまざまな絆やつながりまでも失って，どんどん「孤立」を深めているのかもしれない。これはきわめて「生きにくい状況」だといわねばならない。

## 3　ローカルな世界から考える

　本節では，「生きにくい状況」を近代的世界そのものに内在する問題ととらえ，「ローカルな世界」から考えることの重要性を主張する内山節[(3)]の見解を紹介しよう。

　内山は近代的世界の特質を次の点にあると考えている。まず，人間観については，「人間の本質は個人にある」とし，「すべてが個人に始まり個人に終わる，裸の個人の世界」である。空間的には，資本主義的な市場経済・市民社会・国民国家という3つのシステムから成る「普遍的世界」である。換言すれば，人は自然や風土をはじめとしてさまざまな関係を結んで生活しているが，近代的個人とは，このような関係をすべて捨て去って，人間を普遍的で同質的な個（諸関係から切り離された人間）と見る見方である。「普遍的世界」もまた，本来，多元的で多層的である世界（独自の個性をもったさまざまな文明や文化が並存し，いくつもの層を成して存在している世界）を，均質化された平板な空間とみなすものである。近代的世界を満たしているのは自由・平等・友愛という普遍的な理念であるが，これは人間の理性と主体性を絶対視して，そこからすべてを考えようとする人間中心主義的な理念である（人間の絶対化）。

　内山はこのような世界観・社会観には大きな問題があると見ている。というのは次のように考えるからである。現実には，人は自然や歴史，地域や協同といった具体的な諸関係のなかで複雑なつながりとともに生きてきた。人は自分だけで成り立っているのではなくて，他者とのさまざまな関係を身体化した存在なのである。他者とは何か。それは自分以外の他の人々だけでなく，自然・歴史・文化・社会など，自己と関係をもつ対象のすべてを指している。内山はこのような諸関係の総体である小さな世界を「ローカルな世界」（場＝空間との関わりが強いときには「地域」）と呼んで，「安心と無事」という感覚をもたらす，

人にとって欠かすことのできない生の基盤として重視している。というのも，人は自分では変えることのできない自然や風土とともに営みを続けてきたのであり，そうすることで特有の精神の習慣を身につけてきたからである。また，この営みの連続性（普遍性）を生活のなかで実感できることは，個人を越えた時間（時間的普遍性）と関係性とを生きることであり，それが「安心と無事」という感覚を生んできたからである。そして，そのためには何らかの記録や痕跡を通してこの連続性が目に見えることが必要であり，過去が記憶として受け継がれ生きていく具体的な場が人間には必要だと考えるからである。

　以上から，内山の考える近代的世界の問題点を次のようにまとめることができる。近代的世界は「ローカルであること」を解体しながら普遍的世界をつくりだし，そこに人々をのみ込んできた。近代的個人という理念もまた，具体的な諸関係のなかで生きる人間の世界を壊し，人間を普遍的な個，取替え可能な個人にしてしまった。自由・平等・友愛の理念はあまりに人間中心主義的である。その根底には，自然さえ支配できると考えるほど人間の知性を絶対視する人間観があり，それが人間が長い時間のなかで自然との間に築いてきた豊かな関係を視野の外に追いやってしまった。こうして人々は，「ローカルな世界」において日々の暮らしを通して思想・価値観・振る舞い方・考え方や感じ方を身につけてきたことも，それらを共有していることも実感できなくなって，自分の居心地のよさにしか関心を示さなくなった。要するに，普遍性と抽象的な個人とをよしとする近代の理念は，自然や過去などとのさまざまな関係から人々を切り離し，それによって人々の視野を狭め，複雑な諸関係のなかで展開される生活のさまざまな側面と，それが人の生にとってもつ意味とを見えなくしてしまった。人々は「漂流する個人」になったのである。

　したがって，重要なのは，普遍性にのみ価値を見出す精神の習慣から自らを解放し，諸関係をとりもどすことである。他者との関係的な世界を通して個人が形成され，その関係を通して自ずと他者とともに生きていくことができるような社会，自然を含めて労働や生活のさまざまな面で人々が結び合って，安心と無事のなかで暮らすことができる，そんな世界である。内山はこのような世界を「ローカルな世界」と呼び，「自分の存在の確かさが見つけられる場所」

だというのである。また「地域」は「さまざまな関係がみえる，感じられる世界」であり，「ローカルな世界」と同じではないが，ほぼ重なっている[4]。

「ローカルな世界」を強調することは小さな世界に閉じこもることを意味していない。内山は大きな世界から小さな世界への視点の移行が進んでいるという。最初に大きな世界を構想し，それとの関係で小さな世界を見ようとする視点から，自分たちが暮らし，責任のもてる小さな世界を大事にしながら，その小さな世界のネットワークとして大きな世界を見るという視点への移行である。小さな世界に足場をもって，そこから大きな世界をとらえ直そうということである[5]。

以上，第2節と第3節での検討からいえることは，「ローカルな世界」や「地域」への着目が近代的世界とその延長線上にあるグローバル化とに対する根源的な批判と対抗，国家の役割変化と国家の相対化いうきわめて大きな文脈[6]のなかで生じていることである。「地域」を考えるとき，この地殻変動の大きさと深さを忘れてはならない。

## 4 地域に関わる研究から見えてくるもの

ここでは地域に関わる学問領域から興味深い研究をいくつか取り上げて，なぜ地域が重要なのか，どのような視点から地域をとらえようとしているのか，を確認する。

**自然環境と人間**

地域に関わる研究としてまず挙げるべきは，地域研究と地理学であろう。地域研究で注目したいのは，高谷好一の世界単位論である。高谷は地域研究にとって最も基本的な問題は，どのような空間的範囲をひとつのまとまりとしてとらえ，将来の地域づくりを構想するのかだという。つまり，「それ自体が存在意義をもっているような範囲」，「住民が共通の世界観をもっているような範囲」を「地域」と考えて，どうすれば「地域」を確定できるのかという問題である。そこで，高谷は東南アジアを踏査研究し自ら感じ取った経験から生態環

境の違いに着目する。地理的な相違が生まれるのは，生態が違い，生業が違うからで，そこから違った歴史や文化，社会ができたと考えて，生態・文化・社会の複合を最も安定性のある地域単位としたのである。それが「世界単位」であり，住民が世界観を共有する地理的範囲である。しかしながら現実は複雑で，インド洋や東南アジアの港町や交易都市のように，内陸の世界とは無縁だが，航路を介して交易網で他のところとつながっているまちがある。ここでは商人たちは居場所を次々に変えていき，文化は混交的，国際的なものになる。高谷はこれを「ネットワーク型の世界単位」と呼んで，前者の「生態適応型」と区別している。世界観についていえば，生態適応型の世界観が土地に結びついている（属地型）のに対して，ネットワーク型の場合は人である（属人型）。世界単位にはもうひとつ「大文明型」がある。例えば，中国（中華世界）がそうで，その内部にいくつかの生態・生業区をもちながら儒教やヒンドゥー教のような大思想によってそれらを束ねてひとつの世界をつくっている。世界単位には以上の3類型があるが，いずれも大生態に対応しているのだという。

　高谷は生態に偏りすぎだという批判を受けとめながらも，地域を生態原理からとらえることをよしとする。というのは，近代文明を基準とする世界認識には問題があると考えるからである。このままでは地球環境が破壊されてしまうということもあるが，重要なのは，近代の普遍主義や，経済を唯一の価値とし合理主義を唯一の正しい思想とする考え方が，それと異なるものを排除していることである。そうではなくて，多様な考え方や価値観を認め合って共存を図ること，すなわち，それぞれの地域に生きる人々が西欧からの借り物ではなく自分たちの人生観や未来像をもって生きること（「多文明主義」）をよしとする。生態原理が重要なのは，この多様性を生んでいるのが生態だからである。さらにいえば，近代主義のように自然と人間とを切り離して考えるのではなく，自然と人間との深い関係に目を向けて，そこから人々の生をとらえ直すべきだというのである。こうした観点から見れば，国民国家という単位も十分に信頼できるものとはいえない。生態原理を無視して成立していることが多いからである。このような意味で，「地域」が重要だと高谷は考えるのである（高谷 1997，高谷 2006）。

地理学では、大槻恵美『風土に生きる・場所に生きる——地域の変容と再編成に関する地理学的研究』(大槻 2010) が面白い。というのは、同書の目的は、地域変容の実態とその過程での人々の生き方の選択とを通して、人間にとって地域や自然環境がどのような意味をもっているかを明らかにすることであるが、この問題を人間の主観的な認識と客観的な諸条件との相互関係において考察しようとしているからである。すなわち、人々が思い描く地域や環境のあり方と現実の環境や社会的コンテクストとの相互的な関係において考察しようとしている点が興味深いのである。人間と自然環境とはそれぞれ別個に成立するのではなく、この相互的関係のもとに成立するのであり、この関係を見定めることが重要なのである。

これは「風土」と「場所」(地域) についてもいえる。「風土」とは、オギュスタン・ベルクによれば、ある社会の空間と自然に対する関係である。つまり、風土は人間が働きかける領域なので、人間の行動の刻印を受ける。しかし同時に人間に影響する領域でもあり、人間は何らかの形で風土に所属するのである。R. J. ジョンストンにとって「場所」(place) は社会的に構築されたもので、何らかの意味で人々の直接体験やアイデンティティと結びついた固有の空間である。「場所」は人々によって、社会によってつくられ変容していくが、同時に、人々は「場所」において形成されるのである。場所を構成する要素は、自然環境、建造環境、そして人々であるが、ジョンストンは人々、すなわち、人間、社会文化的要素を特に重視している (大槻 2010)。

人間と自然環境との関係を考えるとき、「風土」と「場所」がどのような関係にあるのかは、きわめて重要な興味深い問題である。これは実証研究としてはかなり難しい課題であるが、ここでは、人間の存在と生にとって「風土」と「場所」が不可欠のものであることを確認しておきたい。それは、人が生きるというとき、自然環境と地域が、あるいは両者の関係がきわめて重要な意味をもっているということであり、これは地域学の本質に関わる論点でもある。

## 生活者として生活から考える

次に鳥越皓之『環境社会学——生活者の立場から考える』(鳥越 2004) を取

り上げよう。「生活者の立場から考える」というサブタイトルが示しているように，きわめて重要な視点が提示されていると考えるからである。

　この本には，地域を考えるとき重要なタームが出てくる。「生活環境主義」，「オルタナティブ開発論」，「内発的発展論」，「共同占有論」，「生活知」である。これらはいずれも，科学技術と産業と経済の急激な発展による豊かさの追求，一言でいえば，近代化によって幸せが実現できるとする考え方（近代化論）を疑問視し，これに対抗するものである。これらの言葉の背後には，次のような理解がある。近代化のもたらした環境問題などの諸問題を克服するためには，当事者である地域住民が生活者として生活を基点に自らの考える幸せと豊かさを，科学的な知と生活の中にある知の双方を活かしながら，自らの手で実現していくべきだという考え方である。

　例えば，「オルタナティブ開発論」において計画や施策の優先課題は，「いのちと暮らしを守ること」，「いのちと暮らしをいっそう充実させること」である。そこで前面に出てくるのは，政府でも企業でもなく，暮らしの主役である住民（ボランティア，NPOやコミュニティ）である。「内発的発展論」は，発展の仕方は先進国型以外にもいくつもあって，それぞれの国や地方によって異なっていること，その道筋を自ら選択すべきことを説く。また，地域生活の充実ということを重視して，人間が生きていくための基本的条件が満たされなければならないし，地域の自然や文化との調和も必要であると考える。それには「自分たち自身の考え方」で「自分たち自身の地域のありよう」を考えなければならない。注目すべきは，このような考え方が研究者によって理論化される前に各地で漠然とではあるがすでに存在していたことである。なかでも注目されているのが，近代的な私的所有権とは異質の「共同占有論」や，住民が生活をする中で培ってきた「生活知」なのである。

　環境社会学は，地域という空間で考えることを第一義的な目的にしているわけではない。しかし，環境問題が何らかの地域空間で人間によって引き起こされ，人間によって解決されなければならないものである以上，問題が生起する地域空間にどのような共通の考え方・行動様式・生活の仕方が存在しているのか，どのような社会組織が存在し，あるいは生まれつつあるのか，問題解決の

ためにどのように決定がなされるのか，を視野に入れざるをえない。そして，そこからどのような対策が有効なのかを考えるのである。環境社会学が現実を見据えてつかみとったのが，生活者として生活から考えるという，きわめて重要な視点なのである。環境社会学は方法においても視点においても地域学と重なり合うところの多い学問領域だといえるだろう。

## 地域学のふたつの方向性

　最後に，「地域科学」「地域学」「地元学」に触れておこう。大別すれば，おそらくふたつの方向性がある。ひとつ目は，ウォルター・アイサードの「地域科学」（Regional Science）である。光多長温によれば[7]，地域科学の登場において注目すべきは，1960年代以降の文脈である。それまでは戦後復興ということで経済が最優先されたが，この頃から経済優先主義が批判され，人々の生活が重視されるようになり，地域への意識が強まったからである。このとき，次の主張が現れた。何よりも人間の基本的な必要を充足すべきであること，経済発展も地域固有の人間環境や文化遺産に根ざしたものでなければならないこと，人間と自然との関係，人間相互の関係という観点から西欧社会の行動原理を見直すべきことである。

　この大きな状況変化のなかで登場したのが，アイサードの「地域科学」である。地域科学は，解決を要する問題が存在するところを「地域」ととらえ，その範囲内で問題を科学的に分析し，どうすれば好ましい状態にもっていけるかを考え，政策として提案することを目指している。経済や経済社会を重視してはいるが，その検討対象はあらゆる社会問題である。ここには人間と社会の幸福の追求も含まれている。地域科学はこれらの問題の解決を国家レベルだけでなく，人々の生活に近い地域においてこそ探求すべきであるとして，そのための基本的な枠組みと方法論とを科学として提示したのである。これは現在にまで受け継がれているものである[8]。ところが，当時は主要な潮流になることができなかった。冷戦構造が強まって東西陣営という構図で考えることが何よりも優先されたからである。あるいは，この構図において国家単位で考えることが求められたからである。国内の地域に目を向けることが難しくなり，エリア・

スタディーズ（Area Studies）というアメリカの世界戦略に沿った国外の地域研究と、さらには市場経済化の動きに地域科学は呑み込まれていった。地域科学は冷戦構造という政治的な時代状況に合わなかったのである。

　ふたつ目は「地域学」と「地元学」である。これについては廣瀬隆人の研究がある。廣瀬は次のように分析している。「山形学」「いわき学」「江戸東京学」といった、地名をつけた「地域学」や「地元学」と自称されるものが1980年代後半から各地で登場した。それはバブル景気にともなう地域開発の結果、地域の豊かさ・良さを見失ったことへの地域住民からの異議申し立てであり、抵抗であった。廣瀬は地域学と地元学を総称して〈地域学〉とし、次のように定義している。「地域学とは、他と区別される一定の空間とそれを共有する人々の暮らしから生まれる社会的特徴をテーマとして行われる調査研究活動とそれを基礎とした学習活動、及びそれらを資源として行われる地域づくりの諸活動をさす」。そしてこうした〈地域学〉には次の３つの側面があるという。①科学的な方法による調査研究によって暮らしの場としての地域を総合的・体系的にとらえる、科学としての側面。②自分たちの地域を知ることから、地域を再発見し再評価することを通じて、地域を認め、地域を暮らしやすく変えていくエネルギーを育てる、地域づくりのインセンティヴとしての側面。③自分の住む町を学ぶことを通して、その地に生きることの意味を見出していく「壮大なふりかえり（reflection：省察）」、すなわち、学びによる主体形成という側面である。〈地域学〉を特徴づけているのは、②と③、特に３点目だと思われるが、この学びによる主体形成を中心に、地域学は次のようにも整理されている。①自らの調査研究や学びを通じてその地に生きることの揺るぎない肯定感を獲得すること、②肯定感を獲得した上で、地域の課題や現実を学び、地域に暮らし、地域に生きる「自分とは何か」を批判的にふりかえること、③地域の課題と自分の生活を問い直すことによって、自分が地域で生きる意味を問い直し、地域を変えていく主体となることである。

　このような特質をもつ〈地域学〉は、研究者とアカデミズムの独占物ではない。住民・自治体・研究者の協働の場になることが少なくない。そのなかでも欠かせないのは、住民自身による直接的な調査研究活動である。主役は住民で

あり，調査研究の対象も地域に生きる人間の暮らしである。〈地域学〉の最終的な着地点は，明確に自覚された生き方，自己の形成なのである（廣瀬 2007, 2008）。

以上の廣瀬の分析から，〈地域学〉は自分の暮らしの場をしっかり見つめて，そこから誇りとエネルギーを獲得し，住民のひとりひとりが暮らしの場を主体性を取り戻すための空間に変えていく試みだといえるだろう。ここでは，人として地域をどう生きるかという問題と，この切実な問いから地域を創っていくという実践とが深く結びついている。(9)

## 5 根源的な問いに向き合う地域学

「地域づくり」や「地域の活性化」という言葉を耳にすると，すぐに少子高齢化，過疎化と限界集落，中心市街地の活性化といった問題を連想し，それに長い不況や失業が加わって，とても暗い気持ちになる。先の見えない，辛い時代である。もしこれらの問題がうまく解決されれば，この重苦しい，不安な気分は消えてなくなるのだろうか。本章でこれまで検討してきたことを考えれば，答えはおそらく「否」であろう。「個人の自由」をはじめとして近代の理念や国家の制度は，わたしたちの価値観の重要な部分を占め，生活を支えてきたはずであるが，いまでは頼りになるとは思えなくなった。人と人との絆や関わりもいつの間にか稀薄になって，わたしたちはいま何か大事なものが足りないと感じている。

結論的なことをいえば，人間の知性を信頼し，「個人の自由」と普遍性をよしとして，経済的合理性・効率性によって豊かさを追求してきた近代社会は，一方ではその目的を達成したものの，他方では人間の生と自然や過去との関係，人が生きる場との関係，さらには人と人との関係までも見失ってしまったのかもしれない。これまで見てきた研究や動きはすべて近代批判の側面を色濃くもっている。あちこちで深刻な問題が生じていることに気づいて，どうすれば諸々の関係をとりもどすことができるのか，あるいは新たに構築できるのか，人として生きやすい状態を実現できるのか，他者と関わりつつ人として主体性

第Ⅰ章　いまなぜ地域を考えるのか

をもって生きることができるのかという問いと懸命に格闘している。

　この難問との向き合い方はいくつもあるに違いない。「地域」への着目もそのひとつであろう。「地域」という発想の原点にあるのは、このような巨大で切実な要請であろう。地域学は現代という時代の抱える根源的な問いに応えなければならない。


注
(1) わが国における近代学術用語としての「地域」の使用は法律学に始まり、大正期には地理学や都市計画の分野でも使用されるようになったという（藤井　2008：10）。また、「地域」は学術レベルでは国家の観点を前提として概念化され意味づけられることがしばしばであったが、今日では、地域のとらえ方自体が変化し多様化しているという（濱下　1997）。「地域」が「地方」に取って代わるようになるのは1980年代半ば以降のことだという指摘もある（赤坂　2010：213）。
(2) 「無縁社会」という言葉が知られるようになったのは、NHK スペシャル「無縁社会——"無縁死" 3万2千人の衝撃」(2010年1月31日午後9時00分～9時58分、総合テレビで放送) からである。詳しくは NHK「無縁社会プロジェクト」取材班 (2010) を参照。
(3) 内山節は西欧哲学が専門であるが、1年の半分を東京で、もう半分を群馬県の上野村という山村でちょっとした農業をしながら暮らしている。こうした生活のなかからつかみ取ったことが内山の見解のベースになっているようである。内山の著作は数多いが、本節では内山 (2005, 2010) を参考にしている。
(4) 「ローカルな世界」と「地域」はほぼ重なるが、若干異なる。これについては内山 (2010：299, 311-312) を参照。
(5) 赤坂憲雄は小さな地域に着目する意義と可能性について次のように述べている。「小さな地域こそが国家を超えて、より大きな世界へとつながってゆく契機となるかもしれない。あるいは、異質なるものがともに生きてゆくための道筋をデザインする、たいせつな拠りどころになるのかもしれない。だからこそ、みずからの拠って立つその場所を、ひとたびは肯定しなければならない。それがいずれは、内なる他者や、異なった民族や地域の文化や歴史、あるいは風土といったものを肯定し、ともに生きる可能性へと開かれてゆく手掛かりになるかもしれないと思うのです。」(赤坂　2010：235)
(6) 国家の役割変化については本章では詳述しないが、冷戦終結段階以降、先進諸国において国の役割と地域の役割は大きく変化し、地域の役割が大きくなっている。

詳しくは，本書第2章を参照。
(7) アイサードの地域科学関連の記述については，光多長温（鳥取大学特任教授）の研究に依拠している。あわせて Isard（1975=1980）を参照。
(8) アイサードは1954年，アメリカのデトロイトで The Regional Science Association を立ち上げた。国際地域学会や日本地域学会はそこから生まれたものである。
(9) 地元学に関する最良の文献として，結城（2009）と吉本（2008）を挙げることができるだろう。

**文献**
赤坂憲雄，2010，『婆のいざない――地域学へ』柏書房
伊豫谷登士翁，2002，『グローバリゼーションとは何か――液状化する世界を読み解く』平凡社新書
大槻恵美，2010，『風土に生きる・場所に生きる――地域の変容と再編成に関する地理学的研究』ナカニシヤ出版
ヴィレーム，ジャン＝ポール，2009，「超近代（ultramodernité）の文脈における宗教」ジャン・ボベロ，門脇健編『揺れ動く死と生』晃洋書房
内山節，2005，『「里」という思想』新潮社選書
―――，2010，「ローカルな場所からの出発」京都造形芸術大学編，編集責任中路正恒『地域学への招待』（改訂版）角川学芸出版
宇野重規，2009，「社会科学において希望を語るとは――社会と個人の新たな結節点」東大社研・玄田有史・宇野重規編『希望学1 希望を語る――社会科学の新たな地平へ』東京大学出版会
NHK「無縁社会プロジェクト」取材班，2010，『無縁社会――"無縁死"三万二千人の衝撃』文藝春秋
高谷好一，1997，『多文明世界の構図――超近代の基本的論理を考える』中央公論新書
―――，2006，『地域研究から自分学へ』京都大学出版会
鳥越皓之，2004，『環境社会学――生活者の立場から考える』東京大学出版会
濱下武志，1997，「歴史研究と地域研究――歴史に現れた地域空間」濱下武志・辛島昇編『地域の世界史1――地域史とは何か』山川出版社
樋口陽一，2000，『個人と国家』集英社新書
廣瀬隆人，2007，「地域学に内在する可能性と危うさ」『都市問題』98(1)
―――，2008，「ローカルな知としての地域学」日本社会教育学会編『日本の社会教育』52
藤井正，2008，「『地域』という考え方」藤井正他編『地域政策入門』ミネルヴァ書房

森岡清志編,2008,『地域の社会学』有斐閣
柳原邦光,2010,「地域学の現在――鳥取大学地域学部の挑戦」『地域学論集』7(1)
矢野暢編,1994,『講座現代の地域研究 第二巻――世界単位論』弘文堂
結城登美雄,2009,『地元学からの出発――この土地を生きた人びとの声に耳を傾ける』農山漁村文化協会
吉本哲郎,2008,『地元学をはじめよう』岩波ジュニア新書
Bauman, Zygmunt, 2000, *Liquid Modernity*, Polity.(=2001,森田典正訳『リキッド・モダニティ――液状化する社会』大月書店)
Giddens, Anthony, 1991, *Consequences of Modernity*, Stanford University Press.(=1993,松尾精文・小幡正敏訳『近代とはいかなる時代か?』而立書房)
Isard, Walter, 1975, *Introduction to Regional Science*, New Jersey.(=1980,青木外志夫・西岡久雄監訳『地域科学入門(1)』大明堂)

第Ⅰ部　地域を考える

## Column

地域とは何か？

結城登美雄

　企業や国家といったこれまでの社会や生活を支えていた力に限界が感じられる時代にあって，それをこえていく新たな力と主体は何だろうか？　私はそれを地域の力だと思いたい。ならば地域とは何だろうか。むろんこれまでも「地域」という言葉はあったが「エリア」「コミュニティ」「マーケット」など立場の違いによる恣意的概念にとどまっていた。誰もが共有できるゆるがぬ「地域」とは何か。わたしはそれを「家族が集まって暮らす具体の場」だととらえたい。そしてその原点は日本の「村」である。いまから約140年前の明治初年，3000万人余の日本人の9割は村に住んでいた。村の平均規模は60〜70戸，人口370人前後。そんな村が明治の初めに，なんと7万1,314村もあった。近代日本は小さな村の集まりから始まったのである。そしてこれら原型の村は今日にあっても戸数，人口減少したとはいえ，その95％が健在である。この100年を経てなお持続可能な村とは何か。村を村たらしめてきた力とは何か。それが知りたくてわたしはこの15年間，東北の小さな村々を600ほど訪ね，その土地を生きてきた人々から経験に裏打ちされた「よい地域」であるための要件を教えてもらった。人々が教えてくれた要件は少なくとも7つある。

① よい仕事の場をつくること　　② よい居住環境を整えること
③ よい文化をつくり共有すること　④ よい学びの場をもつこと
⑤ よい仲間をつくること　　　　⑥ よい自然と風土を大切にすること
⑦ よい行政があること

　むろんすべてを満たす村などない。だからこそ家族の力を懸命に積み上げ，生きるべき暮らしの器としてのわが村をよりよくしようと努力してきたのである。いま，この7つの条件を詳述する余裕はないが，これらのテーマはすべてそこに暮らす家族の願いや悩みに裏付けられたものである。誰もが希望や願いを抱いて日々を生きている。同時に悩みや課題を抱えて苦しんでいる。そのふたつながら解決・実現するためには当事者個人や家族の協力だけでは十分ではない。それをほかの家族の力を持ち寄って解決と実現にあたることを「地域づくり」というのである。かつて地域再生に思いをめぐらす柳田国男はよい地域を美しい村に置き換えてこう記した。「美しい村などはじめからあったわけではない。美しく生きようとする村人がいて，村は美しくなるのである。」

　家族を思い，隣人を思う心が，良い暮らしと地域をつくるのである（図終-1）。

# 第2章　地域主義の系譜と地域学

光多長温

## 1　地域主義の系譜

　地域学とは,「地域をさまざまな方面から見る学問」という意味では長い歴史をもつ学問である。その概念は社会構造の変化により姿をかえて現出するが,1990年代の冷戦構造終結以降には社会の規範を考える際の重要な学問として新たな姿を現しつつある。地域学は,世界の経済社会の構造変化の影響を受ける現場学的性格をもつものであり,その意味で世界の地域主義に関する動きを抜きにしては考えられない。そこで,「地域学とは何か」について考えるために,これまでの世界の地域主義に関する歴史を見ていくこととする。以下,第二次大戦前,第二次大戦後,冷戦終結後（1990年以降）の3つの時代区分でこれを見ることとする。

### 第二次大戦前の動き

　ギリシャ・ローマの時代から人々は自らが住む地域を学習し,生産物を増やし,外敵に立ち向かうために自らの地域をさまざまな角度から知ろうと試みた。現代の「学」というには至らないかもしれないが,地域をよく理解するということの原点でもあった。

　その後,パクスロマーナ,民族大移動等,国が激しく揺れるなかで地域問題は伝承される,または博物誌的に限定される状況が続いたが,「地域」という単位が「国」単位で認識され始めたのは,19世紀半ば頃に始まるパクスブリタ

ニカ時代からである。この時期，イギリスは世界に先駆けて産業革命を経験し，「世界の工場」および「世界の銀行」となり，産業・金融面での経済先進地域として君臨していた。そして，これを背景にイギリスは強者にとって有利な自由貿易を国際ルールとする動きを強めたが，これに対して，当時は後進国であった欧米諸国が反発した。

すなわち，このイギリスの動きに対して，ドイツ，フランス，アメリカが地域に立脚した経済体制を構築するという内発的発展論（Endogenous Development）を主張したのである。ドイツでは，フリードリッヒ・リストが国民経済主義を主張し，具体的には関税同盟を結成する動きを取った。フランスでは，シャルル・フーリエらが生産，消費，生活を各人が自主管理する地域経済主義的協同社会を提唱し，協同組合結成に結びついた。一方，アメリカでも，保護貿易を求める北部と自由貿易を求める南部との間で南北戦争（1861-1865年）が起こったことに見られるように，イギリスの先進工業品の流入に警戒を強めた。このように，この時期に各国は主導的国家によるグローバルスタンダードに自国が飲み込まれることへの危惧を抱き，レベルの違いはあれ，国家主義，地域主義に目覚めていったのであった。

**第二次大戦後から冷戦終結期**

第二次大戦後，地域主義は複雑な経路をたどるが，冷戦構造が地域問題にも大きな影響を与えたことは無視できない。というのも，冷戦の緊張が高まった時代においては，地域問題よりも国益が何よりも優先することとなり，地域問題・民族問題は現出してもすぐ隠遁するからである。なお，先進諸国においては，地域主義は政治問題となって現れるが，この動きは，川上（2008）に詳しい。

まず，地域主義を政治体制の面から見てみよう。各州の連合体がひとつの国家を成すアメリカ合衆国は，地域主義を基本としつつ，そのなかで民主党政権下においてはより強く地域重視型政策を採用し，共和党政権下においてはマクロ経済優先の政策を採用する傾向にあるといえよう。民主党政権における地域主義の原点ともいえるものは，第二次大戦前，1929年の大恐慌時にルーズヴェ

ルト大統領が提唱したニューディール政策における「TVA 開発プロジェクト」である。発電と地域経済振興をセットにしてテネシー渓谷を開発するプロジェクトで，生活都市を建設し，地域教育を実施し，地域コミュニティを構築していくという，まさに地域主義の典型である。逆に，共和党は，経済効率を優先し地域問題を相対的に劣後に置いてきた経緯がある。また，イギリスにおいては，この同じ関係を労働党と保守党で分担してきたが，歴史的に地域経済に関する最大の政策指標は党派を問わず雇用であったため，保守党政権下においても地域問題はそれなりに重視されたと指摘できよう。さらに，地域主義発祥の地ともいえるフランスは，中央集権体制と地方主義を併用する体制を取っているが，近代市民革命を経て行政と市民との距離が近いため，協同組合等のサードセクターをベースとしたコミュニティ単位の草の根の地域主義を重視する歴史をもつ。歴史的に独立性が高い領邦が州に組成されて連邦国家を成立させたドイツは，高い国家意識をもちつつも基本的には地方分権主義体制にある。ただし，冷戦構造終結後の地域問題として東西ドイツの格差問題を抱えており，現在でも東西ドイツ合併後遺症から脱しきれていないため複雑な経路をたどることとなる。

　次に，世界各国の戦後の地域主義の流れを見ることとする。先進諸国が経済成長を謳歌した1960年代は，地域主義の時代でもあった。1960年にアメリカ大統領に就任したジョン・F. ケネディは「アメリカ全体としては豊かさを享受しているが，産業が地域から転出したことによる失業問題が特定の地域に集中しており，この経済の豊かさから取り残されている地域がある」と主張して，1961年に「地域再開発法」（Area Redevelopment Act）を制定し，この政策はケネディ大統領暗殺後，ジョンソン大統領にも引き継がれた。特に，アパラチア地方の問題が先鋭的にクローズアップされ，1965年「アパラチア地方開発法」（Appalachian Regional Development Act）および公共事業・経済開発法（Public Works and Economic Act）が成立し，遅れた地域の地域振興政策を推進することとなった。イギリスにおいても，1960年の保守党時代に「最悪地域最優先原則（'Worst First' 'District Policy'）」に基づいて地域政策を目指す「地方雇用法」（Local Employment Act）が制定され，1964年の労働党ウィルソン政権の誕生が，

地域問題重視の傾向に拍車をかけた。すなわち，首都ロンドンの事務所機能を抑制し，ニュータウン政策を推進したのである。フランスにおいても，ドゴール政権下の1963年に国土整備地方振興庁（いわゆるDATAR）が設置され，地域重視傾向を採用した。

日本においても，戦後復興経済から脱し，高度経済成長期に入った1960年代になると，経済効率化の観点から太平洋ベルト地帯を繋ぐ大都市中心の工場立地を求める経済界からの要望に対して，地方都市に工場立地を分散立地させんとする全国総合開発計画における新産業都市建設法が1962年に成立し，地域優先と経済効率化のせめぎ合いが始まった。新産業都市建設は，ほぼ同じ時期の太平洋ベルト地帯を埋めていった工業整備特別地域に比べれば，計画したほどの成果をあげることはできなかったが，その後の新全国総合開発計画においては産業構造が地方都市立地志向の加工組立型産業構造に推移するなかで，全国交通網体系が構築され，ある程度の地方分散効果を現出することができた。

1960年代は，経済成長優先主義から生活・環境優先，地方優先主義に動いた時代でもあった。経済成長にともなって環境問題が発生したことを受け，1972年にはローマクラブが「成長の限界」を提唱し，経済成長よりも生活優先，地域主義を唱えた。また，スウェーデンのハマーショルド財団が内発的発展論に基づき経済優先主義を批判し，もうひとつの発展を唱えて，アフリカ諸国等の途上国の開発を積極的に支援した。ハマーショルド財団が主張した内発的発展の要件は次の通りである。

①発展が物財の増大のためではなく，人間の基本的必要を充足することに向けられる。
②内発的かつ自律的である。すなわち，経済発展が地域の文化，伝統と調和したものである。
③エコロジー的に健全である。
④社会の成員が政策に参加するといった政策的社会的構造変化をともなう。
⑤経済の発展はそれぞれの地域が固有の人間環境，文化遺産，男女の共同体成員の創造性に依拠し，他の地域の手段との交流を通して創出する。

また，日本においても鶴見和子が中心となって内発的発展論を展開した。すなわち，鶴見は，地域における意識構造，社会関係および地域に存する技術の型のような地域の文化，伝統に立脚した経済成長を提唱し，これを推進するための要因としてキーパーソンの育成を提唱したのである。そして，これの具体化として地域の資源を活用した一村一品運動等が全国規模で行われた。この一村一品運動とは，1979年に当時の大分県知事である平松守彦により提唱された運動で，各市町村が地域の資源を発掘加工して優れた特産品を育てることにより地域の活性化を図ることを企図し，大分県の成功を見て全国各地域で展開されるに至った動きである。

　この時代におけるもうひとつの動きとして，19世紀のパクスブリタニカに対抗して起こった内発的発展の主張が，後進国から提起されたことがあげられる。すなわち，アメリカの世界支配に対して，中国，イラク，インド，マレーシア等の発展途上国が自主的経済成長を主張したのだ。これら諸国は，経済成長，多消費型経済構造に疑問を呈し，世界の経済社会の均一化に反抗し，過剰生産，過剰消費，過剰発展が自然環境破壊に結びついていると批判し，そもそも西欧社会への根底的疑問を提起した。すなわち，彼らは次のように主張した。西欧工業文明は確かに人類全体にいろいろな形の恩恵を与えた。これを全面的に断罪することは誤りであろう。しかし，その反面，この文明がいくつかの点で，危機の根源をなしているということも事実であるとして，次の3つの問題点をあげている。

①近代西欧の普遍主義は，中心が周辺を従属せしめる文化的根拠となった。
②権力と富を目標価値とすることにより，西欧文化が全世界に成長・膨張する文化圏を作りだした。
③技術を，権力と富という限定された目標に向けて合目的的な形で展開することによって，自然と人間との関係，人間と人間との関係も歪めた。

　これらの主張は，民族問題，宗教問題とも重なり合って，現在においてもさまざまな問題を惹起している。

このように，戦後経済復興が一段落した1960年代には地域主義が一挙に大きな流れとなったが，東西冷戦がデタント，新冷戦へと変貌する1970年代末以降，一転して地域主義への動きは低迷する。すなわち，アメリカにおいては，共和党ニクソン大統領が地域問題に対して冷淡な姿勢を取るようになり，その後民主党カーター大統領を経て1981年就任した共和党レーガン大統領は市場経済主義を掲げ，地域問題に対してはさらに冷淡な政策を取った。また，イギリスでも1979年に成立した保守党サッチャー政権が競争原理を掲げむしろ大都市再生に力を入れ，疲弊した地域の経済振興に対してはエンタープライズゾーン等の競争誘導政策を採用しただけで，地域政策は大きく後退した。地域学にとっては冬の時代になったともいえる。日本においても1980年代には中曽根内閣が，レーガノミックス，サッチャリズムと歩調を合わせて大都市優遇政策を採用し，地域問題は後退した。他方，地域主義の国，フランスは，1983年社会党政権下においていち早く「地方分権化法」「補助金統合化法」を成立させ，国と地方自治体との関係について社会契約的関係を明確化し，地域主義を鮮明にすることとなる。

## 冷戦構造終結後――地域主義の時代

このような地域問題にとってはいわば冬の時代は，1980年代半ば以降に共産主義国家が相次いで崩壊し，冷戦構造が終結に向かったことにより大きく変化することになる。1990年のベルリンの壁の崩壊，中国鄧小平の改革開放施策の実施等，90年代初めには象徴的な出来事があったが，事実上は80年代後半からすでに冷戦構造は終結に向けて動いていたといえる。このなかで，東西冷戦構造という蓋に閉じ込められていた諸問題が現出することとなる。すなわち，冷戦構造が終結に向かい，それとほぼ同時期に経済の国際化が進展したことで（1985年のプラザ合意はひとつの象徴でもある），これまで人々が拠り所にしていた国家という存在の絶対性が低下し，国家と民族との乖離が前面に出てくることとなったのである。国家と民族との関係の乖離は，1999年のコソボ紛争を始めとするその後の民族紛争の多発からもうかがわれる。また，国家の役割とは何か，国と地方との関係をどう再構築するか等も問題となり，このなかで各国

ともに国家の役割を縮小し，地域主体の体制を構築する方向へと向かうに至った。逆説的かも知れないが，国際化の進展が地域主義を前面に押し出してきたともいえよう。

　他方，各国ともに，1990年代になると冷戦構造時代に悪化した財政状態の改善のために行財政改革に取り組まざるを得なくなった。そうしたなか，各国ともに地域主義と財政再建・経済効率化のふたつの政策をいかにして両立させていくかという新たな課題に直面することとなる。すなわち，各国ともに行財政改革を推進するなかで財政主導型とは異なり地域の自助努力を促す新たな地域政策を採用することとなり，またEUも圏域を対象に地域振興政策を採用し，ヨーロッパ諸国は，国単位と広域単位の二重構造の地域政策を採用することとなる。さらに，中国，韓国等の新興成長国においても地域問題が発生し，中国は西部大開発プロジェクトなどの地域振興政策に取り組むこととなる。

　冷戦終結時期はなぜ地域主義の時代になったのであろうか。これに関して広井良典は，興味深い指摘を行っている（広井 2009）。すなわち，人間社会においては，社会構造が根本的に変化するときに，その時々の社会において「普遍的な規範原理」が求められるという。そして，その第一段階を紀元前の狩猟民族と農耕民族とが接触した時期とし，その時の社会規範として宗教（仏教，イスラム教，キリスト教等）が成立し，第二段階を18世紀以降の産業革命以降の時期とし，それ以降の社会規範が経済原理であったとする。その上で，現在の「急速な産業化及びそれにともなう人間の経済活動や生産・消費の飛躍的な拡大とその飽和・成熟化時代」における社会規範を「有限性」と「多様化」に求めている。この「有限性」とは普遍と考えられていた地球において資源・エネルギーの有限性が顕在化していることとし，地球環境問題をひとつの規範と位置づけている。他方，「多様性」については，「地球上の各地域の風土的・文化的な多様性やローカルな独自性を重視してそこから出発すること」として，これからは「地域レベルから物事を考えていくこと」がひとつの社会規範として導かれるという。

　社会の進歩・変化に応じ，社会の規範となるキーファクターは変化していくということであろう。キーファクターは社会の規範たるべく見直され修正され

てきた。宗教における神学の発展や，経済原理における独占禁止法や製造者責任法といった市場の公正さの確保への手直しがそれである。もちろん，経済が社会規範となった時代にも宗教という社会規範がなくなったわけではなく，一定の緊張状態の中で併存してきた。例えば，宗教と経済との関係においては，「労働」と「神への奉仕」との調和の問題，利益の意味づけの問題等についていまだに一定の緊張状態があることは事実であろう。これらのなかにはいまだに大きな議論が続けられているテーマもある。

　社会の規範に関して，冷戦終結時に曲がり角に来たというのは，冷戦終結時と経済の成熟・市場経済の矛盾とがほぼ同時期に起こったためとも考えられる。日本における1980年代後半のバブル経済はその転換点の象徴ともいえよう。宗教は絶対性を求めるのに対し，経済原理は自己増殖し人間社会の絶対規範とはなり得ない。これからは，地域単位で規範を構築し，地域単位で社会の諸事象を理解し，地域単位で人間社会におけるさまざまな課題を解決していくことが求められる時代となろう。ここに，地域学の存在意義（レゾン・デートル）がある。

## 2　戦後の地域学の系譜

　戦後の世界の地域問題が大きく揺れる中で，戦後間もない時期から地域学を唱えたのが，ウォルター・アイサード（Walter Isard）である。彼が1954年にデトロイトで国際地域科学協会（The Regional Science Association）を創設し，地域学を科学（地域科学：Regional Science）に昇華させた功績は大きい。彼は，「地域科学は，さまざまな組み合わせの分析および経験的探求を駆使して，地域的あるいは空間的次元を含む社会問題を細心の注意と忍耐をもって研究してゆくものなのである」と主張する。そして，「経済学者が，空間については副次的な関心しか払わないのに比べ，地域科学者の中心的な関心事は経済的諸事象が地域に及ぼす影響，事象に関することである」として空間分析を重視する。

　アイサードは，地域科学の定義として，「地域科学とは，特定の地域（あるいは諸地域のシステム）について事象を分析・研究するものである」として分析対象となる13の事項を述べている。これは，次の5つにまとめることができる。

①地域原理

空間的組織の基本的諸原理(均衡と組織的構造を支配し，また効率，公正，ならびに社会的厚生に関連する諸原理)。

②形態と構造の研究

地域の諸システム，あらゆる自然環境のもとにおける人間の集落，産業と経済活動，職業，所得と発生と受取，および資源利用の諸形態。

人口と経済活動との行動と空間的分布を支配するような，社会のさまざまな組織的・制度的諸構造。

③相互作用と過程

地域システムの内部における，社会的，政治的，および経済的諸行動単位と自然環境との連帯的な相互作用。

さまざまな地域の人々の居住に関係する，時間を通じて展開されるあらゆる種類の空間的過程。

④地域発展の要因分析

地域発展に影響を及ぼす政治的，経済的，社会的，文化的，および心理的諸要因。

⑤技法の分析と政策提起

計画と管理との技法，行動単位間の空間的対立関係。

空間的形態に結びついた社会問題を有効に解明しかつ解決しうる方法。

アイサードが設立した国際地域科学協会は，その後国際地域学会（The Regional Science Association International）（The RSAI と略称）と改称され，その下に次の3つの国際的地域科学研究学会組織（Super Regional Associations）を設置した。

①アメリカ地域学会（The North American Regional Science Association）
②欧州地域学会（The European Regional Science Association）
③環太平洋地域学会議（The Pacific Regional Science Conference Organization：The PRSCO）

第 I 部　地域を考える

　日本は1962年（昭和37）に環太平洋地域学会議（The PRSCO）に加入し，国際地域学会日本支部（The Japan Section of the RSAI）を発足させ，これが日本地域学会（現 The Japan Section of the Regional Science Association International）となり，わが国における地域学研究の中核的役割を担い今日に至っている。さらにこの時期には，京都大学東南アジア研究センター等，国・大学で地域研究を目的とする研究機関が設立された。ただし，この時期の地域研究を目的とする研究所は，特定の国・地域の研究を目的とするものが多く，地域学そのものを扱う研究は少なかったことが特徴である。

　アイサードの地域科学の考え方および実践は，現代から見ても地域科学の本質を論じており，その意味では地域科学のバイブルともいえよう。しかし，この地域科学は，冷戦構造のなかにおける地域研究（Area Studies）と混同されることともなり，その後やや不幸な運命をたどることとなる。すなわち，元来，ヨーロッパの学識の基礎であったアラビア学，インド学，シナ学等の東洋研究は，19世紀以降，植民地統治を通じて社会科学的展開を含むものへと変貌していったが，それは第二次大戦後には，アメリカを中心としてアジア研究，ソ連研究，ベトナム研究等，「敵」の研究や開発研究型の政策対応による地域研究となって人文・社会科学の学際的な場として発展した。アイサードの地域科学も，本来の思想とは別にこれに飲み込まれていった，または利用されていった面は否定できない。これは，地域研究では，第二次大戦に際し，アメリカをはじめとする西欧各国において軍事戦略上の要請から，非西欧地域の諸事情を教育・調査するプログラムが組まれたことにも由来するものと考えられる。

　その後は，前述したように冷戦構造が深刻化し，地域学へのアプローチは低迷期を迎えることとなる。しかし，1980年代半ば頃より，冷戦構造緩和のなかで再び地域学関連の議論が盛んに行われるようになる。そして，この段階においては，冷戦構造の重しのなかで押さえつけられていたいくつかのテーマが地域学の前提として大きく前面に出ることとなる。そもそも，行政の役割は何か，国と地方との機能分担はどうあるべきか，人間の幸せとは何か（政治経済の目標は経済の発展か社会の厚生の増大か）といったテーマである。これら全体を通した考え方として，地域単位で諸事象を考え，解決していくことが最も効率的で

## 第2章 地域主義の系譜と地域学

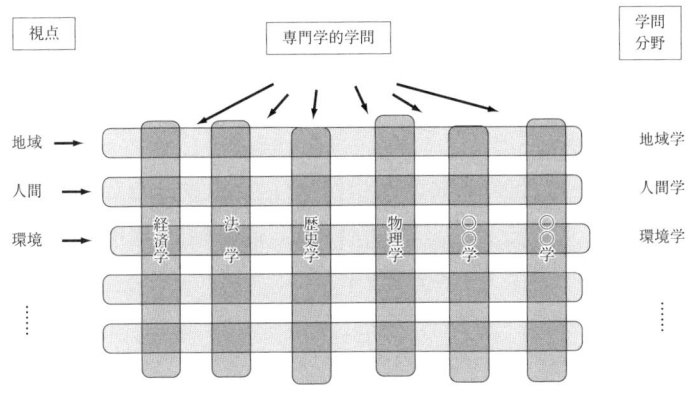

図2-1 地域学の構図

あり，かつ人々の満足度を最大化ならしめるものとの主張が徐々に多数意見となっていった。そして，90年代以降の国際社会においては，各国ともに「地方分権・地域主権」および「納税者・住民優先の行政改革」がキーワードとなり，地域主義が改めてクローズアップされていった。

これと歩調を合わせて課題となったのが，近代学問体系のあり方の見直しである。近代学問は，自然現象，社会現象を「科学的に」分析し，その結果発見したいくつかの要因を組み合わせて説明できると考えられてきた。学問体系として法学，理学，工学，文学，医学，農学および経済学という学問体系が踏襲されてきたが，こうした近代学問体系が現在の課題に十分対応しきれているかどうかが課題となったのである。例えば，経済学は経済社会の複雑化，高度化に十分対応しきれているとはいえないのではなかろうかとの批判が投げかけられた。この批判に対して，一時，複雑系経済学がもてはやされたが，限界があったことは否定できない。また，大学には既存学問の総合化を目指して総合科学部が設置されたが，顕著な成果をあげることはできなかった。そこで，従来の学問体系を横断的に統合化する何らかのキーコンセプトで新たな学問領域を創設することが必要との認識が強くなり，そのキーコンセプトとして「人間」や「環境」とともにとりあげられたのが「地域学」または「地域科学」である。

第Ⅰ部　地域を考える

## ③　これからの地域学

**地域学への考え方**

　現代社会において地域学が必要とされる歴史を述べてきたが，地域学とは発展途上段階にある学問であり，これを恒久的に定義することは容易ではない。現在の経済社会で必要とされる前提から地域学を定義し，かつ育てていくことが肝要であろう。

　これまで，「地域学」と「地域科学」という表現を並列して使ってきたが，最後に「地域学」と「地域科学」とはどう違うかという点を論じておきたい。換言すれば，「地域学」の科学性についてである。そもそも，学問分野は「自然科学」と「人文科学」に二分されてきた。その後，人文科学から社会科学が分化し，現在では「自然科学」「社会科学」「人文科学」に三分されることが一般的となっている。

　アイサードの考え方に見るように，「地域科学」とは「地域における社会的諸事象を科学的方法による観察・分析・考察を基にして，客観的法則性を把握していくもの」であるとすれば，地域科学は典型的な社会科学の範疇に入ると考えられる。しかし，90年代以降の「地域学」は，前述のように人間社会の規範ともなるものであり，その点で人文科学のみならず自然科学分野の学問領域が必要とされ，そこでの融合が求められることとなる。そのとき「地域科学」が「地域学」にレベルアップしていくこととなる。その際，人文科学分野には社会科学のベースであった Science なる概念に抵抗を感ずる分野もあるのが事実である。人文科学が Humanities の訳語であることからも，前述の「社会的諸事象を科学的方法により把握していく」というよりは，個々の人間の諸ビヘイビアーや考え，内面的側面に光を当てていくというものと理解できる。そこで，「新たな地域学」は「地域科学」ではなく「地域学」であることが要請されることとなる。つまり，科学性を失うことなく，より広範囲，広分野の学問領域および研究者を包含することにより新たな学問分野を構築し，時代の要請に応じるということである。

## 第2章 地域主義の系譜と地域学

　この「地域学」を定義するときには，それぞれの本来の専門分野の考え方の影響を受けつつ行われる傾向にある。「地域学」はさまざまな方面から定義されているが，そのいくつかを紹介してみよう。

　日本学術会議太平洋学術研究連絡委員会は，地域研究専門委員会報告（2004）において，「ここで用いる地域学は，最も広義の『地域に関わる研究』を指すものである。フィールド科学に根ざして人文科学・社会科学・自然科学を統合的，俯瞰的に再編成しようとする学問的営為を，地域学と呼ぶこととする」とし，さらに，「現在進行している世界の大激動をとらえるためには，新しい視点の確保を図らなければならない。わが国における地域研究の始まりは，現在的な問題を統合的にとらえようとする課題意識からの出発であった。すなわち，従来のディシプリンの枠を超え，新しい視点を備えた，より高い統合的なレベルでの俯瞰的研究の必要が強く自覚されてきたのである」として，今後の世界の動きの根底を解明するために地域学に大きな期待を寄せている。同地域学研究専門委員会は，さらに，「小は個人の生存の立脚点あるいは『場』としての個人の内面から，大は地球あるいは地球を取り巻く宇宙空間に至るまでの幅で，伸び縮みする多様な地域の諸局面の各々について，時間・空間・主体という座標軸を組み合わせた視点からの比較作業を通じて統合的・俯瞰的に記述し把握する地域学の構築は，学術の新たな体系化を促すことへ導くはずである」としつつ，「地域学が，人文科学と自然科学との間の学際的協力作業を強く自覚的に志向していること」を前提として，「地域学関連の研究の状況について，情報の集約と広く地域学関連諸領域を結ぶ内外研究機関・研究者の情報ネットワークの形成を図ることが急務である」として，地域学を研究する機関・研究者のさらなる交流を促している。これまで述べてきた地域学の考え方を最も具体的に論じているともいえよう。

　わが国国土計画の第一人者で国土審議会会長を務めた下河辺淳が，2002年に鳥取大学で「21世紀の人と国土」というテーマで講演した中でも，学術会議専門委員会とほぼ同様の見解を示している。すなわち，下河辺は，「地域学が，文明系と生態系とを繋ぎ合わせて作っていくもの」とした上で，「人文科学，社会科学，自然科学等の既成の学問を繋ぎ合わせた新しい地域学が必要になっ

てきている」と主張している。そして，「横軸に人間が作った社会，縦軸に自然が作った自然という図を描いてみる。人間にとっての過去，歴史が横軸で未来に繋がっていく，縦軸に自然を取り，これの交差点というのが現場，即ち地域を意味しており，その原点に至った学問というのが非常に重要である。その周辺に従来からある歴史学とか考古学，政治学，社会学，言語学，経済学，民俗学，法学というような学問体系もあるし，そして，未来に向けては，生態学，農業学，環境学等が存在しているというようなこれらの学問体系をもう一度見直して体系化して，その原点で地域学というものを作っていくことが必要である」としている。下河辺は，さらに「地域学は，現場主義で地域を見つめ，調査をし，繰り返した上でその情報を知的に総括するということによって初めて地域学の基礎が形成される」としてフィールドワークの重要性を説いている。

　人間存在の意義を考える哲学の立場からは，地域学こそが，現代の人間の生きる意味を真に考えるものであるとの考えが示されている。ニーチェ・ハイデガーの研究者である哲学者中路正恒は，「地域学の基本問題」の中で「地域学とは，この列島の諸地域の生き方のつながりの中で，今日生きることの意義を探求する学」（中路 2010：4）とした上で，「地域学が第一にめざすことは，ある空間が地球の大地的な自然の営みの中のどういう場所になっているのかということを認識することであろう」（中路 2010：14）としている。さらに，「地域学とは何か」において，「地域学はまずもって地域を学ぶことである。そして，更にはその学びによって海のかなたからやってくるグローバルな様々な波に対して徒に困惑することのないような明確な自覚された生き方を身につけてゆくことを目指すものなのである。そして，地域学は，人の生の国家よりも深くにある欲望に根差し，それゆえ国家の公式的見解とは異なる結びつきを，この地球の上のあらゆる方向に延ばしてゆくことのできるものなのである。その根にある欲望を見出していくこと，それが地域学の基本的課題の一つになるであろう。われわれが，ここで地域学的欲望と名付けるものは大地と地域により具体的に，よりデリケートに発見する欲望である」（中路 2006：48-49）として，地域学を「人間としての生活の根幹を考える学問」としている。

　歴史学者である松田之利は，「地域学とは，それぞれの地域の『地域力』を

歴史社会・生活文化の法則を解明する諸科学の方法に依拠しながら解明し，その現代的発展のあり方を政策化し，継続的な共同社会的原理を批判的に継承し，新たな協同社会原理に再編していくための科学的な認識と実践を学問的に体系化させようとするものである」としている（松田・西村 1999：3-4）。歴史学に依拠しつつ，(岐阜) 大学地域科学部としての総合的・俯瞰的な見方を表現しているといえよう。

　東南アジア地域研究者である赤木攻は，既成の学問体系が近代社会の病理を予測または予防しきれなかったとして，近代的学問体系を根底から問い直すことが必要とし，その基本に「地域学・地域研究」を位置づけている（赤木 1998）。

　考古学が専門の森浩一は，「地域学とは，それぞれの『まとまった空間』のなかの住人（住民ではない。民というとその対極に政権がちらつく）を主人公として歴史的な展開を見ようとするものである。この『まとまった空間』とは，歴史的地域といってもよく，生産や政治など人々の日常の活動でおのずからまとまりやすい範囲をいう」（森 2002：2）としている。

　人間とは何のために生きるかということを考えるという意味でこれら延長線上にあるともいえる地元学の立場からの地域学の考え方は，さらに，地域密着，現場主義，人間的な考え方を取る。広瀬隆人は，「地域学・地元学の現状と展望－その分類学的考察」の中で，「地域学には地域研究に端を発する固有の領域としての世界的な視野での『地域学』が存在する。ここでは，文化や環境といった視点による『地域』を対象としている。こうした広範囲の地域学に対して地域に住む人々の意欲から生まれた地域学を『自地域学（オラホロジー）』と呼ぶ。また，地域学は，地名を冠して〇〇学と称される場合が多い。これに対して地元学はいずれの地域でも地元学と称される場合が多い。地元学は，地元の人が主体となって地元を客観的に地域外の人の視点や助言を得ながら地元のことを知り，地域の個性を自覚することを第一歩に，外から押し寄せる変化を受け止め内からの個性に照らし合わせ，自問自答しながら地域独自の生活（文化）を日常的に創り上げていく知的創造行為である」（広瀬 2006：72-73）としている。

地域学とは何かを考えるときに忘れてならないことは，前述のように，これからの社会の規範，拠り所としての「地域」についてさまざまな方面からスポットライトを当てて，宇宙の真理，社会のあり方，人間の生存の意味を問い詰め，以て，「地域」を科学化し社会の規範たるべき地位にまで止揚していくことである。その前提に立てば，地域学とは，次のような特質を持つものと定義できよう。

①既成の学問領域では解決できなかった社会の原理を解決していくこと。
②人文科学系，社会科学系と自然科学系との既存学問の総合化であること。
③図2-1に見るように，既存の経済学，法学，物理学等の専門的学問分野を地域という視点で横断的に束ねるもの。既存の学問がそれぞれの分野を掘り下げていくのに対して，地域学は地域というコンセプトでこれらの学問を束ねて新たな世界をつくること。
④人間とは何か，人は何のために生きるか，人間の幸せとは何か，さらには，ポスト産業社会における社会規範とは何かを追究・構築していくこと。
⑤現場主義であること。現場を通じて，真理を追究していくこと。
⑥地域学間のネットワークにより，個別地域学が増幅されること。

地域学は今後の学問（真理の追究，人間本来のあり方の追究，世界の真理の追究）の柱となることであろう。しかし，その成否はわれわれ地域学に関わるすべての人々の常なる努力による。

### 地域学の適用──地域の見方

地域学は実学であり，地域問題との関連でさまざまに活用される。前述のアイサードが整理したように，空間構成に関する原理を追究すること，地域形態および地域構造を解明すること，地域を分析すること，地域における個々の人間の営みを観察すること，地域の課題への処方箋を書くこと，等である。ここでは，地域学という視点からいかにして地域を見るかについて述べることとする。

地域を見る際には，マクロ地域学的見方とミクロ地域学的見方とがある。マクロ地域学とは，地域を俯瞰的に見るものであり，前述の下河辺の言葉のように，ある地域を見る際には，人間にとっての過去，歴史を示す横軸と地域を取り巻く自然との交差を見ることから始まる。そして，その交差点（分析する対象となる地域）を分析する際に，歴史学，政治学，社会学，経済学，民俗学，法学，地理学というような人文社会科学系の学問体系と，生態学，地学，農業学，環境学等の自然科学系双方の視点から多面的，複層的に見ていくこととなる。地域を見る際には，種々の手法を用いつつ，かつ他の空間と比較しながら，特定の空間を分析し，当該地域が抱える課題およびその課題解決への処方箋を描くこととなる。そのためには，社会の潮流を理解した上で，現地視察，類似した地域の視察，統計分析手法の活用等地域分析に関するあらゆる手段が駆使されることとなる。また，類似の他事例を調査分析して比較し，当該地域の分析に役立てることも有効である。

　この社会科学系からの分析と自然科学系からの分析は別個のものではあり得ない。地質，地盤はその地域の歴史，地域の人々の伝統，気質等と密接に結び付いている。この社会科学系からの分析と自然科学系からの分析が一体となるに至らなければ地域の分析をなしたとはいえない。しかる後に，当該地域の現状・特質を理解した上で，これからの処方箋を考えることになるが，この段階では従来の動きを延長した考え方と，創造的考え方とがある。しかし，創造的考え方を行う場合にもこれまでの歴史や地質等と無縁の創造を行ってはうまくいかないことが多い。

　これに対して，ミクロ地域学の場合には，特定地域で生活する個々の人間の営みを地道に分析し，これを積み上げることにより当該地域の特色を発見することに特徴がある。その際には，膨大な資料とともに，各年代層や各分野といった客観的分類による，当該地域で生活する個々の人々からの聞き取りが重要な手法となる。そして，これらの膨大な作業から帰納的に地域の特色を描き出していくこととなる。

　このマクロ地域学とミクロ地域学とは，（マクロ経済学とミクロ経済学との関係のように）決して相対立するものではなく，相互補完によって地域像を描き出

第Ⅰ部　地域を考える

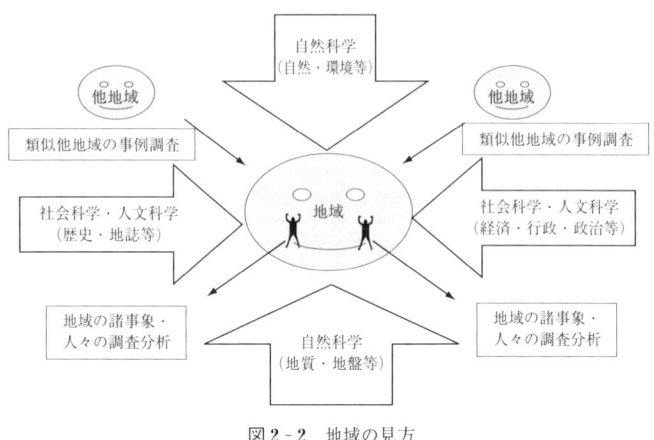

図2-2　地域の見方

すものである。前述の分野から見れば，マクロ地域学が社会科学，自然科学の系統をひき，ミクロ地域学が人文科学の系統をひくといってもよかろう。例えば，マクロ分析により地域の姿を描くなかで人口流動の数値を分析し，地域全体の人口流動の特徴を把握するなかで，個々の地域住民が当該地域に「どこから」「なぜ」来たのかをヒアリングすることにより地域の全体像が浮かび上がってくる。こうして，人間味がある地域分析が可能となる。

　なお，地域分析の設定もさまざまである。特定の物理的空間を分析対象とする場合もあれば，特定テーマに属する離れた空間をひとまとめにして対象とすることもある。この分析対象の範囲をいかに設定するかも地域学特有の重要な課題である。

　この分析対象の範囲は，国際化の進展によって大きく変容する。世界全体をひとつの分析対象範囲とすれば，たとえば，北東アジア，EUといった経済社会圏や，アメリカや日本といった個々の国の単位が，地域分析対象となり得る。ここで地域分析の多層性が生じてくるのである。

　たとえば，鳥取県という地域単位を考えると，県内市町村の集合体としての鳥取県，日本国全体の一構成員としての鳥取県，北東アジア地域の一構成員としての鳥取県等，さまざまな「地域の顔」を持つこととなる。

## 地域学の担い手

　地域学は実学である。また，その対象は経済，社会，行政，都市，自然科学関連等多岐にわたる。その意味で地域学を担う人は多岐にわたることが求められる。地域学を専門とする一部の学者，学生だけのものであってはならない。鶴見和子は，前述の内発的発展の担い手として「発想のキーパーソン」と「実行のキーパーソン」をあげているが，これに付け加えて地域問題を常に考えている段階の「意識のキーパーソン」，地域学を探求する「学問のキーパーソン」等多岐にわたるキーパーソン群で構成される必要がある。地域に住むひとりひとりが地域のキーパーソンである。「意識のキーパーソン」がある日「発想のキーパーソン」になり，「実行のキーパーソン」に転化していくこともある。このキーパーソンが地域間で交流することにより増幅効果が生じ，地域学はさらに発展していくこととなる。

　地域学は，実学であると同時に，行動学でもある。地域学とは何かを考えて佇んでいるよりはまず地域に入って一緒に地域のことを考えていく，そこから始めればよいのではなかろうか。

### 文献

赤木攻，1998，「現代を切り拓く地域研究」池田修監修『世界地域学への招待』嵯峨野書院，11-24

芦沢宏生，1979，『地域学入門』法学書院

加藤普章，2005，『新版エリア・スタディ入門』昭和堂

川上征雄，2008，『国土計画の変遷——効率と衡平の計画思想』鹿島出版会

島袋純，1999，『リージョナリズムの国際比較——西欧と日本の事例研究』教文堂

高谷好一，2004，『地域学の構築——大学改革の基礎』サンライズ出版

中路正恒，2010，「地域学の基本問題」京都造形芸術大学編『地域学への招待改定新版』角川学芸出版，12-23

―――，2006，「地域学とは何か」東北芸術工科大学東北文化センター『季刊東北学』6：48-57

日本学術会議太平洋学術研究連絡委員会地域研究専門委員会報告，2004，『地域学の推進の必要性についての提言』

広井良典，2009，『コミュニティを問いなおす』ちくま新書

第Ⅰ部　地域を考える

広瀬隆人，2006,「地域学・地元学の現状と展望」東北芸術工科大学東北文化研究センター『季刊東北学』6：72-88
藤原健蔵編，1997,『地域研究法』朝倉書店
松田之利・西村貢，1999,『地域学への招待』世界思想社
森浩一，2002,『地域学のすすめ——考古学からの提言』岩波新書
Isard, Walter, 1960, *Methods of Regional Analysis : An Introduction to Regional Science*, Prentice-Hall, Inc.（＝1980, 青木外志夫・西岡久雄監訳『地域科学入門』大明堂）
―――, 2003, *History of Regional Science and the Regional Science Association International*, Springr.

## Column

復古創新

松場登美

　10年かけて改修した築220年の古民家，阿部家に住んで5年になる。

　阿部家は2008年からわたしの住まいでありながら宿として活用し始めた。それまでは，来客用の宿泊施設として使っていたが，宿にした際，夫の「実際に住んで，そこにあなたの本当の暮らしがないと真実にはならないよ」という助言もあって仲良し町内別居は始まった。

　住み始めの頃は，他人の家に居候しているような気分だったが，日々，雑巾掛けをしたり，竈に火を焼べたりしているうちに自然と自分の居場所ができていった。そして，土蔵の中から出てきた100年も前の縞帳の表紙に「阿部登美」と書かれているのを見つけた時は，さすがに驚いた。わたしと同じ名前の人が住んでおられたのだ。このことから，阿部家との不思議な縁を感じずにはいられなかった。こうした発見や驚きを重ねるうちに，いつしか阿部家に受け入れられたと感じるようになった。そしてこの家は縁あってわたしに授かった家だと確信した。

　わたしは，土地も人も，家も物も縁あって授かったものとして受け入れ大切にするよう心掛けている。「縁を大切にし，授かりに感謝し，何でも欲で求めてはいけない」は母の口癖だった。

　阿部家では，家の意志を尊重するよう心掛けてきた。10年という改修期間中に家にも意志があるということを感じたからである。無論わたしの意志もない訳ではなかったが，阿部家の意志とうまく折り合いながら改修工事は進めてきたし，いまもそうして暮らしている。

　歴史を紡いできた古い家では，ちょっとでもいい加減なごまかしをしようものならすぐ見抜かれてしまう。たとえボロボロの廃屋であっても決してあなどってはいけない。このことは，この家が文化財であることによる格式とか，評価とは無縁のことで，単純にこの家では，生活者としての有り様が問われるのである。

　不思議なことにこの家に暮らすようになってからわたしはある種の感覚が敏感になり，知識では得られない精神的生活力が身に付いたような気がする。また，この家と向き合いながら，何が美しくて，何が真の豊かさなのか会得してきた。

　美しいのは形あるものだけではなく，人の動きつまり作法や所作にも美しさは潜んでいる。そして，その美しさの背後には相手を思いやる心や敬う心が偲ばれるのである。

　また，豊かさとは物質的なものだけでは補えないものだとつくづく思う。四季の変化に恵まれた気候風土の中で育まれてきた日本の生活文化は，衣食住のどれにお

第Ⅰ部　地域を考える

いても驚くべき創造性に富んでいることに気付かされた。それは，現代のように西洋文化の影響を大きく受けた借り物文化ではない日本独自の美しく豊かな生活文化であった。

　戦後日本は経済発展のための効率を重視するが故に人間が生きてゆく上で本当に必要なものの多くを捨ててしまった。

　いま，わたしは無くしてしまったものの多さに気付きはじめている。すでに取り戻せないものもある。しかし，まだいまなら間に合うものもある。祖父母や両親から受け継いだ大切なものを次世代に伝えたい。約20年の間に夫と共に6軒の民家を再生してきたが，単に建物の再生だけでなく，そこに暮らしを再生をする必要性を強く感じている。それが，延いては，人間の再生，社会の再生に繋がると思われてならない。

　地霊に守られたこの小さな町から阿部家での暮らしを通して，「復古創新」をテーマとした生活文化を伝えていくことがわたしの夢であり使命と感じている。石見銀山生活文化研究所と他郷阿部家は，ライフスタイルを生業（なりわい）とする企業を目指してゆきたい。

△　阿部家台所

# 第3章　文化現象としての地域
—— 生の充実を求めて

吉村伸夫

## ① 「文化」の定義と「地域」

　日本語の「文化」は、いわゆる大和言葉ではなく、西洋語からの翻訳語だから、この二文字をいくら眺めても、本来の概念が直観されることはない。英語では culture だが、どの西洋語でも、ラテン語の *colo* という動詞の過去分詞形（男性単数主格）*cultus* が語源である。この動詞は直接には「耕す」を意味し、要は「農」の営みを指す。「農」は人間の営みのいわば原型であって、自然に人為を加えて、人間にとっての価値や意味を作り出す営みである。かくして、この意味では人の営みも、営みが作り出すものも、文化である。

　このことの重大さを最も端的に示すのは、新生児もまたひとつの自然であり、育児・教育・訓練といった人為（一般に社会化と呼ばれるプロセスの総体）によってはじめて「人」となる、という事実である。また、人間を人間たらしめている「言語」はそれ自体が文化であるとともに、文化を生み出し伝える媒体でもある、という事実である。文化はもとより本能ではないから、伝習されなければ営みは絶え、やがては営みが作り出したものも消滅する。

　だが、伝習が続いても、時間的・空間的な距離が、文化を変えてゆく。遠ざかりが不連続的ならば、変化もそれを反映する。かくして、例えば、人間は誰でも衣服を着るが、何をどのように着るかは文化であって、時代と場所とで異なる。社会的動物である人間はかならず社会を営むが、どのような社会をどのように営むかは文化であって、社会ごとに異なる。

文化を「それがどのようにあるのか,どのようにそれをするのかに現れるもの」と定義すれば,食事文化,政治文化,芸術文化,育児文化といったこの語の日常的用法のすべてが,無理なく包摂される。というよりも,このことを直観していればこそわたしたちは,「文化」という言葉を,一見無節操なほど多義的に用いるのである。ここでは,その多義性を貫くものを,抽出してみたにすぎない。

このような文化の概念には,すでにシステムとしてのまとまりという概念が含まれている。人類は,定住期に入ってもほとんどの時間を,比較的小さい集団＝社会として生を営んできた。そしてどの集団も,その土地固有の自然環境での生存に適合した知識や技術の体系を開発蓄積し,伝習し続けた。この固有性あるいは独自性を文化システムの個性とあえて表現するならば,地域という概念は,この意味での個性とそれを育んだ特定の自然環境が結びついた文化現象として把握される。

こうした意味での「地域」のどれひとつをとっても,典型的には,複数の他地域と一定の空間に隔てられながら並存しており,さらには,それらの地域の先にある地域とも,何らかの影響関係にある。したがって,こうした文化現象としての「地域」には,事実としての個性があるだけではなく,諸々の「他」地域との対比において,自らを中心に据えた自己「像」がある。地域を空間的に固定しても,まとまりをもつ文化現象としてのそれは時間のうちで変化してゆくが,伝統と呼ばれる連続性がすくなくとも短期的には個性の同一性を保証しており,自己「像」はそれと不可分の関係にある。

## ② 表象の宇宙としての地域

いま用いた「像」の概念を焦点化するとき,この問題のまったく別の次元が姿を現す。というのは,脳だけが（例えば培養液に浸されて）生きている状況を想像すれば直観されるように,わたしたちが客観的実在だと思っている外界は,じつは知覚や感覚といった入力を素材に心の内に構築された像,いわゆる表象（違う文脈では「現象」と表現されることもある）の宇宙であることが直観される

からだ。脳だけになってもこの「像」は脳内に存在する。だが，経験に照合しての補正が不可能になった表象宇宙は，暴走を始める。結果は容易に想像されよう。

この補正システムは，「批評の循環 (cycle of criticism)」と呼ばれることがある。批評の循環とは，現象から法則性を抽出し（帰納），抽出した法則を現象に適用し（演繹あるいは還元），必要と思われる修正を加えて再度現象に向かう，というプロセスの無限反復なのだ。本来は研究という営みの本質についていわれたことだが，人間はすべてこのプロセスによって，自己「像」を中心に埋め込んだ宇宙「像」を絶えず補正しながら生きている。認識主体としてのわたしたちが自らの位置・意義をそこから得ている「秩序宇宙（コスモス）」はこういうものであって，物理宇宙あるいは自然科学的に認識される宇宙（ユニヴァース）とは，本質的に異なる。意味・意義なるものは，ユニヴァースにではなく，認識主体に内在する。

したがって，同じ教室に居合わせている学生たちも，それぞれが秩序原理の異なる宇宙の中心に鎮座している。要求されたレポートを出さなくても単位が取れると考えてしまう学生もいれば，要求通りに出していても不安でたまらない学生がいる。人間について抱かれている像（この「像」は一種のダイナミック・シミュレーターであり，状況の入力に対して，「人間（あるいは特定の個人）は，こういう場合にはこうするはずだ」という判断を出力する）が違い，社会について抱かれている像が異なるからである。それぞれの行為主体は，違う法則システムに支配される宇宙に自らを埋め込み，自らが真理としているそのシステムに即して振る舞っている。

ここまでのことを確認した上で，改めて，文化現象としての地域という問題に戻れば，地域の文化的個性と呼んだものの実体は，それぞれの地域の内部で共有されている表象宇宙の「像」であることが，理解されるだろう。繰り返すが，こうした像がなければ，人は自分に意味・意義も位置づけも与えることができない。しかも，人は必ずどこかの地域に生まれ入る。生まれ入る地域を選ぶことができない以上，自らの表象宇宙の基盤を選ぶこともできない。これからの議論のためには，このことを確認しておく必要がある。

## ③ 「見えない宗教」あるいは「自明性」の問題

　ここまでの議論を振り返れば，文化現象としての地域では，そこに生まれ「人」となって暮らしている人々によって，人間を含めた森羅万象のありようについて，当然さと正しさの尺度が共有されていることが了解されるだろう。この尺度は，述べてきた表象宇宙「像」の法則システムであって，人々はそれを根拠として，何についても「～は，かくあるのが当然」という感覚をもつ。こうした尺度を英語では「ノーム（norm）」といい，「規範」と訳す。語源はラテン語の「ノルマ（*norma*）」で，大工の用いる曲尺である。これは直角と直線を検出する道具だから，直線と直角が正しさの比喩であることがわかる。

　たんなる当然は意識に上らない。したがって，ノームの存在が気づかれるのは，一般に，違反が生じたときである。ノームに適った状態はその形容詞「ノーマル（正常）」で表現され，違反は，遠ざかりを意味する「アブ（ab）」を前につけた「アブノーマル（異常）」で表現される。ノームは，社会学的には，意識されない「当然さ」のシステムを指すことが多いが，「正しさ」の側面を強調すると，道徳や倫理や正義をめぐる議論へと導かれる。この場合，尺度そのものを問題とする形容詞「ノーマティヴ（normative）」が用いられ，「ノーマティヴ・スタディーズ（normative studies）」とも呼ばれる「政治哲学（あるいは政治理論）」の研究領域となる。

　地域がそれぞれに異なるノーム・システムをもつのは自明だが，地域は無数にあるので，「当たり前さ・正しさ」の尺度もまた無数にある。このこと自体は容易に了解されるが，表象宇宙「像」の核心は，「当たり前さ・正しさ」の尺度が自明性をもつところにある。したがって，尺度が無数にあること自体は了解する者も，どこかある地域に生まれ入りそこで「人」となった以上，じつは自分もこの罠に陥っていることを素朴には認識できない。

　このことをもうすこし，理論的に詰めてみる。（現象学的）宗教社会学者トーマス・ルックマンの名著『見えない宗教』（Luckman 1971＝1976）は，いま言及した「自明性」を，宗教の祖形として位置づける。人は，何らか自明（証明不

要）な——疑いを容れない——真理システムを基盤としてもたなければ、自らの宇宙像を構築できない。すでに指摘したように、価値や意味・意義の成立のためには、何らかの根本尺度、数学でいえば公理のようなものがまず必要なのだ。世界についてのそれを提供するのが、人が生まれ入る地域で伝統として共有されている、表象宇宙の「像」である。その中に生まれ入った人は、まずはそれを真理システム＝根本尺度とするしかない。ところが、尺度はそれをもって他を計測評価するものであり、客体として計測評価されることは原理的に受けつけない。その意味で、認識主体が素朴にとどまるかぎり、批評の循環の対象にならず、いつまでも「見えない」。ルックマンはこの重要な事実を指摘しているのである。

　「見えない」という問題に関連して、「宗教」と「大衆」について簡略に論じておく。ことに前者は入門書で適切に扱うにはあまりに重大だが、今日的世界におけるその重要性を考えれば、触れずにはすまされない。

　すべての宗教は、真理は発見されたという立場に立つ。したがって、真理あるいは真実に近づく手続きとしての「批評の循環」を自ら断ち、原理的には「真理」の演繹のみを行う。今日の世界においてこのことがどれほど重大な意味をもつか、いうまでもないだろう。そして、オルテガ・イ・ガセットが『大衆の反逆』で指摘したような意味での「大衆」もまた、批評の循環をきわめて安易粗雑にしか行わない。しかも（というより、だからこそ）、いわゆるステレオタイプを真理・真実として受け入れ、批評の循環を早々と放棄する。わたしたちは、原理主義的信仰と大衆が結びつきやすいことを直観しており、それが世界に広がりつつあるらしいことに不安を覚えているが、このような事情に気づけば、ゆえのない不安ではないことがわかる。しかもこの結びつきは、ルックマンの「見えない宗教」の絶対的普遍性を想起すればわかるように、決して人ごとではない。例えば、「地域について」、そして「地域において」流通する諸々の言説に対するときにも、わたしたちは、ただ素朴なままにあることを、自らに許してはならないのである。

## ④ 「大衆」と「市民」
―文化現象としての「近代」の矛盾―

　上の意味での「大衆」は,「平等な資格で自律的に政治参加する個人たちであって, 社会の主体を構成する」と古典的には定義される「市民」が, アメリカ革命（ジェファーソンが書いた「独立宣言」）とフランス革命で登場した人間平等理念（国民議会が出した「人間と市民のための権利宣言」）に自明性が生じてゆくなかで「民衆」にまで範囲を拡大し, この民衆が最終的には普通選挙権を得て近代国民国家の「市民＝国民」になる過程で発生する。制度的には憲法において, 自律的かつ平等な判断主体として国の運営に参加する「個」と位置づけられているが, 大衆の本質のひとつは自律性を喪失した付和雷同性だから, 制度と実体の間に根源的な矛盾があり, そこにカリスマやデマゴーグが出現して「大衆＝国民」を操作する余地が生じる。この矛盾と危険は民主主義一般の構造に巣くう宿痾であり, 小規模で濃密苛烈な政治世界だった直接民主制社会の古代アテネにおいてさえ, すでに明らかだった。このゆえに近代までは, アテネの国制を定めたソロンではなく, スパルタのそれを定めたリュクルゴスが一様に高く評価され, トマス・モアの『ユートピア』も後者に範をとっている。ただし, 筆者自身は平等主義的民主主義に固執しており, それを否定するものでは毛頭ない。ここでは, 同一の人間集団が「市民」であり「大衆」であり「国民」であるという近代社会に固有の構造を, それを認識することの決定的重要性を考えて, 抽出提示したまでである。このことの根底にはまさに,「自明性＝見えない宗教」の問題が横たわる。

　「近代」をどう定義するにしても, 確かなことのひとつは, それが西洋文明の生み出した文化システムであり, 物質的豊かさに加えて自由と平等と安全が享受される現代の市民社会が, ついにそこから出現したということである。その複雑な成立過程についてはすでに精緻な説明理論が膨大に蓄積されており, しかもなお論争が熱く続いているが, ここでは, その事実のみを指摘するにとどめ, 近代という文化システムに固有の重大な矛盾（上で指摘した矛盾も, そのひとつである）に, 議論の焦点を絞る。

第 3 章　文化現象としての地域

　近代を特徴づける物質的豊かさの基盤は，初期近代（early modern）に成立した自然科学である。この基盤の上に工学や農学や医学といった実学が成立発展し，物質的豊かさのみならず，安全さや快適さも，高い水準で実現されてきた。社会が明確にこの方向に動き始めたのは，17世紀後半のイギリス（ことにロンドン）においてだが，この動きの根底には，カテゴリーとしての尺度・規格一般に斉一化が浸透するという文化現象が観察される。別々の地点で作られた複雑な部品が見事に整合する場面を，わたしたちは容易に想像できるが，これは，尺度・規格の斉一化が生産効率と品質の向上につながることが，わたしたちには自明であるからにほかならない。

　だが，自然科学や設計・製作技術の基盤である尺度・規格の斉一性は，それを維持利用する人間能力の斉一性があってはじめて，つまり斉一化のための人間加工プロセスがあってはじめて実現する。じつはこの加工プロセスは，本章の冒頭で新生児について述べたようにいわゆる社会化過程の総体にほかならないが，ここでは，はっきりと姿の見える文化装置である「学校」に焦点化してみる。

　文化装置としての学校の役割のひとつは，素材として若年者を受け入れ，能力や考え方や身振り（すぐ下で指摘するように，「市民」性の発信手段として重要である）に斉一化をほどこし，社会に送り出すことである。標準的に区分けされ管理される斉一な時間に従うこと，標準化された斉一な言語を身につけること。物理的な意味での世界についての知識や標準化された身ごなし（これも先と同じ理由で重要である），標準的な価値観・世界観を身につけること。鳥取でも東京でも北海道でも，この意味での教育・訓練の内容は同一である。加工目標の達成度合いは単一尺度で測定され，その結果で序列秩序が構成される。こうしてできあがるのは，労働者と兵士（この両者に近代が求める資質は，本質的に同一である）のための良質な素材である。

　突き詰めていえば，人間がこうして高度な斉一化加工を受けた結果として，社会には良質安価な商品が溢れている。さらに，見知らぬ第三者ばかりの社会空間としての都市における安全感覚は，人々が自らの「市民（のちに説明するように，「上品で礼儀を心得た人間」という意味もある）」性を，服装や振舞いを通じ

て無意識に発信し受信しあうことで，作り出され維持される面がある（意識されないノームが機能している）。この事情は，誰かを非「市民」と直観した瞬間に自分の内側に起きる反応を各自が想起すれば，ただちに了解できるだろう。自集団に属さない個体を感知する能力と，それを警戒と排除の対象とする本能を，社会的動物としての人間は備えている。

　だが近代は同時に，精神面では個性の尊厳をも自明化してきた。人間らしさに個性が欠かせないならば，個性の否定である斉一化は，人間性の否定たらざるをえない。このようにして，一方で物質的な豊かさと快適さと安全をもたらしてきた尺度斉一化という文化現象は，突き詰めるときいわば牙を剝き，人間の互換性という問題を露わにする。近代文化のなかでは，任意の労働者AとB，任意の兵士AとBができるだけ完全に互換であることが，ある意味での理想なのだ。現場では（つまり戦術的には）個性的能力が有効たりうるとしても，それがシステムとして（つまり戦略的に）想定されることはない。

　人間の互換性について，いますこし考えてみる。全能の神が宇宙を創造したのであれば，被造物のひとつ残らずが，秩序の内に自分だけのための位置を，つまり存在にかけがえのない意義・意味を与えられている。そのような要素が充満して秩序を構成している宇宙（コスモス）では，神に発する上下秩序の要素Aの意義を，要素Bのそれと比較することは，存在論的に無意味である。すこし滑稽な比喩を用いれば，蜜柑は蜜柑としてあるほかはなく，林檎は林檎としてあるほかはない。だが，斉一な尺度が成立すれば，蜜柑と林檎は，例えばドングリに換算されて，大か小かの評価を受けることになる。学校でも職場でも軍隊でも，人は個性などに関係なく，典型的には数値化された業績で評価を受ける。神の秩序の内では，平等ではないが互換性の脅威はなく，存在の意義は保証されているが，占めている位置を離れるのは神への反逆であり悪である。

　カントの有名な「人間は自分にとっての目的であり，手段であってはならない」という感動的なテーゼが象徴するように，確かに近代は精神面では，人間は人間であることだけを必要十分条件として平等に尊厳であることを自明の真理と宣言し，先にも述べた通り，「市民」概念の普及とともに，この原理は実際に自明性を獲得してきた。先ほどは斉一化のための文化装置として学校を焦

第3章　文化現象としての地域

点化したが，その学校は，斉一化加工のひとつの側面として，社会で自明性をもつ人間「像」を注入する。皮肉なことに近代固有のその「像」とは，人はそれぞれがかけがえのない「個」であり，そういうものとして平等な価値を無条件にもつ，というものなのだ。

そもそも人間が斉一な尺度によって評価されるとは，工業規格を考えるとわかるように，資源として，つまりカントがいう自らにとっての「目的」ではなく他者のための「手段」として有用さを評価・判定されることに他ならない。この皮肉な矛盾もまた，近代という文化システムに巣くう宿痾だが，学校教育（大学を含む）に携わる者のどれほどが，このことに自覚的だろうか。

## 5　「個」と「平等」をめぐる問題

問題を整理しよう。西洋近代という文化現象のなかで成立した「市民」概念が自明に含意する平等性は，じつはふたつの根元的に矛盾する内容をもっていた。そのひとつは，機会均等という意味での平等である。個人的背景（身分，性別，出身地，貧富，容姿，信仰，人種，民族など）を無視し，社会的効用（有用性）のための基礎的能力（学力！）という単一尺度で個を測定評価し，序列づける。誤解してはならないが，これ自体は，近代以前から見れば，革命的な平等性原理なのだ。それがもたらした解放のいわば象徴が，ナポレオンである。彼は，国家の命運を賭けた戦いの中で，戦場での能力だけで将軍にまで成り上がっていった人物で，特権的背景をもたない大勢の若者たちのひとりだったのである。また，いわゆる「アメリカンドリーム」の内容は，この意味での平等性であり，だからこそ旧世界で未来を閉ざされていた人々を惹きつけたのだった。

だが，この平等は規範・尺度の斉一化の貫徹だから，個人のそれであれ社会（地域）のそれであれ，原理的に個性を勘案しない（国家として——つまり公的に——この理念を純粋に掲げるのがフランスであることは知っていてよい）。このような方向性は，突き詰めれば，社会を個人の自己実現の場（機会）と位置づけるものであり，広い意味でのリベラリズムである。だが世界は，「中央（高）」方向

と「地方（低）」方向を極性とする単線軸の上に序列化されることになり，しかも，能力がほぼ同じならば，結果はほぼ意欲と努力の関数だから，自己責任論に正当性が付与される。ここに，むしろ格差拡大を容認・推進する類のリベラリズム（いわゆるリバタリアニズムやネオ・リベラリズム）が生まれる余地があり，この余地を封印するために，平等主義の立場に立つリベラリズムは，例えばジョン・ロールズの理論のような，複雑難解な理論的安全装置を考案しなければならなくなる。

　理論的最先端の動向から付言すれば，この困難はそもそも，「社会契約理論」と呼ばれるこの種の理論の伝統が，社会を構成する個人たちを，心身能力において「ほぼ同等（roughly equal）」と前提するところに根ざしている。これは，苛烈な社会的差別と不平等が現実に存在した過去には，十分以上に衝撃的であり革新的だった。だが，普通選挙権に見るように，この枠組みに含まれる人々についての制度的平等がほぼ実現されてみると，むしろ問題点が多く見えてくる。つまり，枠組みに入らない存在（歴史的には女性が代表例。現在では障害者など。あるいは人間ではない動物や植物）の位置づけが，原理的に難しいのである。最善でも，基準から外れた存在への配慮・対処は，二次的あるいは派生的にならざるをえない。

　ちなみに，契約理論とならんで「平等」を近代に自明化し，現在も事実上は公共政策設計の標準基盤であり続けている「功利主義（utilitarianism）」もまた，「個性」を評価しない。その創始者ベンサムの「最大多数の最大幸福」は，個別の背景に関わりなく人間ひとりの幸福を一単位とした上で，社会が生みだす幸福量の最大化を目指すものだから，ひとりひとりの幸福の内容を真摯に問えば，崩壊するしかない原理である。それを修正したJ. S. ミルの功利主義においても，功利主義である以上，ひとりひとりの選好の評価は派生的あるいは二次的であるしかない。

　近代に自明性を獲得したいまひとつの平等は，すでに示唆したように，「個」の尊厳である（上出のJ. S. ミルは，その『自由論』や『女性の解放』に見る通り，功利主義者でありながら，この立場に固執した）。「尊厳」はsovereigntyという英語の訳語であるが，「尊厳死」の概念が端的に示すように，その主たる内容は，

自己決定権・自律権である。「主権国家」が sovereign state の訳語であることからも、これは了解されよう。この場合は、「個」の選好（preference）が異なることが前提だから、異なること自体に、自明的価値が付与されている。わたしたちに直感的に「人間らしさ」と感じられるものが、契約理論的リベラリズムにおけるよりは尊厳によく反映されており、その意味で「地域」という考え方とも、いわば相性が良い。例えば「地域の尊厳」は、説得力のある言葉（概念）と感じられるのではないか。

だが、最近は、人間を含む生命一般について、むしろ dignity が語られる傾向にある。定訳は「威厳」だが、思想系譜的としては、人間は自らを守る権利を自明的にもつと考える「自然権（natural rights）」の考え方に近い。社会契約理論の考え方は不十分だとして現れたものだから、一種の「原点回帰」的な面をもつ考え方ともいえよう。人道主義の危機が叫ばれる現代にこのような傾向が現れたのは、「尊厳」の成立には自意識をもつ主体の「意志」が最低限でも前提にされるからだと考えられる。心身の能力が「ほぼ同等」という前提条件の問題性はすでに指摘した。「威厳」という考え方は、その克服の試みと位置づけることができる。その背景として、表面的にはいま触れた人道主義の危機を指摘できるが、より深くには、生物多様性の保全という考え方が急速に普及しさらに自明化しつつあることが端的に示すように、持続可能な発展というほとんど不可能に見える目標を人類が達成するには、個々が尊重されつつ無数の生物種全体が「コスモス（秩序宇宙）」を形成しているという考え方も尊重する他はない、という直観があるだろう。

## 6 守るべき方向性の確認

前節の最後で述べたことはおそらく、世界中の知的な人々の間では、すでに自明性を獲得し始めていると思われる。じつは、ここまでの議論で基礎的重要性をもっていた概念のひとつが、まさにこの「自明性」だった。ほぼ重なるものとして、ルックマンの「見えない宗教」にも言及したが、繰り返せば、人は自明性をもつ根本原理（文脈次第で表現はさまざまでありうるが）という基盤の上

にしか，当たり前さ・正しさの尺度となる秩序宇宙（コスモス）を構築できない，ということである。

　ところで，先にも言及した有名な「独立宣言」でジェファーソンは，「人間が自由平等であること」を自明とした。証明不要という宣言にわたしたちは感動するが，このテーゼは，証明できないのである。証明は堂々めぐりに陥るしかなく，それを試みていれば，歴史家リン・ハントの言う通り，宣言に影響力は生じない。事実を言えば，人間の世界ではつねに，不自由と不平等が制度として保証されてきた。そもそもジェファーソン自身，奴隷所有者だったのである。それが極め付けの偽善に見えるのは，わたしたちにとって「人間」にはホモ・サピエンスの全個体が自明に含まれるからだが，ジェファーソンには違う自明性があった。「人間と市民のための権利宣言」でも，「人間・市民」は女性を含まない。文化としての「人間像」は，客観的真理なるものとは原理的に無縁である。主観的にそのように現れるものがあるにすぎない。

　ではわたしたちに，自らの規範と秩序を作りだす根源的自律性はないのだろうか。自明性の構造はただたんに，経済など外界環境がそれ自体の論理で構造変化するのに追従して変わるのだろうか。もちろんそうではない。神学者で政治学者だったラインホールド・ニーバーが言う通り，人間は理想を抱き自らを意志的に超越してゆく唯一の存在なのだ。ではわたしたちは，何を理想とするのだろうか。この問いへの答えは，すでに定まっていると考えたい。

　確かに，「アメリカ独立宣言」も「人間と市民のための権利宣言」も，現在のわたしたちに自明な人間像に比すれば不十分だが，これは，近代という文化システムが一貫して，ホモ・サピエンスのより多くの部分を，「人間」に算入し続けてきたことの，必然的な結果である。現在すでに，人種はもとより，身分や性別や貧富は，もはや人間平等観を否定する根拠として説得力をもたない。この変化は定向的なのである。局地的・一時的な停滞や後退はかなりな規模でありえても，方向性が大局的に揺らいだことはない。人種差別かと疑われる不法移民排斥運動でさえ，差別であることを掲げはしない。人種差別が正義として受け入れられるとは，もはや誰も直観しないからである。だが振り返れば，こうした変化は，わずか半世紀ほどの間に起きたことがわかる。同様の顕著な

## 第3章 文化現象としての地域

例は，文化システムとしての近代が世界で最初に完成するイギリスの18世紀で，それまで娯楽であり見せ物だった大量処刑が，世紀の終わりまでに監獄内でしか行われなくなることがあげられる。社会全般から，残酷な場面が急速に姿を消していったのだ。アメリカ独立もフランス革命も18世紀末であり，まずは英米とフランスで，人間平等観が自明性を獲得しつつあったことがわかる。すこし面白い例をあげると，英語の humane society はいわゆる「動物愛護団体」だが，文字どおりには「人間的（つまり人間らしい感情の）協会」である。人間に対するものに限らない残酷さ一般への嫌悪が，人間「像」の自明の要素となったことを，雄弁に物語る例だろう。

　変化のこの方向性は，「文明化（civilization：civil にすること／なること）」とも表現されうる。「市民」と訳される英語 citizen は，おおまかにいえば，ふたつの弁別すべき意味内容を含んでおり，それぞれを civic と civil という形容詞が表現する。前者が，本章でこれまで主として焦点化してきた，「政治に自律的に参加する個」としての側面を焦点化するのに対して，「文明化」はむしろ後者を焦点化する。例えば，処刑を娯楽としていた人々が残酷さに嫌悪を覚えるようになること，手づかみで食べていた人々がフォークやナプキンを用いるようになることなど，一般に粗野から洗練・繊細・清潔への変化を指す。つまり，「civil な（＝品位のある）状態になること・させること」を意味する動詞 civilize の名詞形としての，civilization（文明化）なのである。これは，「偽善」ではない（むろんその例には事欠かないだろうが）。残酷さを嫌悪すべきことが「市民」像に自明性をもって含まれるようになると，「市民」としての自己像をもつ者，あるいは「市民」たらんと望む者は，その感情をもつべく無意識に努め，事実もつようになる。これらの人々は政治意識をもち，議員選挙での投票という参加手段もあった。すなわち，制度が変わることになる。18世紀のイギリスでは，こういうことが起きたのだ。わたしたちも，自らと自らの社会を顧みるとき，これは近代という文化システムでは自明の社会メカニズムであることに気づく。上で示唆した，人間（社会）が自らを意志的に超越するとは，例えばこういうことでもある。

　このことの，いわば社会心理的メカニズムをすこし具体的に見てみよう。18

世紀イギリスの，ロンドンをはじめとする主要都市はすでに，複数の日刊新聞が存在し大量の小説や評論が流通する情報社会だった。まさに現代社会のひな形である。この社会では，上で述べたような，あるべき「自己」像としての「市民」像が，メディアの影響力によって急速に社会に浸透する。文化システムとしての近代に起きた斉一化の重要な部分は，「市民化」「文明化」とも表現できるということだ。これは文字通り，文化のすべての面において進行する（昔なら「時代精神（time spirit）」と言っただろうが，いまは「文化的共鳴（cultural resonance）」と言うことが多い）。例えば英語という言語を取り上げると，綴りも統語法もそれまでかなり自由だったものが，「文法書」と称する事実上の実践的指南書によって，市民として恥ずかしくない語法や用語の体系として，窮屈なものに作りかえられてゆく。現在学校で教えられる英語の原型は，このときこのようにしてできあがるのだ。服装やマナーも同様である。上は貴族から，下は職人より少し上の平民までが，「市民」という巨大な層に，意識的に自らを算入していったのである。人ごとではない。誰もがスーツを着用する現在の社会の祖型が，ここに出現したのだから。

　繰り返すが，この方向性は，近代という文化システムのなかで，一貫して維持されてきたのである。その延長線上に生を営むわたしたちは，すでに示唆したように，「尊厳」の概念を乗り越えて差別の一切を否定しようとするにとどまらず，すべての生命に威厳を認めようとさえし始めている。確かに，「平等」理念を真理として証明することはできないが，述べてきたこの方向性を，わたしたちは逆転できるだろうか。逆転が良いことだと直観できるだろうか。現代のわたしたちにとって，じつはこの方向性自体が，自明性（見えない宗教）なのである。これを失えば，自分が自分であるための，存在論的基盤を喪失する。

　すでに述べたように，秩序宇宙（コスモス）は，人間が物理宇宙に投影したものである。だが，自然科学総体が，生物環境としての地球の自足性，維持可能性のありようを描きだしうるようになってきたこんにち，現れ始めてきた世界像がまさにこの意味でのコスモスであることに，筆者はほとんど神秘的というしかない感動を覚えている。物理宇宙はそこにただあるのだとしても，物理宇宙に生きる生命総体は，確かに限りなく豊かな多様性のコスモス（秩序宇宙）

を形成しており，たんに人間を頂点あるいは中心とする弱肉強食システムなのではない。筆者自身は，わたしたちが後戻りしてはならない／できない根拠は，究極的にはこの事実に求められるべきだろうという考えにたどり着きつつある。このありようを，「コスモス性」と呼ぶことにしたい。

もっとも，他とまったく同じ自己を人間は受け入れられないので，存在意義の平等を自明として受け入れても，何とかして他より卓越する自己を演出しようとする。これも自明のことだが，議論の複雑化を避けるためにここでは踏み込まない。興味があれば，ピエール・ブルデューの著作を一読されることをおすすめする。

## 7　コスモス的市民社会としての「地域」

上のように問題の理論的現状を示したのは，「地域」を考える際にきわめて重要なことだからである。まず，地域は決して，社会契約理論や功利主義が前提するような，心身能力が「ほぼ同等」な人間だけでできあがっているのではない。また，その枠組みから外れた存在は，例えば制度や政策の設計をする際に，二次的・派生的な考慮対象にされてよいのではない。冒頭部でも示したが，それらすべてを包み込んだ「コスモス」として，地域はある（地域の「コスモス性」）。具体的な解決課題があればそれにふさわしい規模で地域が設定されるが，どの場合でも地域は，ユニークな自然環境のなかで限りなく多様な生命の全体が個性あるコスモスを作っているものとして，把握されなければならない。文化現象としての地域は，そこで人々によって共有される秩序宇宙「像」だが，その「像」はこのような意味での「コスモス性」を備えていなければならないのだ。そして規模の大小には関わらず，地域はそれぞれが掛け替えのない「コスモス」として平等な尊厳をもつことが，根本直観として抱かれなければならない。すなわち，自明性を獲得しなければならない。これは，文化現象としての近代が自明化してきた方向性（原理）のひとつ，すなわち尺度の斉一化による効率化と物質的豊かさの追求という方向性から，それと矛盾するものでありながら近代が同時に自明化してきたもの，すなわち異なる個の平等な尊厳の追

求というもうひとつの方向性（原理）へと，いわば重心を移すことである。だが，物質的な豊かさと安全を手放せないかぎりは，いまひとつの面でも後戻りはできない。言い換えれば，近代的生産システムを破棄できないかぎり人間は，個の尊厳に立って，生命の威厳を守るべく，自らの生の営みを厳重に管理・制御するしかないのである。

　いま，尊厳の概念を用いたのは，人間は，たんなる文化システムではないこの実在のコスモスに対して，事実上の支配者として，責任を負うからである。責任は，意志主体によってしか担われえない。生命の威厳という概念を自らの動機形成に反映できるのは，人間のみなのだ。先ほど指摘した，「市民」による制度変革のことを併せて考えれば，このことは，地域をつくるひとりひとりが人間の尊厳と生命の威厳を自明としながら，自らの社会の運営主体たる「市民」として機能しなければならないことを意味するはずである。広い意味での教育，なかでも文化装置としての学校の役割はかくも重い。

## 8　コンパクトで濃密なコスモス

　ここまで，「地域」をめぐる議論空間のいわば構造図を，肉づけにあたるものをほぼすべて切り捨てながら描出してきた。この空間に流通している言説が，あまりに多岐多彩にわたりかつ量的に膨大なため，初学者がその一片を手に入れても，それがどこにどう位置づくのか，当惑するしかない。とはいえ，抽象度の高い複雑な議論を詰め込んだ無理を補うために，述べてきたことを筆者が生活にどう組み込んでいるか，「生の充実」の観点から簡単に述べ，そこから，「コスモスとしての地域」という考え方をあらためて提示して締めくくる。

　筆者は神戸郊外の住宅地域に生まれ育った。親戚は神戸と大阪と名古屋，そして東京にしかいなかったため，縁あって幸運にも39歳で鳥取大学に赴任するまで，農家の庭先に立ったことさえない。神戸にいた頃は，テレビにときおり映る田舎の風景に人影が薄いのを見て，人為的な「田舎らしさ」の演出だと，本気で考えていた。いまにして思えば笑止な偏りであり，なんと貧弱な世界像に自らを埋め込んでいたことか，と思う。

第 3 章　文化現象としての地域

　現在では，鳥取で暮らし始めて四半世紀近くになるから，紛れもなく鳥取への定住者である。だが，神戸にもまだ家があり，月に一度はそこに戻って数日を過ごす。いつしか，神戸にいれば鳥取に帰ると言い，鳥取にいれば神戸に帰ると言うようになったが，このことが，いまはきわめて自然に感じられる。神戸と鳥取の間の移動は，車あるいはバイクで 3 時間足らずだから，肉体的には，身構えるほどのことではない。しかし地域という文化システムとしての神戸と鳥取は，ほとんど両極と言いたいほどに異なる。両者の間を頻繁に往復していれば，「地域」の何たるかを濃密に思索せざるをえないのだ。

　中年まで都会しか知らなかったため，都会環境とまったく無縁な生活への自閉は，いまも想像することが難しい。その一方で，自然との接触が濃密な鳥取に馴染んだいま，都市環境への自閉もまた，想像しにくい。上に書いたように「帰る」べきふたつの地域をもつ生は，例外的に豊かな生である。どちらが欠けてもひどく辛いだろうが，最終的には鳥取を選択することに決めている。神戸でも鳥取でもこの決断に驚かれるが，驚かれること自体に，説いてきたような「地域」概念の浸透しがたさを痛感させられる。

　人の生の充実をどう考えるかは難しい問題だが，それでも，生活空間に濃密な「コスモス性」が確保されるのを「充実」と表現することには，十分に説得力があるだろう。筆者は，「何もこれといったことがなく 1 日が暮れ，その繰り返しで」生が果てる，といった桃源郷型の理想には与しない。秩序宇宙としてのコスモス自体は無限に多様でありうるだろうが，筆者が求めるのは，環境と経験と交際の多彩さ・豊饒さが凝縮されたいわば「ミクロコスモス」である。といって繁忙をよしとするのではない。現実にはゆったりとした暮らしだが，小都市圏（市街地のみをいうのではない）の日常には，上記の条件が調っているのである。

　一般に小都市圏では，車やバイクで30分から 1 時間といった日常的生活空間の内に，小ぶりながら都市環境が調う市街地と，その周囲の一次産業（農林漁業）地帯，さらにはひと気のない海岸や山奥までが揃っている。この空間構造は，冒頭にも指摘したが，社会的動物である人間が，その長い歴史のほとんどの間身を置いてきた空間と原理的に同じものであり，そういう空間だけが与え

うる自足的充実を，そこに生を営む者は得ることができる。

　一般に誤解されているが，じつは交際環境についても，小都市圏にこそ，充実の豊かな可能性がある。鳥取を例にとれば，筆者には，窯元や各種職人，画家やグラフィックデザイナー，美術館経営者といった，自律性と個性に富む友人知人が多いが，互いに日常の交際圏にいるため，まさに互いの日常を豊かにしあっている。友人の農家のひとりなど，小麦を栽培して製粉し，じつに美味なパウンドケーキを自分で焼くが，その彼も，バイクで20分ほどのところにいる。「小麦粉をお渡ししますから，待ち合わせましょう」などという連絡があると，なんと多彩稠密な交際空間を自分は生きているのか，と思わず感嘆し感謝する。じつは，彼の厚意に応えようと，筆者自身も自家製天然酵母を起こし，その小麦でパンを焼くようになった。使う食器の多くは友人たちの窯から出たものであり，野菜もまた，友人が作る有機無農薬野菜である。彼らの窯も田畑も工房もすべて，その主たちごと，この小さな空間に納まっている。そして筆者は，彼らの作業を，日常において知っている。見学だの拝見だのといった，いわゆる「よそ行き」ではないのだ。このような空間では，誰でもない第三者，標準労働単位であるだけの存在にとどまることは，むしろ難しい。当然のことながら，政治もまた遠い事柄ではない。

　そっくり繰り返すが，小都市圏においてこそ人は，人間の存在空間が本来もつべき「コスモス性」を，日常として濃密に生きることができる。このことは本質的に，人の生に可能な充実の，重要な源泉なのだ。だが，人口減少や農地・森林の放置，逆に無理な開発といったことによっても——「よっても」というのは，最後に触れるように，地域に暮らす人々の考え方が，より本質的な要因であるからだが——，地域の「コスモス性」は堀り崩され，希薄化しつつある。それを再生し維持継承するためには，政治に無関心であることはできない。ニーバーの言うように，現実にあるのは政治なのだ。このときわたしたちは，人間の尊厳と生命の威厳を自明とする「市民」として，主体的に政治に参加することになる。参加による生の充実もまた，社会規模の小ささゆえに，濃密なものでありうる。

　この充実を得るためには，まず地域の「コスモス性」を明視しなくてはなら

第3章 文化現象としての地域

ない。ところがこれこそは,地域に生まれ育った人間が素朴にとどまるかぎり見ないもの,ときには見ようとしないものなのだ。鳥取では,「(ここは)なんもないとこですけぇ」という言葉を始終聞かされるが,これは鳥取にかぎらないだろう。これこそ,「中央 vs. 地方」という近代システムの尺度上で,自らを自明的に「地方(下位,辺境)」と位置づけていることの,あられもない露呈なのだ。こぢんまりながら濃密な全体性をもつまとまり=尊厳ある「コスモス」としてではなく,尺度下端の小片として自らを位置づける「像」が,近代システムの破産が叫ばれて久しいこんにちもまだ,その自明性で彼らを呪縛し続けている。確かにこの呪縛を解くことは難しいが,情報社会であるこんにち,その契機は豊富にある。

人はまず,「見る」意志をもたなければならないのだ。尊厳ある存在であるために。


**文献**

引用と脚注を避けたため,本章で名前を出した論者の関連著作および内容全般の基盤となっている文献の一部を,以下にあげる。邦訳がないものも,重要さを考えて数冊あげている。

Anderson, Benedict, 1983, *Imagined Communities: Reflections on the Origin and Spread of Nationalism*, London: Verso. (=1997, 白石さや他訳『増補 想像の共同体——ナショナリズムの起源と流行』NTT 出版.)

Bourdieu, Pierre, 1979, *La distinction critique sociale du jugement*, Paris: Les Editions de Minuit (=1990, 石井洋二郎訳『ディスタンクシオンⅠ,Ⅱ』藤原書店.)

Chartier, Roger, 2000, *Les origines culturelles de la Révolution française*, Paris: Seuil (=1999, 松浦義弘訳『フランス革命の文化的起源』岩波書店.)

Elias, Norbert, 1976, *Über den Prozess der Zivilisation Soziogenetische und psychogenetische Untersuchungen*, Frankfurt: Suhrkamp Verlag (=2004, 赤井彗爾他訳『文明化の過程』法政大学出版局.)

Ellis, Geoffrey, 1991, *The Napoleonic Empire*, London: Palgrave Macmillan. (=2008, 杉本淑彦他訳『ナポレオン帝国』岩波書店.)

Finley, M. I. 1973, *Democracy Ancient and Modern*, London: Chatto & Windus (=2007, 柴田平三郎訳『民主主義』講談社.)

Habermass, Jurgen, 1992, *The Structural Transformation of the Public Sphere:*

*Inquiry into the Bourgeois Society*, Cambridge MA : MIT Press（＝1994，細谷貞雄・山田正行訳『公共性の構造転換――市民社会の一カテゴリーについての探究』未來社.）

Hobbes, Thomas, 1642, *De Cive*,（＝2008，本田裕志訳『市民論』京都大学学術出版会.）

Hunt, Lynn ed. & intro., 1996, *The French Revolution and Human Rights. A Brief Documentary History*, Boston, NY : Bedford St. Martin's.

Kant, Immanuel, 1797, *Die Metaphysik der Sitten*.（＝2005，土岐邦夫他訳『プロレゴーメナ，人倫の形而上学の基礎づけ』中央公論社.）

Kymlicka, Will, 2001, *Contemporary Political Theory*, London : Oxford University Press（＝1995，千葉眞他『現代政治理論』日本経済評論社.）

Leibniz, Gottfried Wilhelm, 1714, *Monadology*.（＝2005，清水富雄他訳『モナドロジー，形而上学叙説』中央公論社.）

Locke, John, 1689, *Two Treatises on Government*.（＝1968，鵜飼信成訳『市民政府論』岩波書店.）

Luckman, Thomas, 1971, *Invisible Religion*, London : Collier Macmillan.（＝1976，赤地憲昭訳『見えない宗教』ヨルダン社.）

Lovejoy, Arthur, 1936, *The Great Chain of Being : A Study of a History of an Idea*, Cambridge, MA : Harvard University Press（＝1975，内藤健二訳『存在の偉大なる連鎖』晶文社.）

McGuire, Meredith, 1986, *Religion : the Social Context*, Belmont CA : Wadsworth Publishing（＝2008，山中弘他訳『宗教社会学』明石書店.）

Mill, J. S., 1859, *On Liberty*,（＝1971，塩尻公明訳『自由論』岩波書店.）

More, Thomas, 1516, *Eutopia*,（＝1993，沢田昭夫訳『ユートピア』中央公論社.）

Neibuhr, Reinhold, 1944, *The Children of Light and the Children of Darkness*, New York : Charles Scribner's Sons（＝1994，武田清子訳『光の子と闇の子』聖学院大学出版会.）

Nussbaum, Martha & Amartia Sen, 1993, *Quality of Life*, London : Oxford University Press（＝2006，水谷めぐみ訳『クオリティー・オブ・ライフ――豊かさの本質とは』里文出版.）

Ortega, Jose, y Gasset, 1917, *La rebelion de las masas*.（＝2002，寺田和夫訳『大衆の反逆』中央公論社.）

Rawls, John, 1999, *A Theory of Justice : Revised Edition*, Belknap, MA : Harvard University Press（＝2004，田中成明他訳『公正としての正義再論』岩波書店.）

Riesenberg, Peter, 1994, *Citizenship in the Western Tradition : Plato to Rousseau*,

Chapel Hill, NC : University of North Caroline Press.
Rousseau, Jean-Jacques, 1762, *Du Contrat Social.* (＝1954，桑原武夫他訳『社会契約論』岩波書店.)
Schopenhauer, Arthur, 1819, *Die Welt als Wille und Vorstellung.* (＝2004，西尾幹二訳『意志と表象としての世界』中央公論新社.)
Shapin, Steven, 1995 *A Social History of Truth : Civility and Science in 17th-century England* Chicago : University of Chicago Press.
Tocqueville, Alexis de, 1835, *De la démocratie en Amérique.* (＝2008，松本礼二訳『アメリカのデモクラシー』岩波書店.)
高木八尺他編，1957,『人権宣言集』岩波書店.

## Column

鳥取でオペラをつくりながら考えたこと

新倉　健

　鳥取大学の正門を入って少し行くと，すぐ左手に芝生の丘を登る階段が見えてくる。その階段の先にあるのが地域学部附属芸術文化センターである。わたしは同センターに所属し，主に作曲と指揮を中心に活動しているが，ここでは鳥取という地域との出会いによって生まれ，今ではわたしのライフワークとなっている鳥取でのオペラ活動を通して考えたことについて簡単に述べたい。

　2002年に「ポラーノの広場」というオペラを作曲して鳥取で上演した（図終-8）。原作は宮沢賢治の同名の小説で，賢治の「農民芸術概論」の理念を小説化したものだといわれている。上演したのは，鳥取オペラ協会の仲間たちで，そのメンバーは，小中学校の教師，銀行員，主婦，民間企業に勤める人などさまざまだ。また，公募した合唱団には中学生から80歳の男性まで，実にさまざまな年齢，職業の人たちが多数参加してくれた。仕事の合間を縫って集まって音楽する彼らのまなざしは真剣そのもので，みんなで音楽をつくりあげていく喜びに溢れている。また，オケピで奮闘してくれる，鳥取大学出身のお医者さんがコンマスを務めるプロ顔負けのオーケストラも，鳥取ならではの貴重な存在だ。

　宮沢賢治は，先に挙げた「農民芸術概論」のなかで，職業芸術家は美や真実を切り売りする者たちであり，わたしたちにはそれを買う金も無いし，またそんなものを必要ともしない，と述べている。ではどうすればよいのか。賢治はこう続ける。農民ひとりひとりが芸術家たり得るのであり，自分たちが生活しているこの場所で，みんなの力を結集して優れた芸術をつくりあげようではないか，と。

　わたしは，閉塞した文化状況にある21世紀の今こそ，この賢治の理念を私たちの手で戦略化し，それぞれの地域で実践していくことが必要なのだと思っている。「ポラーノの広場」のフィナーレで，主人公の少年ファゼーロは，仲間に向かって次のように呼び掛ける。「そこへ夜行って歌えば，またそこで風を吸えば，もう元気がついて，あしたの仕事中からだ一杯勢いが良くて，面白いような，そういうポラーノの広場をぼくらはみんなでこさえよう。」

　芸術文化センターでは，このような想いを抱く者たちが，ひとりひとりの内にある可能性にむけて，音楽，美術，舞踊，アートマネジメントなど各分野の創作活動を地域のなかで繰り広げている。アートフォーラムやアルテフェスタを中心とする講演会，コンサート，演劇や舞踊の公演，各種ワークショップなど，その形はさまざまだが地域での芸術実践を精力的に積み重ねている。わたしたちが生活を営むこの地域に，新しい芸術の広場をみんなでつくりあげることを目指して。

# 第4章 生活のなかから生まれる学問
―― 地域学への潮流

家中　茂

## 1　地域学への問いかけ

　いまなぜ「地域」なのか，そして「地域学」とは何を目指しているのだろうか。

　地域を対象とする学問としてのみ「地域学」を位置づけるのであれば，「地域をいかにとらえるか」という問題設定から始めるのが常だろう。しかし，本章ではその前に，地域学の担い手や地域学の成り立つ場について検討することから始めたい。というのも，地域学が根本的に他の学問と異なるのは，「地域」という研究対象の新しさではなく，「地域のなかで考える，地域とともに考える」という研究の立場そのものだからである。

　本章の結論を先取りしていえば，地域学が目指すところと課題および関心を通底させる取り組みは全国の至るところに見出せる。たとえ地域学という名称を用いずとも，地域を対象とする学問それ自体のあり方を問い直すようなさまざまな取り組みが，時代の要請に応じて立ち上がってきている。

　それではなぜ新たに「地域学」という学問領域を立ち上げようとしているのか。それはいったい，既存の学問のあり方の何を批判し，それに対抗するのに何に依り，そして課題解決の糸口をどこに見出そうとしているのか。本章では，いくつかの先行する学問の試みや，学問を超えた地域での取り組みの例を手がかりに，当事者性と専門性，実践性という視点から，この問いについて考えてみたい。

## ② 近代日本における学問形成
―正統的アカデミズムと民間学―

**近代の学問への問い**

　本書で提唱している「地域学」は，近代の学問のとらえ方からすると，一個の独立した学問とは言い難いかもしれない。それが目指すのは，本書の各章でも述べているように，細分化した諸学の統合であり，そのための土台の構築である。言い換えると，地域学は「何のための学問か」という強い衝動をともなった問いを内に含んでいる。すなわち，自らの生きることと切り離せないところに学問の存立基盤を置こうとしているのが，地域学である。

　このような問いは，本来どのような学問であっても，それが新たに立ち上がろうとするときには根底においてはらまれていただろう。しかしながら，学問の芽を胚胎した知的な衝動から出発し，やがてその成果が認知されるようになり，さらにその知的生産自体が社会的に有用なものとして制度化されるようになると，初発の精神は喪われていく。「精神のない専門人，心情のない享楽人，この無のものは，人間性のかつて達したことのない段階まで登りつめた，と自惚れるだろう」(Weber 1920＝1989：366) というウェーバーの言葉を待つまでもなく，制度化と形骸化は紙一重のこととしてあるだろう。

　ましてや，学問の成り立ちが当初から国家による強力な主導の下に設計され制度化されていたとしたら，その成果は社会的に特別な力をもった効果を発揮し，その活動に携わる人々も専門家として社会的に特別なまなざしをもって遇されたであろう。それゆえ，そのような「正統」な学問に対抗する知的活動は，より実存的で，より精神運動的な様相を帯びることにもなるだろう。

　「地域学」は，「他の誰か」のためでなく，また「自分の外にある何ごとか」のためでもなく，自らをよりよく生きるために，その支えとして学問が成り立ち得ないだろうか，という問いから出発している。この問いについて考えるために，近代の学問というものが何を目的として，どのような制度の下に形づくられていったのか，「民間学」と「民際学」の視点から検討していってみよう。

　「民間学」は，帝国大学の創設といった，日本近代の学問の正統がつくりだ

される時期に，人々の生活のなかにテーマを見出し，担い手自身も生活者のなかから出て，アカデミズムに対抗するようにして生み出された民間の学問である。歴史家の鹿野政直が，柳田国男らの民俗学，柳宗悦らの民芸研究，今和次郎の考現学にあらわれた共通の学風を指して，すでにあった「民間史学」という言葉にならって名づけた（鹿野 2007：242，鹿野・鶴見・中山 1997：ii）。

一方，「民際学」は，20世紀後半から21世紀にかけて顕著になったグローバル化の進展する時代状況のなかで，近代国家の境界を浸透して発生する民族問題，開発問題，環境問題，地域問題，平和問題，企業組織問題，人権問題，ジェンダー問題などに取り組む次世代の社会科学として，中村尚司らによって提唱されたものである（中村 2006：248-249）。それは，近代科学に固有の主体と客体の二項対立図式や近代科学が国家を準拠枠としていることについての問い直しから，新たに「1人称2人称」で語る学問をつくりだそうという試みである。それぞれの視点について見ていこう。

### 帝国大学の創設

日本における近代化を決定づけた明治政府による諸改革のなかで，他の諸制度とおなじく学問にも中央集権的国家体制を維持するための役割が与えられた。「民間学」はこのような国家主導による学問の制度化に対抗して，民衆の生活を基盤にして生み出された。すなわち，民間学とは「近代日本の学問が，輸入学的な性格を基本としてもちつつ，アカデミズムに占有されるかたちで成立し，国家を光背とする『富国強兵学』として，人々の生活への加害性をもしだいに明確にしていったという状況への，抑えきれぬ懐疑と批判を根柢にもって」（鹿野 2007：409-410）立ち上がったのである。

近代日本における学問の正統は東京帝国大学の創設によって始まる。王政復古後の1868年，江戸幕府の最高学府である昌平黌が昌平学校と改称され，また，1850年代に欧米列強の衝撃を受けて創設された洋学所（天文台番書和解御用係の改組）と種痘館が，数次にわたる組織や名称の改変の後に，1868年，それぞれ開成学校，医学校と改称された。翌年この3つの学校がひとつにまとめられ，旧昌平学校は大学校と称して「道の体」を明らかにする機関に，旧開成学校・

医学校は大学校の分局として「道の用」を極める機関となった。それがさらに東京開成学校など数次の変遷を経て、1877年に法・理・文・医の4学部からなる東京大学となり、1886年には法科・医科・工科・文科・理科の5分科大学からなる帝国大学となった（1890年に農科大学を加える）。そして、1897年、京都帝国大学の創設にともない、東京帝国大学と改称されたのである（鹿野 2007：247-248）。

　このように政府によって一元的に高等教育・研究機関がつくりあげられていくのだが、その国家主義的性格は1886年の「帝国大学令」に明確に打ち出されている。すなわち、「第一条　帝国大学ハ国家ノ須要ニ応スル学術技芸ヲ教授シ及其蘊奥ヲ攷究スルヲ以テ目的トス」（傍点，引用者）。ここに、「富国強兵学」としての官学アカデミズムが確立されていくのである。言い換えると、中央集権的国家体制の樹立のために必要な近代的諸制度を西欧から移入すること、および、その運用を担う官僚を養成することが国立大学に担わされた役割であった。そこで形成される学問には、当然の帰結として、次のような性格が刻印された。

　「アカデミズムの国家主義的という性格は、民衆的ないし生活的な方向の開展を抑止あるいは少なくとも第二義的とする条件となり、移植的という性格は、自主的なものへの貶視をもたらし（＝接木の助長）、技術本位的という性格は、専門性を顕著ならしめていった。とともにそれが占めた特権的地位ゆえに、講座とならない学問分野や文化的営為・成果を、いわば正規のものとして認知しない傾向をも生んだ」（鹿野 2007：259）。要するに、「明治にあった思いこみは、海外にすぐれた学問の体系があって、それを早く学習し応用するということだった。明治以前の学問とのつながりは、かくしてそこで断ちきられた。その切断は、前時代との切断だけでなく、学問をになう個人の過去・未来にもおよぶ。人は生まれてくるやいなや問題に投げ込まれ、問題を背負わされ、問題を探りあてようとし、問題と取りくむ。学校はそういう自分の問題をかっこにいれる。人はやがて死ぬ。自分に近づく死をもかっこにいれる。自分の生と死、そのなかに含まれる問題をうけとめ、生涯それぞれの時期に形を変えてそれと取りくんでゆく仕事を、学校は学問の外におくようにしむける」（鹿野・鶴見・

中山 1997：ⅰ）という傾向が日本近代の学問および教育に刻印されていくのである。[1]

### 民間学の登場

　それだけに，民間学においては次のような学問的衝動が際立った。民間学の「創始者には，学問を彼岸から此岸へ取り戻そうという気魄が脈打っていた。その場合，取り戻すとは，国家ないしアカデミズムから民間の手へということとともに，輸入型の学問が主導権をにぎっている状態から，自前の学問を育て，その意味で日本の学問を自立させようという志向を含んでいた。そうして後者の志向は，ほかならぬ日本人の生活を対象にしているという点でつよめられた」（鹿野 2007：410）。

　官学アカデミズムの確立に対峙して，まず1880年代から1890年前後にかけて「民間学の胎動」が，そして1910年前後から1920年代に「民間学の高揚」が訪れる。前者は，民権法学，民間史学，そして横山源之助『日本之下層社会』（1899）や足尾鉱毒事件における田中正造の活動に見られる社会問題の提起にあらわれ，後者は，柳田国男，南方熊楠，折口信夫，金田一京助，伊波普猷，柳宗悦，今和次郎，津田左右吉，高群逸枝，喜田貞吉ら，学問上の巨人たちがアカデミズム外から陸続と出現することにあらわれている。鹿野は，柳田国男『後狩詞記』（1909），伊波普猷『古琉球』（1911），津田左右吉『神代史の新しい研究』（1913）が同時期に発刊されたことを「時代精神というほかない新機運の興起」と述べている（鹿野 2007：259，270-272）。

　すなわち，「柳田国男を初めとする創始者たちは，『国家』＝『公』のまえに『私』として貶視せられ雌伏させられた『生活』，また『近代化』によって往々に破壊されてゆく『生活』を，正面からみつめ学問上の主題とすることによって，『生活』の復権をはかるとともに，社会に問題提起したのであった」（鹿野 2007：395）。しかも，「アカデミズムがなによりも『制度』として完備する体制を誇ったのに対比すれば，民間学は，第一義的には『運動』として存在し，それがその活力の源泉であった」（鹿野 2007：402-403）。

　このように民間学の特徴をとらえるとき，それがいまから100年前の20世紀

はじめの学問的衝動であったにもかかわらず，21世紀の今日においても依然として大きなテーマであることに気づかされる。そのことの意味を「地域学」の視点からもういちど確認しておきたい。それは，とりもなおさず，「地域学」が（独立行政法人化したとはいえ）国立大学（具体的には鳥取大学）において提唱されたという歴史的な事実にどのような意味があるのかを問うことにつながるだろう。

　既成の学問に人々の抱える課題を解決する上で有効性が認められないとき，その課題と向きあうためにはもういちど現実のなかに分け入っていかなければならない。民間学が人々の「生活」に注目して，そこからひとつひとつの事実を拾い集めてくる手法をとったのは当然のことであった。「富国強兵学」として位置づけられ，「国家ノ須要ニ応スル」ことを目的とする帝国大学を基軸に推進された官学アカデミズムとの違いは明白である。

　なお，アカデミズムの，人々の切実な問いに応えきれない，自らの課題に向きあうことを人々から遠ざけてしまうという特徴については，「国家ノ須要ニ応スル」ことを任としたことから当然であろうが，それは急速な近代化を必要とした明治国家の特殊性・歴史性のゆえだけでなく，近代科学が成立する契機そのもののなかにその構造が埋め込まれていた（野家 2007）。すなわち，近代科学に固有の主体と客体の二項対立図式である。

## 3　アカデミズムという制度
―民際学の視点から―

### 当事者性の排除

　近代科学は観察対象と観察主体を分離し，そのことによって観察の客観性を担保しようとする特徴をもつ。それは「再現性」という基準によって，科学的推論の妥当性を担保することである。このことは一見もっともなことのように思われる。誰がやっても同じ実験結果が出てこないようでは，その実験の仕方や推論なりに問題があると判断するのは当然だろう。しかしながら，このごく当然の考え方が，実は次のような制度の上に成り立っていることも見落としてはならない。

第 4 章　生活のなかから生まれる学問

　観察対象と観察主体を分離するということは，観察対象と観察主体の間の相互作用を排除するということでもある。誰が観察主体となっても同じ観察結果が得られるとはそういうことだ。ところで，誰が観察主体になってもよいということは，すなわち，「わたし」でなくて他の誰かでもよいのであり，そもそも「わたし」がそこに存在している理由はないということにもなるだろう。近代科学は，観察対象と観察主体を分離することによって，効率性を飛躍的に向上させることに成功した。しかしながら，同時に「当事者性」というものを不問にし，「わたし」がその場に居合わせること，すなわち，「わたし」がこの世に存在することの意義を喪失させることにつながった。そのような学問が，はたして，よりよく自分を生きるための支えとなり得るだろうか。そこには「わたし」を介在させ，「わたし」の生き方や「わたし」が何者であるかを問い直すような内省の契機がそなわっているだろうか。近代の学問のあり方に対するこの問いかけこそ，「地域学」への出発点である。

　中村は，客観性を担保するために観察対象と観察主体を分離する近代科学のこの前提がどのような問題をはらむか，次のように指摘している。「専門家にとって好都合なことには，社会問題の研究にあたって，研究者が何者であるか，どのような生活経験を持つか，いかなる社会活動に参加しているか，問う必要も問われる根拠もなくなった。この方法に立てば，研究の主体と研究の対象とが互いに何の関係も持たない状態こそが，既存の価値観に束縛されない，すぐれた研究成果を生み出す前提であるとされる」（中村　1994：196）。そして，近代科学は当事者を排除した結果，表面的な観察しかできず，その限界を克服するために専門の細分化を極度に進めることになった（中村　1994：196）。

**国家という準拠枠**

　このようにしてアカデミズムという制度が構築されていったのである。それはふたつの柱からなり，ひとつはいまここで論じた古典物理学を範とした主体と客体の分離であり，もうひとつは国家という枠組みへの準拠である。中村の言葉を引いておこう。

18世紀以降のヨーロッパの歴史的背景のもとで生まれた科学は，近代における国民国家の形成ときってもきれない関係にあった。国家の主権（通貨），領域（所有），住民（労働）を，一元的かつ排他的に管理する公権力の存在が，近代の科学研究の前提であり，乗りこえることが不可能な学問上の限界でもある。国家なくして学問なし，というような奇妙な制度がつくられてしまったのである。主要な科学研究は，文部省であれ科学技術庁であれ，国家意志と公権力の支配下に置かれるようになった。学問が国境に幽閉されてしまったのである。国家の枠組みをこえる多くの問題も，すべて国家と国家の関係，すなわち国際関係，あるいは国際経済学，多国籍企業論などとして対象化されて，はじめて社会科学の研究課題たりえた。……そして，近代国家によって制度化された公教育が，学問の専門家を産み，育て，選別し，必要な部署に配置してきた。このシステムに適応できないものは，学問研究の主体になることが認められず，専門家でないとして学問から排除される。庶民は，学位のような公認の資格を持つ専門家がおこなう研究の対象物になるよりほかない，と思い込まされてきたのである。(中村 1994：194-195)

　ここに，いまなぜ「地域」なのか，という「地域学」への問いかけに対するひとつの答えが示されている。とりわけ，「民間学」の説明で触れたように，日本における近代的学問の始まりが「富国強兵学」であり，国家を準拠枠としていたことは忘れてならないだろう。このような近代の学問の正統に対して「民間学」も「民際学」も，生活者という立場，生身の人間という立場から異を唱えていくのである。
　「私たちが生きていること，やがて死を迎えるなかに自分の問題を探りあてることを学問のひとつの道と認めるならば，そこに育つ学問は民間学である」（鹿野・鶴見・中山 1997：ⅱ）。
　「生身の人間は，自己の社会生活とそれを観察している自己を，明瞭に分離できない。誰もが社会活動の当事者であると同時に，社会活動のあり方について反省し，分析を加えている人間でもある。専門をもたない人間は，観察対象

と観察者をあわせもって，社会活動を営んで生きている。それが『当事者性』と呼ぶものである。当事者というのは，行為の対象と行為する主体の双方にまたがる存在である」（中村 1994：198）。

## ④ 当事者性と専門性を問い直す
―水俣から―

**足尾鉱毒事件から水俣病事件へ**

　鹿野が民間学の先駆けとして位置づけて注目しているなかに，田中正造がいる（鹿野 2007：266-269, 花崎 2010）。1891年第2回帝国議会で「足尾銅山鉱毒の儀につき質問書」を提出し，1900年に起きた川俣事件に対しては「亡国ニ至ルヲ知ラザレバ之レ即チ亡国ノ儀に附キ質問書」によって被害民への弾圧を批判した。そして1901年に議員を辞した後には天皇直訴を試み，1904年からは廃村化と闘う谷中村に移住し，1907年谷中村残留民強制撤去の際には「谷中学」を覚醒するに至った。

　この谷中村滅亡の翌年，1908年に熊本県水俣村で日本窒素肥料株式会社（1950年新日本窒素株式会社，1965年チッソ株式会社と社名変更）が操業を開始する。1932年にやがて水俣病を引き起こす有機水銀を排水するアセトアルデヒド生産が始まり，1940年には工場労働者の有機水銀中毒が報告され，1950年代はじめには水俣湾周辺漁村で原因不明の患者が見られるようになる。1956年に新日窒付属病院長が水俣保健所に原因不明の脳症状患者発生を報告し，それが後に水俣病発生の公式確認とされる。以後，水俣湾周辺での被害発生に対してその原因物質の究明が行われるが，その一方で，当初「奇病」と扱われた被害者の救済はいっこうに進まず，1968年の政府による公害認定の正式発表そして1973年水俣病裁判（1969年提訴）の勝訴判決まで加害責任の追求および被害者救済は待たねばならなかった。それでも何が水俣病かという水俣病像がなかなか定まらず，認定補償制度の壁が被害者救済の前に大きく立ちはだかっていた（東島 2010）。[3]

　水俣病は，工場排水に含まれた化学合成物質（有機水銀）によって海の生態系が汚染され，食物連鎖を通じて濃縮された有害物質を，魚介類の摂取を通じ

て体内に取り入れてしまうことで起きた食中毒事件である。通常の食中毒事件と異なることは，その有害物質が，人類の，そして現存する生物の経験したことのない，すなわち，この自然生態系のなかには存在しない化学合成物質であり，その毒性を防御する機能が自然界の生き物には備わっていなかったということである。このように二重の意味で，人類にとってはじめて経験する事件だったのが水俣病である。とりわけ胎児性水俣病の存在がその人類史的意味を訴えている。胎児が食中毒になるということは，これまで自然界ではあり得ぬことであった。

　この水俣病に50年間携わってきた医師の原田正純は次のようにいう。「長い水俣病裁判において大きな争点の一つが病像論（何が水俣病か）であったことでわかるように，これほどの政治的・社会的な事件を最近まで医学の症候学という狭い枠に閉じ込めてしまったことは，不幸であった」（原田 2005：33）。水俣病患者から最も信頼が篤く，その救済において最も活動的であった原田の発言だけに，この言葉の意味は重い。そしてこのような反省から，「水俣学」というこれまでにない学問のありようが探られることになった。それは水俣病の医学的な知識を普及，啓蒙するためのものではなく，「専門家や学問のありようから，この国の政治や行政のありよう，そして個人の生きざままで，さまざまな問題を水俣病事件に映してみて何が見えてくるかを探る作業である」（原田 2005：33）という。その手がかりになったのが足尾鉱毒事件であった（原田 2010）。

### 当事者の声に耳を傾ける

　水俣病事件のなかで最も問われたことのひとつは専門性であった。既存の医学的知識では間に合わない，人類がはじめて経験する異変に対して，「当事者の声に耳を傾ける」ことができるかどうかが問われたのであった（原田 2005：42-44）。

　「30年も40年も同じ舟に乗り，漁業をして，同じ魚を食べて，同じ症状があるというのに，どうして爺さん（夫）は神経痛で，私は水俣病ですか」「あの爺さまは根っからの漁師で，生まれてから魚ばかり食っていた人ですばい。も

し脳梗塞としても，脳梗塞の患者が汚染魚を食ったらどうなりますか。脳梗塞患者は水銀に強いんですか」「同じものを食べて，夫も上の子も水俣病になりました。私も同じものを食べましたが，そのとき私は妊娠していました。それで，私の食べた魚の水銀が胎盤を通って，この子に行ったにちがいありません。そのために，この子はこのように障害をもって，私はほとんど症状がないのです」「この子と同じ年に生まれた子どもが何人もおなじような症状を持っているのを，先生たちは何のせいと思いますか」

　当事者から発せられるこのような問いかけに向き合い，従来の仮説を検証し，新たな事実に即して仮説を組み立て直すことができるかどうか。そうでないかぎり，本来仮説であったはずのものが権威として定説化し，被害者の救済につながるはずの事実を切り捨てる役割を果たすことになってしまう。一見，客観的中立的とみられるアカデミズムが近代の国家形成のなかに組み込まれ制度化された過程について自覚的であるか否かによって，研究者・専門家（のみならず行政担当者）の依拠する視点も異なり，何を事実として認知するかに差異が生じる。水俣病事件は「科学的であること」に根本的な問いを発しているのだ。

　　専門家は，素人といわれる当事者の声に耳を傾けなければならない。専
　　門家が現場を離れることで真実を見失っていく状況を，権威がひとり歩き
　　して権威を守るために仮説が妄想になっていく過程を，私は多く見てきた。
　　現場の当事者の発言がいかに真実を伝えていたかを多く経験した。真の専
　　門家は，このような現場の声を真摯に取り上げ，科学的な体系として実証
　　し，構成していける者である。（原田　2005：44）

## 生かすために調べる

　水俣病事件は，もうひとつ，「地元学」を生み出した。地元学を提唱した吉本哲郎によれば，「地元学とは地元に学ぶことである」という。水俣病研究のために，実に多くの研究者が水俣を訪れた。しかし，その結果として水俣の人々自身が変わったかといえば，少しも変わらなかった。水俣病事件に対して，住民は傍観者になり，偏見をもって接することさえあった。また，水俣出身と

いうだけで結婚や就職に支障が出たり，農作物が売れなくなるなど，いわれのない差別が生まれた。そのようななかで住民は，あれがないこれがないといって「ないものねだり」を繰り返し，中央や権力に依存しようとしてきた。しかし，そうではなく，自分たちの生活のなかにあるものを見出し，その来歴を調べ，未来に生かそうとすることが重要なのだと気づいたという。というのも，「調べた人しか詳しくならない。聞いただけでは忘れてしまうし，地元の者が自ら調べて詳しくならなければ地域の問題解決の当事者になり得ないからである」（吉本 2001：191）。

　　水俣では，ないものねだりをひとまずおいて，自分たちのことは自分たちでしようと，あるもの探しからはじめました。水俣病という負の遺産もあると認めて，磨いてきました。環境と組み合わせてみんなで取り組みました。その取り組みは，ないものねだりという「愚痴」を，あるもの探しという「自治」に変えていった取り組みでした。（吉本 2008：24）

　水俣市は典型的な「企業城下町」であった（東島 2010：61）。しかし，1994年に山間部の旧久木野村（1956年に水俣市に合併編入）出身の市長がはじめて水俣病患者に謝罪したことは，水俣病事件の歴史において大きな転換点となった。吉本もまた水俣市の山間部出身であり，水俣病多発地帯である水俣湾沿岸域の茂道の漁師で水俣病患者の杉本栄子と出会ったとき，「海のもんと山のもんがつながれば町はどうにかなる」と語りあったという。それまでチッソ一色と見られていた水俣のなかで，個々の地域の暮らしの来歴をそこに住む住民自身の手で掘り起こしていく作業が始まったのである。
　1991年には水俣市26地区ごとの自主的な寄り合いをもとに「寄ろ会みなまた」を結成し，子どもの頃に遊んだ海，山，川について語り合い，あるもの探しをして「地域資源マップ」をつくり，水の行方を調べて「水の経絡図」をつくった。例えば庭の草木を調べてみると，その大半は母か祖母が植えたものだとわかった。子が生まれるとその子のためにと，梅や柿，栗，蜜柑など実のなる木を植え，目を楽しませる花の咲く草木を植えたのだ。このように，子の将

第4章 生活のなかから生まれる学問

来に備えて女たちが整えてきた暮らしの形が「あるもの探し」を通じて見えてきたという。こうして地元学は，「村丸ごと生活博物館」や「食の生活文化祭」など各地区の個性ある地域づくり，生活づくり（「もやい直し」）へとつながっていった。日本近代の縮図といわれる水俣病事件のなかで，それは「小さな世界への回帰」であり，「小さな村の希望」を見出すことであった。そこには「生かすために調べる」という「学ぶ」ことへの基本的姿勢が貫かれている。

## ⑤ 地域のなかで考える，地域とともに考える

　地域学では研究と教育と実践とは一体としてある。換言するなら，地域学は大学のなかだけで完結する学問ではなく（すなわち，大学のカリキュラムだけで学びがおわるのではなく），いつも片足は現実の地域のなかに立っており，日々の生活のなかで人々が向かいあわざるを得ない課題への対応と，そのことを通じて人々がつながりあうプロセスそのものが，地域学の源泉だといえる。

　本章冒頭に述べたように，このような特徴をもった「地域学」を構想する手がかりは全国の至るところに見出すことができる。ここでは，ふたつの実践について紹介したい。ひとつは市民参加型調査の「森の健康診断」，もうひとつは精神障害を抱える人々の地域活動拠点「べてるの家」の当事者研究である。

### 森の健康診断
　「森の健康診断」は，愛知県と岐阜県にまたがる矢作川流域で甚大な被害をもたらした東海豪雨（2000年）の経験をきっかけに，市民の手によって2005年から始まった。土砂災害のたびに放置状態が指摘される人工林（主にスギ・ヒノキを植栽）は，間伐がいっこうに進まないため陽が差し込まず，植生も貧しい上に保水力にも乏しいことから，「緑の砂漠」とさえ呼ばれている。にもかかわらず，その実態を，行政も研究者も山主も誰も把握していない。

　　緑あふれる日本の人工林で間伐手遅れの放置林という不毛の森が広がり，大雨のたびに土砂崩壊を繰り返している。日本では1年間に成長する木材

量と世界中から買い漁る木材量がほぼ同じなのに自給率はたった20％あまりという矛盾。森林簿という戸籍はあっても，現況がわかる国政調査がない日本の人工林。放置林がどれだけあるか，行政も知らず，調べようともしない。地図も数値根拠もないのに間伐促進事業に声を枯らす行政，海図のない航海に等しい終わりなき森林保全論議，あまりにあほらしいので，私たちは勝手に調べることにした。(丹羽 2010：4)

　こうして始まった森の健康診断では，調査データが科学的に信頼できるものであると同時に，誰でも楽しんで参加できることが目指されている。そのための基準が「効率を追わない」「市民と専門家が対等な立場で関わる」「科学的精度よりも参加者の楽しみを重視する」「誰もが対等に参加費を取って運営する」である（蔵治 2007）。人工林の植生調査と混み具合調査を柱とする調査手法（マニュアル）は，矢森協（矢作川水系森林ボランティア協議会）と矢森研（矢作川森の研究者グループ）からなる実行委員会において徹底した議論を通して考案された。調査道具も，誰もがすぐに実施できるように，すべて100円ショップで取り揃えられるものでつくられている[7]。

### 気づきと学びの連鎖

　「森の健康診断」が大切にしているのは，「よそよそしい」科学ではなくて，五感を通じた気づきである。植生調査や混み具合調査を通じて参加者どうしが体験しているのは，データをとりながら，互いの五感を通じて「分かちあい，深めあう」プロセスの共有だといえる（「気づきと学びの連鎖」）。そのような体験を通じて，いままで「よそよそしかった」森が身近なものへと変容していくのである。同じく，研究者も行政職員も，参加者とそのような体験を共有することで変容していくのだろう。いつの間にか「垣根を越えている」「専門分野外に踏み出している」自分に気づくことになる。それは「調べることが人々をつなぐ」といってもよいだろう。少し長い引用になるが，この相互変容のプロセスがよく描写されているので紹介しておきたい。

第4章　生活のなかから生まれる学問

　研究者は，森林ボランティアとともに森の健康診断を企画・実施し，データのとりまとめを行う過程でしばしば，ふだんの研究活動とはかなり異質な要求を受ける。……森林の研究者なのだからなんでも知っているだろうと，思いつくままいろんなことを質問してくる。記憶の片隅の引き出しをさらって答えが出てくればいいが，図鑑や学術書を改めないといけないときは少し情けなくなる。しかし，このちょっとした屈辱感（？）に耐えられれば，ふだんの研究活動では得られない貴重な発見がもたらされる。まず，森林に主体的にかかわろうとしている森林ボランティアの人間性の素晴らしさと，自身が活動している人工林の現状を知りたいと思う熱意の強さ。それなのにそうした情報が少ないこと。わかりやすい言葉で示されたものとなるとさらに少なくなる。その情報の少なさが，研究そのものの難しさ（科学的なデータをとることの困難さ）と，研究者の層の薄さの両方に起因しているのだろうという実感。……森の健康診断にかかわる研究者は，研究者としてのささやかなプライドを捨て，専門分野間の壁を少しだけ乗り越えることを余儀なくされる。しかしそれができれば，こんなスリリングな経験ができて，しかも研究というものは社会でどう役立ちうるのか，そのなかで自分自身はどれだけのことができるのか，ということが少しずつ考えられるようになる。森の健康診断は研究者に，得がたい貴重な体験をさせてくれるのだ。（洲崎・蔵治 2006：29-31）


「森の健康診断」では，参加者に対して，森林再生を目的とした具体的行動を提案することはしない。調査（診断）が済んだら，あとはデータを集計して，数ヶ月後に報告会を開催し，報告書を発刊するだけだ。せっかく毎年300人前後の参加があるにもかかわらず，それでは調査が自己目的化するのではないか，政策形成に結びつかないのではないかという疑問も生じるだろう。しかし，実行委員会のそのような姿勢からうかがえるのは，森の健康診断を通じた森との出会いが参加者ひとりひとりの心のなかに宿らせる「気づき」への全幅の信頼である。ひとりひとりの覚醒は何かしらの行動へと必ず各自を促すであろうし，それはあらかじめ設定した目標へ向かって人々を誘導して大きな成果をあげよ

うとするのとは対極的な発想といえる。

　なぜなら，私たちは森の健康診断に参加した人たちのキヅキとマナビを信じているから。私たちと一緒に森で過ごした参加者達は，人工林の現状や山里暮らしの知恵や森の豊かさを確実に感じ取り学んで帰っている。その彼らが家庭や職場や学校で流域の森のことを伝えてキヅキとマナビの連鎖を拡げてくれている。その一人ひとりが「流域の森を何とかしなけりゃ」「持続可能な林業のプロをたくさん育てなきゃ」などと，一人ひとりが自分の意志で自由に確信を持った発言をしていくのだろう。あるいは森林ボランティアを始めたり，行政サイドで頑張ってみたり，いろんな関わり方が始まっているのだろう。たった一つの答えや処方箋を私たちは強要しない。(8)(森の健康診断ホームページ http://mori-gis.org/modules/pico/index.php?content_id=16，2011.3.1)

## 浦河べてるの家

　「浦河べてるの家」は，北海道浦河町にある統合失調症など精神障害を抱える人々の地域活動拠点である。(9) 1978年に浦河赤十字病院を退院した人々による昆布の袋詰め作業から始まり，2002年には社会福祉法人となり，2010年現在，16歳から70歳まで約150人が活動に参加して，有限会社福祉ショップべてる等での事業と共同住宅やグループホームでの生活を営んでいる。その30年にわたる実践のなかからいくつもの魅力あるキーワードが生まれた。

　「非援助の援助」「弱さを絆に」「弱さの情報公開」「苦労を取り戻す」「それで順調」「降りていく生き方」「諦めが肝心」「幻聴から幻聴さんへ」「自分でつけよう自分の病名」「勝手に治さない」「安心してさぼれる会社づくり」「三度の飯よりミーティング」「過疎も捨てたもんじゃない」……どの言葉もその状況ごとの核心をつかんだもので，ユーモアにあふれた逆説的な言いまわしに驚くとともに，素直に心におちる言葉である。いったいこれらの言葉は精神障害をどうとらえ直すことから生まれてきたのだろうか。

　精神障害は「関係の病い」や「人づきあいに困難を生じさせる病い」といわ

れ，自分との関係，家族との関係，職場の人間関係につまづくことである。誰もが生きていく上で美徳とされる社会的規範とは正反対のことが起きてしまい，その結果，社会から孤立し，身近な社会関係である家族や職場でも軋みが生じ，生きづらさを抱えてしまうことになる。しかしながら，回復へのヒントも「関係」のなかにある。関係のなかで傷つき病んだ心は関係のなかでしか回復しないからである。すなわち，精神障害という病が治る癒されるということは，治療者も含めてその人の生きている「場全体」の豊かさに密接につながっているのだという（浦河べてるの家 2002：188, 212）。

　それゆえ，何もかも克服し改善することで「社会復帰」が達成されるという従来の治療観は，べてるの家では大きく問い直された（浦河べてるの家 2002：39, 222-230）。精神障害を抱えた当事者にとって必要なことは，生きていく上で誰もが担わざるを得ない「苦労を取り戻す」ことであり，「あたりまえの生きづらさ」に目を背けずに「悩む力」を取り戻すことであった（浦河べてるの家 2002：42-46）。べてるの家が，日高昆布袋詰めの下請け，産地直送事業，有限会社の設立というように「商売」にこだわってきたのは，社会復帰についての従来の発想からではなく，「『生きる苦労』という，きわめて人間的な，あたりまえの営みをとりもどすため」（浦河べてるの家 2002：45）であったからである。このような実践を通してべてるの家では，浦河という北海道の過疎地域の苦労を，自分自身の生き方の苦労と重ねてあわせてとらえる視点を獲得するようになった。それは，自分の生きづらさが周囲の人々との間で共有されないという，精神障害の当事者が抱える孤立感や苦しさに対して世界への回路をひらくことであり，「個人苦」が「世界苦」へと広がる経験であったといえる（向谷地・浦河べてるの家 2006：36）。

　「地域が抱える『問い』と，精神障害という最も深刻な困難を経験した当事者自身の生きるための『問い』が一つになったとき，この『問い』は，新しい出会いを生み出し，知恵を創出することになるのです。だから私たちは，いい続けてきました。『過疎も捨てたもんじゃない』と」（向谷地・浦河べてるの家 2006：17）。

## 当事者研究

　べてるの家では，統合失調症など精神障害に対してこのような基本的な視点を形成することから，当事者が自分自身を研究するという「当事者研究」を生み出した。それは「当事者自身が，『自己病名』という自分の実感を基につけたオリジナルな『病名』をかかげ，起きてくる症状や人間関係をも含む，さまざまな生活上の生きづらさについて，仲間と共に『研究』活動をはじめ，切実な問題を解明・解消していこうとする試み」（向谷地・浦河べてるの家 2006：65）である。それはまた，「自らの抱える固有の生きづらさと向きあいながら問い，人とのつながりの中に，にもかかわらず生きようとする『生き方』そのもの」（向谷地・浦河べてるの家 2006：53）である。

　自分にとって最も切実な問題が，同時に，人々にとっても問題であるような問題のひらき方，代替不能な問題へのそのような向き合い方のなかに人々とのつながりも胚胎されることになる。当事者研究の理念「自分自身で，共に」（向谷地・浦河べてるの家 2006：53）とはそういうことだろう。地域学が「地域のなかで考える，地域とともに考える」という立場にたって，その学問の成り立つ場，その担い手の形成を考えるときに，べてるの家の当事者研究からみえてきた次の視点はとても重要な手がかりとなるだろう。「一人の自己研究がもう一人の研究を呼び寄せ，融合しあいながら新しい生き方を創造していく――こんな試みがはじまりつつあります。無意味にしか思えなかった失敗だらけの忌まわしい過去が，『自己研究』という衣をまとった瞬間，新しい人間の可能性に向かって突然，意味をもちはじめるのです。それは，自分であろうとする瞬間であり，人のつながりに生きようとする"始まりの時"ともいえるのです」（浦河べてるの家 2002：161）。すなわち，「当事者研究とは，歴史性の取り戻しの作業へのお手伝いでもあります。自分という人間が，今，ここに生きてあることを支える具体的な人のつながりを蘇らせていく歩みでもあります」（向谷地・浦河べてるの家 2006：38）。

　ここに見出されるのは，「三人称としてのわたし」とでも呼び得る自己のとらえ方ではないだろうか。難解ではあるが，このことについて語った花崎皋平の文章を引用しておきたい。

第 4 章　生活のなかから生まれる学問

　近代自然科学と連動した近代哲学の主観―客観の二項関係認識論は，人称関係を捨象しており，対象を原理的に非人称の「物」として扱ってきた。自分が生きつつある身体も，このパラダイムでは「物」としての客観性においてとらえられている。つまり近代自然科学が依拠する実証主義的方法によって決定される因果関係のアンサンブルである。これに対して，人称関係内に位置を占める事物は，三人称の「それ」であり，一人称，二人称，三人称からなる状況内の交渉関係にある。それは，別の言い方をすれば一人称の経験において開ける三人称としての生態系，生命系の一部をなしている。風景の中の河海林野は環境内存在であり，物理的な物としての水土木石に還元され得ない。風景の中の河海林野は，地平の一部として，過去を背負い，未成の可能性を指示している。(花崎 2003：6)

　現在，精神医療の現場では，新たに開発される治療薬が効果を上げていることから薬物治療一辺倒の傾向にあるといわれる (向谷地 2009：39-43)。べてるの家を見続けてきた向谷地生良によれば，統合失調症は近代以降の病気であり，「近代化された社会を生きる人間の『自己存在の病理』としての側面がある」(向谷地 2009：195)という。すなわち，「我々がこうして生きている社会そのものに，統合失調症を病気として成り立たせている基盤があるということになる」(向谷地 2009：195)。にもかかわらず，薬物治療に過度に依存するようになっているのは，そこに「対象を原理的に非人称の『物』として扱ってきた」近代科学の認識論が据えられているからではないだろうか。すなわち，生身の人間の苦悩が「近代自然科学が依拠する実証主義的方法によって決定される因果関係のアンサンブル」として取り扱われているのである。べてるの家の実践は，この近代科学の認識論すなわちは近代の存立基盤を問い直しているといえるだろう。

## ⑥　地域学の実践性

　本書で構想している地域学は，近代の諸制度に貫かれている論理を対象化し

つつ，既存のアカデミズムの枠組み自体を組み直そうとするものである。そのために，本章では「地域学」が成り立つ場，すなわち実践の場を見ることによって，当事者性と専門性について考察してきた。とりあげたさまざまな事例から，「地域のなかで考える，地域とともに考える」という地域学の依って立つ基盤が浮き彫りにされてきただろう。それらは，当事者性を排除することによって成立した近代科学の存立基盤を対象化しつつ，一方で，当事者性というものが個に閉じこもらずに他者にひらかれているということ，他者との共約可能な基盤へと降り立つことの可能性を示唆している。

このことは，学問の実践性のあり方にもつながっている。「地元学」を提唱しているひとりである結城登美雄は，実践性について次のように述べている。

　　住民とは人と人の関係に配慮して暮らす人びとのことである。その相互関係によって成り立つ場所を地元という。それゆえ地元学は徹底して当事者に寄り添って行われるものをさす。たとえ専門的知識がなくても，長年その土地に生きていれば喜怒哀楽はもちろんのこと，それなりの深い思いと考えを秘めている。まずはお茶でも飲みながら，その心のうちに耳を傾けてみること。そこから地元学は始まるのである。この町のこれからを考える前に，まずはこの地元をどう生きてきたのか。嬉しかったこと。つらかったこと。悔いること。努力しても果たせなかった，たくさんのこと。そしてそれはなぜ達成されなかったのか。それをまず受けとめる。地元学とはポツリポツリの会話の学である。お互いの経験を持ち寄る場をつくることである。（結城 2009：26）。

結城のいう「その心のうちに耳を傾けてみる」ということ，すなわち「心を通して」対象を知るという態度こそ，近代の学問が排除してきたものである。このとき「実践の学」としての「実学」とは，実用の学というのにとどまらず，むしろ「実情の学」（鳥越 2002：175-176），すなわち，「人間のもつ内面性の真実」（源 1986：46-48）を追求する学問としてとらえられる。「地元の人たちの心に感じていること，また自分の心が感じていることが，自分のなかで合体し

第 4 章　生活のなかから生まれる学問

て表現したとき，それが結果として実践的になっている」(鳥越 2006：290) のであり，「自分の考えるという回路のなかに自己をねじふせつつ，他者を介在させ，そこで成立する論理（現場での生活の論理）」(鳥越 2006：292) が実践性をもつのである。このとき「実践性」とは，「その理論がたんにある社会構造や社会的特性をうまく説明できるという意味での有効性をこえて，実際の政策に影響をおよぼしたり，思想運動の側面をもつ」(鳥越 2002：195-196) ことを指す。[11]

　人々の生活において実践的であるとは，「自分の置かれた状況をまず理解し，そこから問題をつかまえようとする」(鶴見 2002：52-53) こと，すなわち，自分の身体や身近な生活のなかの具体的な経験をもとに「目安を立てる」(鶴見 2002：28, 31) ことができるかどうかにかかっている。[12] しかしながら，近代日本の学問（アカデミズム）は，人々のそのような実践性に着目することなく，生活のなかに根をもたない学術語を用いてきた。それは，知識の集積においては効率的であったかもしれないが，自己を介在させない知のあり方として，結果的に人々の生活実践からは遠いものとなってしまった。それでは，自らをよりよく生きようとするときの支えとはなり得ないだろう。地域学が「地域のなかで考える，地域とともに考える」ことに重大な関心を払うのも，人々の生活実践のなかにこそ依るべき知の源泉があると考えるからである。

注

(1)　このような国家主義的な教育に対して，「各自が自分の眼で自分の生活をみてかく」生活綴り方運動が大正期から始まり，戦後にも続いている。それはもともと小学校教育，特に国語教育における活動であったが，やがて大人の生活綴り方運動，記録芸術の運動，サークル運動へと広がっていった（久野・鶴見・藤田 2010）。鶴見俊輔は生活綴り方運動を「日本の大衆の思想をよりどころとして独自の思想運動を展開したという点では，日本の思想史の上で最も高い位置を占めている」（久野・鶴見・藤田 2010：155）と評価し，日本におけるプラグマティズムの実践として位置づけている（久野・鶴見 1956）。そして代表的な作品として，戦前は『赤い鳥』を拠点とした鈴木三重吉『綴方読本』（1935年）や豊田正子『綴方教室』（1937年）（久野・鶴見 1956：80-91），戦後は無着成恭『やまびこ学校』（1951年），小西健

二郎『学級革命』(1955年)，東井義雄『村を育てる力』(1957年)をあげている（久野・鶴見・藤田 2010：156-157)。生活綴り方および生活記録への近年の注目は，鶴見和子の仕事（鶴見 1998）を継承する西川・杉本（2009）を参照。
(2) 次の記述からも，かつて社会科学にとって自然科学に限りなく近づくことが理想とされていたことがうかがえるだろう。

「社会科学が近代のものであるということはそれが自然科学と並んで近代化・産業化の原動力となったものであり，また近代化・産業化の結果の産物でもあった，という認識にわれわれを導く。社会科学の源泉が英仏の啓蒙思想にあったことを認識しておくことは，社会科学が本来的にもっているこの性格を理解する上で本質的な重要性を有している。啓蒙思想は理性を唯一のよりどころとする合理的精神の主張であり，科学的知識に最高の価値を付与する科学主義の思想である。すなわちそれは自然科学と同根のものであり，自然科学の精神において社会事象を扱うというものであった」(富永 1993：511)。

このように西欧近代における啓蒙思想を理想化し，自立した個人（＝市民）によって社会が構成されることで近代化が達成されるという思い込みは，日本の社会科学に顕著にみられる傾向であり，そのような近代化論を「市民社会論」と呼ぶ。このように近代化のモデルを唯一，西欧社会だけに求める単系的近代化論を批判して，「内発的発展論」（鶴見・川田 1989）や「地域主義」（玉野井 1990，中村 1998）が1970年代半ばから唱えられるようになった。
(3) 水俣病の原因究明をめぐっては，以下のような権力的な操作があった。1959年7月22日，熊本大学研究班によって水俣病の原因物質が有機水銀であると報告されたのを受けて，厚生省は10月31日，通産省に「工場排水に対する最も適切な処置を至急講ずる」よう要請し，水産庁長官も11月2日，経済企画庁に水俣湾を水質保全法の指定水域にするよう要望した（1959年3月1日には水質二法が施行されている)。それに対して通産省は11月10日，「魚介類中の有毒物質を有機水銀化合物と考えるにはなお多くの疑点があり，水俣病の原因をチッソ水俣工場からの排水に帰せしめることはできないと考える」と回答し，厚生省の水俣食中毒部会は11月11日に「水俣病の原因は有機水銀」と報告したものの，翌12日には解散となった。翌1960年2月26日に水俣病総合調査研究連絡協議会が経済企画庁の下に設置され，熊本大学の水俣病有機水銀説に対して根拠のない反論が展開された。その一方で，1959年10月6日には新日窒付属病院におけるアセトアルデヒド排水投与実験によってネコの発症（ネコ400号）が確認されていた（その事実が判明したのは1968年)。11月2日には不知火海沿岸漁民が排水停止を求めて水俣工場に乱入し，そして12月30日に患者家庭互助会と新日窒が「見舞金契約」を交わした（この見舞金契約には「将来，原因が工場排水と決定しても新たな補償要求は一切しない」という条項があり，1973

年の水俣病裁判判決では公序良俗に反し無効とされている（東島 2010：248-254））。また，1968年に水俣病が公害認定されるが，同年，チッソ水俣工場でのアセトアルデヒド製造が終了しており，時期の一致が指摘されている（東島 2010：256-257）。このように当事者の視点を欠落させた水俣病への対応は現在に至るまで続いており，2009年に成立した「水俣病被害者救済法」についても被害者救済にはつながらないと問題点が指摘されている（東島 2010：228-233）。なお，水俣学講義の記録として原田・花田（2004，2005，2007，2008）が発刊されている。水俣病事件における医学者の責任については津田（2004）を，水俣病患者の証言は栗原（2000）を参照。

(4) 立ち位置に応じて問題が異なるものとして社会的に構築されることについては佐藤（2002）を参照。環境社会学における「受益圏─受苦圏」論も，大規模開発がテクノクラートにとっては「経営問題」であり，住民にとっては「生活問題」「被支配問題」であることを示している（梶田 1988）。

(5) 結城登美雄も「地元学」について次のように語っている。「同じ地域を生きる人びとともう一度関係を再構築するために，それぞれの地元の資源とそれを生かす知恵と技術と哲学を学ぶこと。そしてその力を合流させ自分たちの生きやすい場所に整え直すこと──地元学がめざすものである」（結城 2009：39）。なお，「地元」という言葉は，「地域」という言葉と比べて，このように当事者性や関係性がより強く意識される（家中 1996）。

(6) 森の健康診断については，蔵治・洲崎・丹羽（2006），浜田（2008）および「森の健康診断」http://mori-gis.org（2011.3.1）を参照。

(7) 森の健康診断は，近年注目される「市民参加型調査」のひとつとしてとらえられる。このような住民参加による調査研究が盛んとなったのも，政策の担い手として住民のはたす役割が飛躍的に重要性を増すようになったからである（家中 2008）。そのため，専門研究者によるのではない市民調査や市民研究の特徴や意義あるいは課題について論じられる機会も増えている（丸山 2007，宮内 2003，萩原 2009）。また，社会学や人類学の分野においてもフィールドワークをめぐって問い直しが進んでいる（桜井 2003，松田 2009）。

一方，自然科学系の研究者からも，科学的知識生産のあり方と住民による課題解決の関係について問い直されるようになっている（科学的合理性と社会的合理性の乖離については藤垣 2002，2003を参照）。すなわち，①普遍性を強調する科学者の研究スタイルが地域社会に固有の状況における課題解決に適していない，②科学的知識生産が在来の意思決定システムや価値観，知識体系と乖離している，③一方で地域社会の固有性を踏まえた課題解決型の研究成果が科学者コミュニティの中で評価されない，という問題点が指摘されている。それをふまえて，地域固有の課題解決に役立つ知識の生産が意識されるようになり（「ユーザーを意識した知識生産」

佐藤（2005）），科学的知識と土着的知識の融合を促すものとして「レジデント型研究機関」（佐藤 2009）が提起されている。

　「地域の課題にかかわる領域の専門家として科学的知識の土着的知識体系への取り込みを促進すると同時に，ステークホルダーの一員として地域社会の未来に対する責任を共有し，生活者として地域環境に対する誇りと愛着，地域社会が受け継いできた土着的知識体系を体現し，地域社会の成員として意思決定に関与し続ける研究者を提供することが，レジデント型研究機関の特徴である。レジデント型研究機関は長期的な視野に立って地道に地域の自然環境と生態系サービスをモニターし，地域社会が必要とする知識基盤を提供するのに最適であり，地域環境学の推進母体としても重要な役割を果たす」（佐藤 2009：219-220）。

　このような発想は，科学的な方法論を内在的に発展させ，不確かさを前提とする「順応的管理」のなかに「地域」をも取り込んだものととらえられるだろう。なお，「地域環境学ネットワーク」http://www2.nagano.ac.jp/sato/network_localscience/（2011.3.1 確認）を参照。

(8)　毎年数十ポイント以上にわたって得られる森の健康診断のデータとそれに携わった人々の経験の集積は，結果として，「とよた森づくり委員会」を通じて豊田市の施策を動かすことにつながった（蔵治 2007：28）。「とよた森林学校」（2006年）には素人山主や森林ボランティアのための講座が設けられ，「豊田市100年の森づくり構想」（2007年）では今後20年間での過密人工林の解消が目標としてあげられるなどしている。また，地域通貨（モリ券）を用いた間伐および林地残材利用促進システム（「木の駅」事業）も森の健康診断経験者たちによって取り組まれている（中嶋健造氏による本書コラム参照）。

(9)　浦河べてるの家については，浦河べてるの家（2002，2005），向谷地（2009），向谷地・浦河べてるの家（2006），および「べてるネット」http://bethel-net.jp/（2011.3.1）を参照。

(10)　そのことを，べてるの家の当事者研究では「自分自身で，共に」という言葉で言い表していた。ここで，統合失調症の当事者自身が「当事者研究」をどう受けとめているのかみておきたい。

　「わたしたちは，たんなる『被害妄想の被害者』ではない。なぜなら，わたしたちが問われていることは『どの悩みを生きるのか』という"苦労の選択"だと考えるからである。……しかし，その選択は当事者個人の努力によって自動的に起きるのではない。まさしく『他者との出会いの質と量』による。しかもこの選択においては"選ぶ"こと以上に"選ばれていく"関係が大切になってくる」（浦河べてるの家 2005：106-107）。

　この言葉から，当事者性の重視がたんに「自分のことは自分で決める」という意

味での当事者主義を指しているのではないことが理解される。当事者研究を通じて明らかになってきたのは，「自己決定とは『自分だけでは決めない』という，人とのつながりの確かさがあってこそ，成り立つ態度」（向谷地・浦河べてるの家 2006：68）だということである。すなわち，「自分自身が最も力を発揮できるのは，自分の無力さを受け入れ，さまざまなこだわりととらわれの気持ちから解放され，自分自身と人のゆるやかな信頼を取り戻すことができたとき」（向谷地・浦河べてるの家 2006：68）なのである。

べてるの家での実践をふまえて向谷地は，「専門家の権威化」とともに「当事者のかかえる病と障害という『経験の権威化』」に対して，「専門家の前向きな『無力』と，当事者がかかえる力としての『無力』こそが，二つの権威化を防ぐことになる」（向谷地 2009：48）と指摘している。べてるの家の当事者研究で興味深く思われるのは，「研究する」という態度をとることによって，当事者が当事者性に埋没してしまわずに，自分の「つらさ」をいったん自分の外に出して対象としてみつめられるようになること（「外在化」の働き）に着目している点である（浦河べてるの家 2002：159）。「人」と「問題」を分けて，「問題」に対処する方法を仲間との「あいだ」で工夫し発見する（「弱さの情報公開」），そのような経験を基盤にして人とのつながりがとりもどされるのである。

⑾　明治期以前の土着の学問の系譜をひく民俗学，村落社会学そして環境社会学には「生活の立場」分析という方法論がある。詳しくは鳥越（1997, 2002, 2006）を参照。また，内山（2009）にも共通の問題関心が見られる。学問の実践性については家中（2005, 2006）および新崎・比嘉・家中（2005, 2006）所収の各論考を参照。

⑿　日常の生活のなかから生まれてくる思想の強さやしなやかさに注目したのが「思想の科学」である。それは，思想のもつ値打ちとは，人が生きていく上での「心張り棒」として役に立つかどうかだととらえ，生活語の働きにねざした思想を重視した。「思想の科学」については『思想の科学』五十年史の会（2009）や記念シンポジウムを記録する会（2010）などを参照。上野千鶴子（2010）は「思想の科学」を民間学として位置づけている。

## 文献

新崎盛暉・比嘉政夫・家中茂編，2005・2006，『地域の自立　シマの力（上・下）』コモンズ

内山節，2009，『清浄なる精神』信濃毎日新聞社

浦河べてるの家，2002，『べてるの家の「非」援助論』医学書院

────，2005，『べてるの家の「当事者研究」』医学書院

上野千鶴子，2010，「民間学としての『思想の科学』」記念シンポジウムを記録する会

編『読む人・書く人・編集する人——「思想の科学」五〇年と，それから』思想の科学社, 25-34
梶田孝道, 1988,『テクノクラートと社会運動——対抗的相補性の社会学』東京大学出版会
鹿野政直, [1983] 2007,『大正デモクラシー・民間学　鹿野政直思想史論集第1巻』岩波書店
鹿野政直・鶴見俊輔・中山茂編, 1997,『民間学事典』三省堂
久野収・鶴見俊輔, 1956,「日本のプラグマティスム——生活綴り方運動」『現代日本の思想——その五つの渦』岩波書店, 71-115
久野収・鶴見俊輔・藤田省三, 2010,「大衆の思想——生活綴り方・サークル運動」『戦後日本の思想』岩波書店, 151-208
蔵治光一郎, 2007,「参加者の楽しみを優先する市民調査——矢作川森の健康診断の実践から見えてきたもの」『環境社会学研究』13：20-31
蔵治光一郎・洲崎燈子・丹羽健司編, 2006,『森の健康診断』築地書館
栗原彬編, 2000,『証言 水俣病』岩波書店
記念シンポジウムを記録する会編, 2010,『読む人・書く人・編集する人——「思想の科学」五〇年と，それから』思想の科学社
桜井厚, 2003,「社会調査の困難」『社会学評論』53（4）：452-470
佐藤仁, 2002,「『問題』を切り取る視点——環境問題とフレーミングの政治学」石弘之編『環境学の技法』東京大学出版会, 41-75
佐藤哲, 2005,「ユーザーを意識した地域生産——開発と環境の両立をめざす科学とは」新崎盛暉・比嘉政夫・家中茂編『地域の自立　シマの力（上）』コモンズ, 290-313
———, 2009,「知識から智恵へ——土着的知識と科学的知識をつなぐレジデント型研究機関」鬼頭秀一・福永真弓編『環境倫理学』東京大学出版会, 211-226
『思想の科学』五十年史の会編, 2009,『「思想の科学」ダイジェスト1946～1996』思想の科学社
洲崎燈子・蔵治光一郎, 2006,「森の健康診断の多様な意義」蔵治光一郎・洲崎燈子・丹羽健司編『森の健康診断』築地書館, 21-31
玉野井芳郎, 1990,『地域主義からの出発　玉野井芳郎著作集第3巻』学陽書房
津田敏秀, 2004,「疫学から考える水俣病——なぜ悲劇は拡大したのか」『医学者は公害事件で何をしてきたのか』岩波書店, 45-194
鶴見和子, 1998,『鶴見和子曼荼羅Ⅱ　人の巻』藤原書店
鶴見和子・川田侃, 1989,『内発的発展論』東京大学出版会
鶴見俊輔, 2002,『読んだ本はどこへいったか』潮出版社

富永健一，1993，『現代の社会科学者——現代社会科学における実証主義と理念主義』講談社
鳥越皓之，1997，『環境社会学の理論と実践——生活環境主義の立場から』有斐閣
―――，2002，『柳田民俗学のフィロソフィー』東京大学出版会
―――，2006，「学問の実践と神の土地」新崎盛暉・比嘉政夫・家中茂編『地域の自立 シマの力（下）』コモンズ，276-294
中村尚司，1994，『人々のアジア』岩波書店
―――，1998，『地域自立の経済学（第2版）』日本評論社
―――，2006，「民際学における当事者性——仲間，出戻り，そしてよそ者」新崎盛暉・比嘉政夫・家中茂編『地域の自立 シマの力（下）』コモンズ，248-275
西川佑子・杉本星子編，2009，『共同研究 戦後の生活記録に学ぶ——鶴見和子文庫との対話・未来への通信』日本図書センター
丹羽健司，2010，『グリーンパワー特別号 森の健康診断』矢作川水系森林ボランティア協議会
野家啓一，2007，『科学の解釈学（増補）』筑摩書房
萩原なつ子，2009，『市民力による知の創造と発展——身近な環境に関する市民研究の持続的展開』東信堂
花崎皋平，2003，「身体，人称世界，間身体性——親密圏の基礎を問う」齋藤純一編『親密圏のポリティクス』ナカニシヤ出版
―――，2010，『田中正造と民衆思想の継承』七つ森書館
浜田久美子，2008，「みんなで『森の健康診断』——人工林と森林ボランティア」『森の力——育む，癒す，地域をつくる』岩波書店，83-106
原田正純，2005，「現場からの学問のとらえ直し——なぜ，いま水俣学か」新崎盛暉・比嘉政夫・家中茂編『地域の自立 シマの力（上）』コモンズ，32-51
―――，2010，「水俣学と谷中学」小松裕・金泰昌編『田中正造——生涯を公共に献げた行動する思想人（公共する人間4）』東京大学出版会，221-233
原田正純・花田昌宣編，2004・2005・2007・2008，『水俣学講義（第1集〜第4集）』日本評論社
東島大，2010，『なぜ水俣病は解決できないのか』弦書房
藤垣裕子，2002，「科学政策論——科学と公共性」金森修・中島秀人編『科学論の現在』，149-179
―――，2003，『専門知と公共性——科学技術社会論の構築へ向けて』東京大学出版会
松田素二，2009，「フィールド調査法の窮状を超えて」『日常人類学宣言！——生活世界の深層へ／から』世界思想社，284-304

第Ⅰ部　地域を考える

丸山康司，2007，「市民参加型調査からの問いかけ」『環境社会学研究』13：7-19
源了圓，1986，『実学思想の系譜』講談社
宮内泰介，2003，「市民調査という可能性——調査の主体と方法を組み直す」『社会学評論』53（4）：566-578
向谷地生良，2009，『技法以前——べてるの家のつくりかた』医学書院
向谷地生良・浦河べてるの家，2006，『安心して絶望できる人生』NHK出版
家中茂，1996，「新石垣空港建設計画における地元の同意」『年報村落社会研究』32：211-237
———，2005，「実践の知をどう創るか」新崎盛暉・比嘉政夫・家中茂編『地域の自立　シマの力（上）』コモンズ，7-29
———，2006，「実践としての学問，生き方としての学問」新崎盛暉・比嘉政夫・家中茂編『地域の自立　シマの力（下）』コモンズ，7-57
———，2008，「コミュニティベースの政策論」藤井正・光多長温・小野達也・家中茂編著『地域政策入門——未来に向けた地域づくり』ミネルヴァ書房，84-102
結城登美雄，2009，『地元学からの出発——この土地を生きた人々の声に耳を傾ける』農山漁村文化協会
吉本哲郎，2001，「風に聞け，土に聞け——風と土の地元学」『現代農業5月増刊号』農山漁村文化協会：190-255
———，2008，『地元学をはじめよう』岩波書店
Weber, Max, 1920, *Die protestantische Ethik und der »Geist« des kapitalismus.*（＝大塚久雄訳，1989，『プロテスタンティズムの倫理と資本主義の精神』岩波書店）

## Column

地域雑誌『谷根千』の冒険
――まちづくり四半世紀の経験から

森まゆみ

　谷根千は1984年10月に20代の女性3人で創刊した。ふたりはこの町の生まれ育ちで、もうひとりはこの町が気に入って所帯をもった。
　フリーの編集者をしていたふたりが保育園で出会い、「この町で雑誌やりたいね」ということから始まった。ほかにそう面白い仕事をしているわけではなかったし、町の雑誌は子育てと両立できるように感じたからだ。とはいえ、単行本の編集者であって雑誌作りははじめて、印刷の方法、原価計算、広告取り、なんでも一から覚えて行きそれがむしろ楽しかった。
　谷根千地区は東京の山手線の内側にあり、大手町から10分の都心である。谷中は寺町、根津は職人と商人の町、千駄木は山の手の住宅街だ。江戸に上野寛永寺ができてからの古い町で、しかも震災戦災に比較的残った。いま大正12年の震災以前のたてものが残る場所は東京ではひどく少ない。たてものが残ると位牌や文書や絵双紙や着物、そして物語が残る。それを聞き書きという方法で記録していった。25年で3000人ほどの聞き書きをしてきた。
　わたしたちは貧乏でどうしても雑誌を売ってその収入で取材しなければならなかった。どころかそれほど収入のない夫との間に次々子どもが生まれ、生活費さえそこから捻出する必要があった。
　売るために考えたのは次のこと。ハンディーなサイズ。買いたくなる値段。ほしくなる美しさ。保存されるためには史料性の高さ。あまり厚くしないこと。
　商業雑誌には載ってないことのみ載せる。町の人の名前と顔が見えること。自分の雑誌だと感じてもらうこと。
　浅い情報誌にしないためには3ヶ月に一度の発行が精一杯だった。ひとりひとりに聞き、テープを原稿に起こし、裏を取り、活字にし、校正をし、レイアウトをし、イラストや題字を自分で書き、時に罫も引いた。手書きの書き込みも入る、それがかえってよかったのかも。温かい、やさしいメディアと好評だった。
　「大所高所でなく小所低所に徹する」「地域に水平コミュニケーションをつくりだす」「普通の人の生き死にを記録する」「記憶を記録に替える」「住むのが楽しい町」「プライド・オブ・プレイス」といったことをモットーとして掲げてきた。それはジャーナリストという人の現場を見ない上からの言説、発表ジャーナリズム、まちづくりという名のゼネコンによる巨大開発、細かい情報ももたずに管理だけする行政、マスコミの有名人指向などへの住民としての抵抗でもあった。こうした姿勢が評価され、NTTタウン誌大賞（1985年，1988年）、サントリー地域文化賞（1992

年),山本有三記念郷土文化賞(1994年)などもいただいた。

　経営は厳しかった。部数は伸びて行ったが,1万部出ても1号あたりの売り上げは300万円ほどでしかない。年間1200万円,そこから編集経費,事務所の家賃などを引くとそう残らない。また古い町で「出た釘はうたれる」。若いおんなのくせに生意気,過激派だって。区議に出る下心があるらしい,何かの新興宗教ではないかしらといううわさもとんだ。

　地域雑誌は町の広場である。いろんな問題が持ち込まれてくる。子どものいじめ,老親の介護,障害をもつ子どもを育成室に入れられるか,離婚後のしごとと子育て。地域にあるニーズがどんどんわかる。そのうち事務所は無料相談所,町のお年寄りのたまり場,ケアセンターと化した。そういう町の「のりしろ」が必要だったのだ。

　多くの保存運動にも関わることになった。それについては岩波新書『東京遺産』(2003年)を読んでいただきたい。上野の奏楽堂,東京駅,上野駅,佐藤ハチロー邸,安田邸,富士見坂の景観や不忍池の地下駐車場反対までよく闘い,開発側と行政からは煙たがられた。バブル期には地上げ屋の住民追い出しと闘い,町の運命は住民が決める,を合い言葉に自主的な計画を検討した。

　最初「3号雑誌はやめようね,みっともないから」が合い言葉であった。次は「3年は続けよう」になり,さらに30号が目標になった。しかし50代に入り,体と頭脳の衰えを感じ出した。老眼鏡がないと資料が読めない。事務所ではあれとかそれとか,名前が出てこない。夫たちはいなくなり,介護もはじまった。やめようか,誰ともなくそういった時,あとのふたりがそうしようとうなずいた。それで2009年夏94号をもってこの雑誌は終刊となった。やれることは十分にやったと感じている。いまは活字で記録したことを映像にする映像谷根千,アーカイブである『谷根千・記憶の蔵』の活動を新たな気持ちで始めている。

△ 谷中菊まつり

# 第 II 部
地域をとらえる

# 第5章 生きられる地域のリアリティ
―― 反省の学としての地域学を目指して

仲野　誠

## 1　態度としての地域学

**地域学の立ち位置**

　本章では地域学を鍛え上げていくためのひとつの視点を提示したい。それは，「〈わたし〉からとらえる地域学」と呼べるものであり，あくまでも自分との関係性において地域をとらえる態度と実践である。近代の社会科学は，西欧に発する近代科学の前提とされている「人間の単一性，平等主義的な人間，あるいは独立した個人といった観念」（今村 1992：403）に基づいていた。この文脈で地域を考えるということは，地域という実在的な観察対象を観察者（専門家）が外部からみてそれを診断・分析し，処方箋を書くことによって問題解決を図るということを意味していた。それはいまもまだ支配的な思考法であろう。本章で議論したいことは，このような支配的な近代科学的な方法論を批判的に乗り越え，人間と自然の関係性や人間同士の全体的な関係性をもとに地域を改めてとらえ返すという試みである。そのために〈わたし〉に着目して地域を考えてみる。

　この試みは自分との関係性のなかで生起する地域の課題を自分自身の課題としてとらえ，それに向き合う態度や作法といえる。あるいは自分自身の生活と生き方を反省的に振り返りながら地域での暮らしを考えていくような地域学ともいえる。問題に対する単一の解決法を探る方法論ではなく，このような態度を獲得することこそが地域学の実践である。

## 第5章　生きられる地域のリアリティ

　言い換えれば、これは人やものごとに向き合う際の根源的な立ち位置（ポジション）の問題でもある。例えば人類学者の太田好信は「人類学者が『現地の人々』を表象＝代弁できるという『思いあがり』が問題」だと、人類学者の権力を批判している（太田 1998：11）。これは国民国家の成立と強く結びつきながら発展してきた近代社会科学そのものに対する反省であろう。「文化やアイデンティティは常に関係性の中で形成」され「自己形成はつねに他者の意識を経由した結果」であるにもかかわらず、そのことを忘却して成り立ってきたのが社会学や人類学だという（太田 1998：9-10）。ここで「誰が、どんなポジションから、何を目的にして、どのような主張を行っているのか」という問いが立てられる。まさにオリエンタリズムによる表象の権力が問われるのだ（Said 1979=1986）。これに対して「科学は中立的だ」という反論が想定される。しかし太田は「人類学者は『科学者』であるという反論は、『科学の政治性』それ自体が問題になっているいま、ほとんど無意味である」（太田 1998：11）と手厳しい。この反省の視点は地域学にとって大変重要である。

　こうした反省の視点は根源的な「知識 knowledge」をめぐる問題ともいえる。アメリカの社会学者である A. W. グールドナーは科学としての社会学のあり方を反省し、「自己反省の社会学」を提唱している（Gouldner 1970=1975）。それまでの伝統的な社会学の態度を批判的に乗り越えようとする彼は、「知識 knowledge」を「情報 information」と「明識 awareness」に二分する（Gouldner 1970=1975：212）。ここでは、彼のこの枠組みを使って考えていこう。

　グールドナーは、社会理論家の多くは自分の個人的経験をもとにして「ある特定の〈事実〉を所与のものと見な」し、そもそも「事実とは何か」という問いには無関心であることを批判する。そのような態度は、「社会学者は、あたかも彼らが、主体と客体、つまり研究をする社会学者と研究される〈しろうと〉を、ふたつの識別できる人間の品種と見なして」しまう（Gouldner 1970=1975：211）。そしてこの態度によって、「自然・社会・人間」という対象を支配するテクノロジーを発展させるための「情報」を生産することが学問の目標になってしまう（Gouldner 1970=1975：212-213）。これは「社会学の危機」だとグールドナーはいう。

グールドナーによれば，社会科学の究極的な目標は，社会的現実についての中立的な「情報 information」を得ることにあるのではない。その目標はむしろ次のような知識を獲得することにある。すなわちそれは「人間自身の時とともに変化していく関心，希望，価値にかかわりのある知識」や「たんに世界を〈コントロール〉することを容易にするための知識ではなく，社会的世界における自分の〈位置〉についての人間の明識を高めるような知識」である。既に述べた通り，グールドナーはこのような知識を「明識 awareness」と呼ぶ。本章では，この概念にあえて「気づき awareness」という訳語をあて，これ以降の議論における重要な概念装置として使っていくことにする。(1)

　このようなグールドナーの発想法にたてば，「研究主体と研究客体とは相互的に関係しあっているばかりでなく，相互的に構成されている」とみなされる。よって，社会的世界は，たんに外部に目を向けることによっては知ることができず，「自分自身を内側にむかって開いていくことによって知ることができる」と主張する（Gouldner 1970=1975：214）。

　つまり，〈わたし〉から世界をとらえるということは，たんに自分の個人的な考えに閉じることではまったくない。むしろその反対で，それは世界のなかにおける自分のポジションを反省的に知り，他者とのつながりを認識するための「気づき」を深めることになるのだ。そしてそれはさらに世界における自己の実践のあり方をも変容させることになるだろう（Gouldner 1970=1975：218）。

　以上のような反省的な視点に立ち，本章では「地域（学）」というものを「別の仕方で想像」（太田 1998：191）してみたい。それは自己と他者に開かれた視点を獲得するということであり，「反省の学」あるいは「内省の学」とでも呼ぶべき地域学を想像／創造することである。そうすることによって，この時代を生きる〈わたしたち〉にとっての切実な地域課題を抽出することが可能になり，それを乗り越えていく知恵を生みだす可能性を創出できるのではないだろうか。

　前置きがやや長くなった。次のふたつの事例を入り口にして本題に入っていきたい。

## ある在日コリアンの物語

　筆者担当の授業で，鳥取県在住の在日コリアン2世の女性Cさんに講演をしていただいたことがある。「この地域で在日を生きるとは一体いかなることなのか」という問いを通して，地域における他者の存在に想像力を働かせるきっかけを得るために講演をお願いした。このとき，彼女は次のようにいった。

　　　わたしの子どもたちが幸せに生きられる社会になりますように。わたしの願いはこれだけです。そのためならわたしは身を削ってもいいと思っています。

　「マイノリティ」をめぐる諸問題についての講演会では，往々にして「多文化共生」「差別」「人権」という抽象的な言葉が多用される。ところがこの講演会で印象的だったのは，そのような大きな概念はほとんど登場しなかったことだ。むしろ受講生の心に深く響いたのは「わたしの子どもたちがここで幸せに生きられますように」や「ご先祖様がひとりでも欠けていたらわたしはここに存在していません」というCさんの素朴で具体的な願いや世界観だった。

　また，次の質問に対する講演者の回答も大変印象的であった。その質問とは「自分が死んだらお骨はどこに埋めてもらいたいですか」というものだった。想定していなかったこの質問に講演者はやや困惑し，しばらく考え込んだ。そしてこう答えた――「わたしのお骨の半分は日本に，もう半分は朝鮮半島の故郷に埋めてもらいたいと思います」。

　朝鮮半島を訪れたことがないCさんがこの質問に対してどのような回答をするのか，受講生たちは固唾を呑んで待っていたが，この回答に多くの学生は安堵感を示したようだった。それまでは自分には遠い存在であった（と思っていた）在日コリアンが，自分とともに「ここに暮らす人」であり，この地域に愛着を感じているということを知り，安堵したのだろう。そして「自分の子どもたちに幸福になってもらいたい」という，未来を祈る素朴な言葉に学生たちは大きな信頼を寄せた。さらに，先祖に対する彼女の強い想いや，自分はその歴史の流れをくむ子孫であるという強い自覚（例えばお骨の半分をまだ訪れたことが

ない朝鮮半島に埋めてもらいたいという願いや，自らの民族文化に対する誇り）に，自らの先祖たちのことをそれほど強く意識しながら日々生きているわけではない学生たちは戸惑ったようだった。

　この経験は，教科書などでしか触れることのなかった「情報」としての「在日問題」が次第に自分との関係性のなかで「気づき」としての「自分にとっての問題」に転換されていった例ではないだろうか。自己とＣさんとのつながりが講演会の場で立ち上がり，それが自己の世界観の反省を促すきっかけにもなったように思える。語られたことはＣさんの個人的な物語のようであるが，それはその時代の日朝関係を生きたいく人もの人々の共通の物語でもあることを理解せねばならない。

## ある被爆者の物語

　もうひとつエピソードを紹介したい。それは1945年に広島で被爆した女性Ｙさんの物語である。

　それは1990年頃，筆者がはじめて彼女と広島市の平和公園内にある広島平和記念資料館を訪れたときのことだ。館内にある一枚のきのこ雲の写真を見ながら彼女はこう一言小さくつぶやいた——「わたし，この下にいたのよ」と。それは彼女の独り言のように聞こえた。このつぶやきに筆者は身体が深く震えた。

　2002年にはこんな出来事もあった。広島市内で夕食をとった後，Ｙさんと筆者のゼミの学生たちが談笑しながら外を歩いていた。ある交差点にさしかかったとき，Ｙさんが「わたし，ここで被爆したのよ」と突然言った。するとその瞬間，学生たちは一斉に凍りついた。そのときわたしたちが立っていたのは何の変哲もない広島市内の交差点だ。そこにはガソリンスタンドがあった。しかしそここそがＹさんにとっては，彼女のその後の人生を大きく変えることになる，まぎれもない被爆の地なのだ。いまでも彼女は自分が命からがら逃げる途中で「見捨てた」親友のむごい姿やまだ骨が見つかっていないいとこを想起する。

　筆者は，自分が知ったつもりになっていた広島とＹさんが生きた広島があまりにも隔たっていることを突きつけられた。Ｙさんは「そのとき」その目で

第5章 生きられる地域のリアリティ

いったい何を見たのか、阿鼻叫喚だったというきのこ雲の下を生き延びるという経験は果たしていかなることなのか、Yさんが生きてきた戦後の広島とはいったいどんな場所だったのか——Yさんによって〈生きられた〉広島というリアリティを理解したいと思い、Yさんの語りに耳を傾け続けてきた。そして気がついたら彼女に出会ってから20年以上が経っていた。

もちろん筆者はそれ以前から広島への原爆投下のことを「知って」おり、Yさんが15歳で被爆した事実も「知って」いた。しかしそれはすべて「情報」としての広島であり、「気づき」として自分とのつながりを問いかけるような広島ではなかったのだ。「平和都市広島」で、Yさんは「ピカ（原爆病）がうつる」と言われ続け、差別を生きてきた。「わたしは死ななければ原爆から逃れられないの」と何度もYさんから聞いた。これらの言葉を、筆者は理解したようでいて、実は絶望的なほどに理解できないままだ。人々によって生きられた広島を理解することの困難がここにある。しかしその困難を引き受けて格闘し続けることこそが筆者にとっての実践であると思っている。

平和資料館内の展示を見ながらYさんが学生たちに語ることは、あのとき自分はどこに住んでいて、どこに立っていて、何を見て、どこに逃げたのか、戦後は何を考えて、何をして暮してきたのか、というまさに彼女自身の固有の物語である。それはYさんがいまも生き続ける被爆の物語だ。一方、それは彼女固有の経験であると同時に、何万もの人たちに同時に降りかかった共通の経験・共通の物語でもある。この両義性をわたしたちは忘れてはならない。そしてそれは「いま・ここ」を生きるわたしたちにとっての課題につながる。

またYさんは学生たちに「自分の頭で考えなさい」と常に語る。それはYさんが「竹やりで米軍に勝てる」と信じて自ら戦争に加担したことへの深い反省と、自分と大切な人たちの人生を大きく変えてしまった当時の国家体制への徹底的な批判とに基づく、学生に対する渾身のメッセージである。それは一見若い人たちへの教えのようでありながら、彼女の未来への深い祈りでもある。Yさんの祈りは、若い世代への祈りと折り重なっていく。

広島はいく通りにも語られる。戦前の軍都としての「廣島」、戦後体制下の一地方都市としての「広島」、平和都市としての「ヒロシマ」、あるいはふるさ

ととしての「ひろしま」だ（奥田 2010：9）。しかし，いくら細かく分類しようとも，やはりそれらは一般化された「情報」にとどまることをまぬがれない。むしろここで考えたいのは，そのようなカテゴリー化を越えて，いく人もの人たちによって生きられたいくつもの広島があるということだ。だからといって，それらの広島は互いに無関係なのではなく，むしろ広島はそのようないくつもの広島が重層的に折り重なってこそ存在する。

## ② 地域学の背景

### 〈わたし〉からとらえる地域

　これらふたつのエピソードには地域を考える重要な着眼点が含まれているように思う。あるいは「地域学」の作法やセンスがそこに内包されているといってもいいかもしれない。それは「情報」として地域をとらえるのではなく，自分との関係性のなかで地域をとらえるという「気づき」としての知識の重要性だ。例えば自分の日々の暮らしのなかで「わたしの子どもたちの，ここでの幸せ」を祈ることや，徹底的に自分の経験から広島を語ることである。すなわちそれは，〈わたし〉から「いま・ここ」の地域をとらえるという作法である。さらにそれは，一見逆説的ながら，〈わたし〉個人に閉じられる思考法ではなく，同時にこの時代を生きる無数の〈わたしたち〉のつながりを浮かび上がらせることでもある。つまりこの方法は，この時代を生きるわたしたち自身の課題として地域をとらえるという態度だ。

　またもうひとつ重要な視点は，「いま・ここ」の〈わたし〉から地域をとらえるということは，いまのわたしを超越し，この自分をつくりあげている過去と，この自分がつくり出す未来をも同時に想定することでもある。つまり，過去（先祖）と未来（子どもたち）と自己のつながりのなかで地域を考えるということである。また，目の前の若い世代（未来）に「自分の頭で考えなさい」ということで，歴史をつないでいく願いを託すことでもある。こう考えると，〈わたし〉から地域をとらえる視点は，一見きわめて私的な，個人的に閉じられた思考のように見えながらも，実はきわめて公共的な視点を提供する。それ

は〈わたし〉個人の「いま・ここ」にとじられる思考法ではなく，いく人もの〈わたしたち〉および過去と未来にひらかれる思考法である。

このような地域のとらえ方は，これまで地域が語られる時にあまり意識されなかったように思われる。それは「地域活性化」ということが狭義にとらえられてきたことと密接につながっているのではないか。20世紀後半に「社会科学の女王」といわれるまでに「精密化」された経済学でとらえられている人間の行為だけが「真理」であるという錯覚にわたしたちはとらわれてしまったと開発経済学者の原洋之介は批判する（原 2005：221）。地域を語る文脈でもこのような傾向が続いてきたように思える。

もちろん地域／地域学に向き合う態度はいくつもありうるし，そうでなければならない。「地域」という概念は非常に抽象的であり，丁寧に考えないと次第に自分自身から乖離してしまうマジック・ワードになりかねない。「地域」という言葉を使えば未来が自動的に描けるわけではない。そこで「地域」に着目することの意義を自覚し，「地域学」がこれからわたしたちが生きていくための知恵になるように，基本的なことをいくつか考えてみたい。

### なぜいま地域か──「近代」の陥穽

わたしたちは「地域学」という看板を掲げているが，果たしてその意義をどのように他者に伝えられるのだろうか。地域学の基本的な問いはシンプルで，それは〈生の充実〉である。地域学とは地域における自分の誇り・生きがい・よろこびを自らの手に取り戻すための態度を醸成する学問だといえる。そしてこれらは自分の内側からひとりでに沸くものではなく，常に他者によってもたらされる。

地域学が立脚するのは，簡単にいえば近代批判である。近代化とは属性原理から業績原理への解放を意味し，「自由で平等な個人」を生み出すとされた。しかし，グローバル化の進展とともに明らかになってきたことは，中間集団の機能不全にともない個々人の生が剥き出しになること，社会の不確実化，不安と孤立感などが蔓延したことである（Beck 1986=1998；Beck et al. 1994=1997）。社会科学は，人間にとって意図せざる結果をもたらす「近代のパラドックス」や

「意図せざる結果」のメカニズム／パラドックスを解明し，そのようなメカニズムから相対的に自由になろうとする意思によって築かれてきたといえる。

　このような背景をもとに誕生した地域学は，端的にいえば，わたしたちが立脚せざるをえない拠りどころであるはずの地域なるものを再び自分たちの手にとりもどす試みだと筆者は考える。いま地域が注目を集め，あるいは地域に着目しながら生きることの重要性が説かれ，わたしたちが「地域学」をつくりあげようとしているのは，上のような歴史的・社会的背景があるからだといえよう。

## ③　地域をとらえる3つの視点

　次に，「気づき」としての地域について議論したい。まずは構造の次元，次にミクロからマクロの関係性のレベル，最後に時間という3つの観点において往復することの重要性について述べていく。

### 構造的視点

　「気づき」に基づき，〈わたし〉から地域をとらえるということは，自分が生きている地域に向き合うということだ。それは「『いま・ここ』に生きるわたしの生き方や暮らし」をきちんと見つめるために，地域におけるわたしの日々の具体的な生活の実践を促している価値・社会規範に気づくことともいえる。またそれらの価値や規範を規定する力としてわたしを取り囲む特定の社会構造があることにも目を向けざるをえない。これは地域学のひとつのアプローチであろう。一方で，自分の何気ない日々の振る舞いが，無意識のうちに自分を取り囲む規範や構造をさらに強化しているという弁証的なメカニズムを考えるのも，同様のアプローチ法である（図5-1）。

　これらさまざまな次元で起きる事象は，独立変数と従属変数に明確に分類できるような固定的な関係にあるわけではない。つまり人間は操り人形ではないし，自分で合理的判断をして自らのすべての振る舞いを決められる自律／自立的存在でもない。それぞれが弁証法的な関係性にあるから，自分の問いに応じ

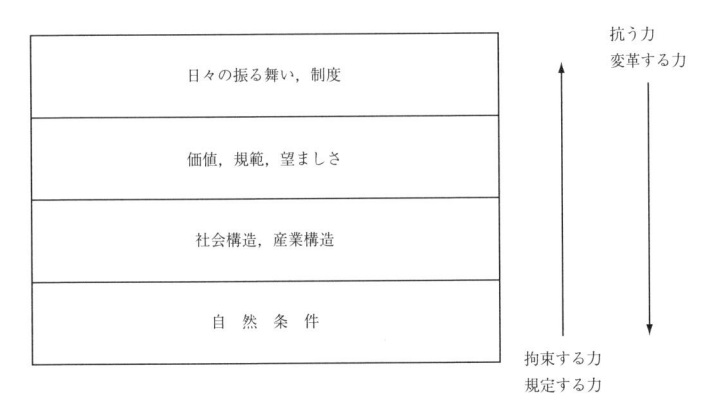

第5章　生きられる地域のリアリティ

```
┌─────────────────────────────┐          ↑ 抗う力
│     日々の振る舞い，制度     │          　変革する力
├─────────────────────────────┤
│      価値，規範，望ましさ     │
├─────────────────────────────┤
│      社会構造，産業構造       │
├─────────────────────────────┤
│         自　然　条　件        │          ↓ 拘束する力
└─────────────────────────────┘            規定する力
```

図 5-1　地域を考えるさまざまな次元

て，どこに着眼するかを見定め，そして他の要因との相互作用をみていく必要があるのだ。

　先ほど紹介したCさんの「わたしの子どもたちが幸福に生きられますように」という祈りや被爆者Yさんの祈りは，一見きわめて私的なものにみえる。しかし，それを形にするためには，「この地域で在日であるということ」や「未来の平和」に真摯に向き合わざるをえない。「ここ」でわたし（たち）が幸福になることを妨げている要因があるとしたら，それを自明視せずにひとつひとつ丁寧に相対化する必要があるのだ。それは制度的な問題かもしれないし，その制度を支えている人々の価値観や社会規範の問題かもしれない。あるいはその規範を生み出した歴史や社会構造を問う必要があるかもしれない。いずれにせよ，日々の自分の願いを大切にすることは自分を取りかこむ地域を考えることに深く連動していく。


関係的視点

　次に，ふたつ目の往復について述べてみたい。それはミクロからマクロに至る無数の関係性の広がりで地域を考える着眼点である。すぐ身近な親密圏や町内会などのローカルな事象から，ナショナル，グローバルな範域までさまざまなレベルにおける考察が可能である。

　先に挙げたCさんの願いは，まさにこのアプローチの重要性をも示唆してい

るのではないだろうか。彼女の出発点は「わたしの子どもたちの幸福」という私的なことでありながら，その祈りは社会や地域（町内会・自治会から国家，さらにはグローバルな地域に至るまで）にも働き掛ける力なのである。自分の子どもたちの幸福を考えるには，彼らと母親としての自分の親密な関係を考えることが必要だろう。そしてそれは同時に子どもたちがこれから生きねばならない「ここ」のあり方を考えることである。いうまでもなく「ここ」は，設定された問題に応じて自由な広がりをもつ範域だ。

　また彼女は「自分が死んだらお骨は（まだ訪れたことのない）故郷朝鮮半島と日本に埋めてもらいたい」と言う。まだ見ぬ朝鮮半島と自分が生まれ育った日本が彼女にとっては「故郷」なのだ。さらには，自分が死んだ後も魂がふたつの地域を行き来することにも着目すべきだろう。ここに「情報」としての地域にのみ着目してはみえてこない，当事者によって生きられている地域のいくつもの姿がうかびあがる。

　よって「ここ」は空間的に閉じられた限定的な範域ではあり得ない。地図上では境界線は引かれているが，実際は人々は常にいくつもの境界を越えながら「ここ」を生きる。自分の足元に立ち現れるローカルな問題はグローバルな問題に起因し，グローバルな問題はローカルにつくられる。グローバルな問題にはグローバルな方策があり，ローカルな問題にはローカルな方策があるわけではない。両者は一見別々の現象として表層的に顕現化するだけであって，それらは同一のコインの表裏だ。ミクロからマクロ間のさまざまなレベルにおいても，ひとつ目の往復と同様，〈わたし〉をめぐるきわめてミクロな視点から出発することは，（いくつものレベルにおける）地域を考える有効な方法となるだろう（図5-2）。

　ひとつ目の次元の往復と，ふたつ目のレベルの往復を重ねると，図5-3のようなイメージになる。この図は水平にミクロからマクロへのレベルの往復を，垂直にさまざまな次元の往復を表現している。水平の面の中心が〈わたし〉であり，そこから関係性が広がっていくイメージである。あるいはわたしの周りに広がっている関係性によってわたしが規定される，ととらえることもできる。この水平の軸が，わたしが支え／支えられる関係性ともいえよう。その広がり

第5章　生きられる地域のリアリティ

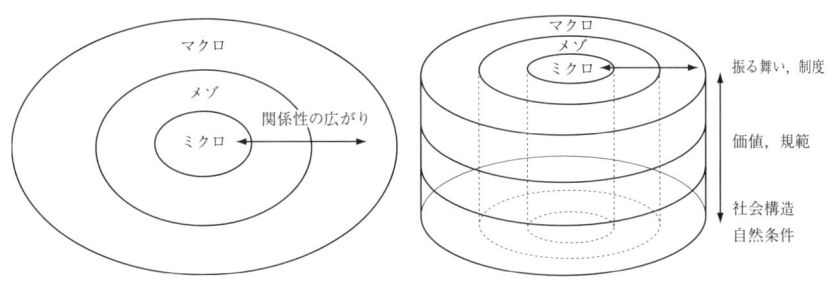

図5-2　地域を考えるさまざまなレベル　　図5-3　地域を考えるさまざまな次元とレベル

は問い次第でいかようにも設定可能である。また，ミクロからマクロを問うか，あるいはマクロからミクロを問うか，というベクトルの方向性も問いによって自由に設定可能である。

　図5-3の垂直の軸は「ひとつ目の往復」で議論したさまざまな次元を表す。上にいくほど表層的で可視的であり，下にいくほど深層的で不可視的である。日常的な振る舞いや制度は目にみえやすく問題視しやすいが，それを支えている価値や規範，あるいはさらにそれを生み出しているその時々の社会構造や産業構造はみえにくい。この次元の往復においても，問いに応じて多様な問題設定が可能であろう。

**時間的視点**

　以上，思考の方法としてふたつの往復を提示した。〈わたし〉から出発することは個人に問題を閉じてしまうことではなく，自分が生きている／自分によって生きられている地域を考えることに必然的に結びつくことがわかる。これらふたつの視点に加えて，時間軸での往復を考えたい。

　再び先の事例をもとに考えてみよう。被爆者のYさんは自分の反省を若い世代に「自分の頭で考えなさい」と託す。在日コリアンのCさんは「ご先祖様がひとりでも欠けていたらわたしはここに存在していない」と言う。自分が死んだらお骨は日本と朝鮮半島に埋葬してほしいと願い，朝鮮半島から日本につながる自分の一族の物語を語るという自分の役割を自覚している。そして「わたしの子どもたちが幸福に生きられる社会になってほしい」と祈る。これらの語

りはいったい何を意味するのであろうか。

　これらの語りのなかに埋め込まれているのは歴史あるいは時間である。わたしの生は一見，いまこの瞬間にだけ生起しているようにみえるが，実は時間的にも空間的にもそのように限定されているものではない。わたしの生は先人たちの蓄積の上に成り立ち，それを受け継ぎ，未来に手渡すというダイナミズムの上にわたしたちは生きているのである。

　つまり，わたしは「いま・ここ」にしか生きられないが，そのわたしの「いま・ここ」は過去・未来や外部と常に関係性を取り結びながらしか存在し得ない。すると，その関係の範域をどこまで拡げるのか，ということが常に問われる。それはその都度の問いによって丁寧に設定していくしかないだろう。もちろんこのような思考法が万能なわけではない。しかし，それにはわたしたちによって生きられている地域のリアリティを描くための方法論的な力をもつだろう。

## 4　地域学という生き方，地域学という実践

**わたしと他者**

　社会学者の見田宗介は，「人はどれだけの関係を必要とするか」という根源的な問いを発している。見田はこの議論のなかで，社会にはふたつの圏域が存在することを指摘している。ひとつは「生きるということの意味を取り戻し，歓びに充ちた生涯であるため」に「交歓する他者たち」から成る「交響圏」である。理論上は「激しい相互的な愛が存在している限り，この他者は一人でもよい」と見田はいう。しかしその一方で，食糧や石油などの現実的な需要と供給の関係などを考えると，わたしたちは「現実の構造の中で，幾万，幾百万，幾億人という他者たちなしには，生きていけない」。そして「交響圏」におけるわたしたちの自由はその外部の「人びとの生の困難や制約をさえ帰結してしまうこと」があるため，「生きることの相互の制約と困難の源泉でもある他者」たちとの間には関係のルールが必要なのだ（見田 1996：154-155）。親密な「交響圏」に対して，この「外域」を見田は「ルール圏」と呼ぶ。

## 第 5 章　生きられる地域のリアリティ

　これらは「みえる地域」と「みえない地域」，あるいは「実感できる地域」と「実感できない地域」と対比することが可能かもしれない。自分が実感として感じることができる関係性もあれば，一方で社会構造における自分の位置づけをメタレベルで考察しないとみえてこない関係性もある。どちらもこの〈わたし〉を成立させるために必要な関係性であることは間違いない。

　それはすなわち自分が実感できる「いま・ここ」として限定的にとらえられる地域と，「いま・ここ」から空間的にも時間的にも果てしない広がりをもった地域というふたつの地域像に相当するだろう。空間的な広がりで考えると，「ここ」に存在する〈わたし〉は身近に存在する親密で実感をともなう他者たちだけではなく，意識してその存在を「発見」しようと努めなければ気づくことが難しい他者たちまで，実に多くの他者たちとの関係性のなかで存在しているということである。また，時間的な広がりで考えると，「いま」存在しているこの〈わたし〉は，無数の死者たちによって形づくられると同時にまだ生まれぬ子孫たちにつながっていく。

　見田はこのような関係性のなかで，他者とはわたしの「あらゆる歓びと感動の」あるいは「あらゆる不幸と制約の」源泉だという（見田 1996：152-153）。確かにその通りだろう。しかしその一方で，本章で紹介したふたりのエピソードから浮かび上がる自己と他者の関係は，見田が描くような形とはいささか異なるようにも思える。他者との関係性のなかで〈わたし〉が存在するというよりも，むしろ〈わたし〉はいく人もの他者が内部に織り込まれることによって成立するともいえるのではないだろうか。つまり，他者と〈わたし〉の間に確固たる境界線を引くことは困難なのではないだろうか。

　そもそも，人間ひとりひとりの固有の生き方のなかにはその時代や社会そのものが凝縮されているといえる。これを，社会臨床論や児童福祉研究を専門とする加藤彰彦は「関係の総合化されたものが個人である」と表現する（加藤 2006：320）。つまり，個人というのはその人の関係の総和であるから，その個人（〈わたし〉）からは時代や社会を読み取ることができる，というわけである。

　だから，個人の〈わたし〉についての語りは，「人がどのように生き，どのような人々や仕組みによって支えられて生き抜くことができたのかの具体的な

ドラマ」といえよう（加藤 2006：321）。在日コリアンのＣさんの日々の暮らしのなかには先祖が生きていることをわたしたちは知ることができる。また，被爆が身体に刻まれたＹさんが証言をし続けるのも，「生かされている」彼女が「あのとき」亡くなった者たちに代わって語るためだ。そして彼女たちの祈りはこれからの時代を生きる世代に向けた祈りであり，それはいくつもの世代の祈りと折り重なっていく。

　彼女たちの物語はまさにそれぞれに固有のものであるが，同時に無数の彼女たちが存在している。〈わたし〉の固有の経験から地域を考え直すことは，近代的な〈自己―他者〉の二分法を超え，他者の課題をわたしの課題として受け止め，この時代の困難をともに乗り越えていく知恵を創出することではないだろうか。〈わたし〉は過去と未来をつなぐ時間軸と同時代を生きる他者とともにつくりあげる空間軸の交差点にしか生きられない。それは〈わたし〉のなかにいく人もの他者が重層的に織り込まれていることを意味する。

　〈わたし〉とは無数の他者たちの一切の欲望や苦労あるいは喜びを引き受けてそれを表現する媒体である。グールドナーは，「自己反省の社会学」の提唱において，このことを次のように表現する。

　　　知識の探究者が一方では自己を知ること――つまり自分は誰であり何者でありどこにいるのかといったこと――と，他方では他者およびかれらの世界について知ることとは，同じひとつの過程のふたつの側面なのである。
　　（Gouldner 1970=1975：214）

　地域学もこれと同様に「反省の学」として鍛え上げられようとしている。〈わたし〉から地域を丁寧に考えることは，同時に他者によって生きられた地域を考えることでもある。そしてその他者とは死者，そしてまだ生まれこぬ者たちをも包括する概念である。

**当事者として地域を生きる**

　これまで議論してきたことから，「〈わたし〉から地域をとらえる」という視

第 5 章　生きられる地域のリアリティ

点は独立した主体的個人としての〈わたし〉が，自分の外部に存在する地域をとらえるということとは異なると理解できるだろう。図 5-4 は主体としての〈わたし〉が地域を問うているイメージである。

　しかし，ここで問われるべきことは，地域から独立した客観的な主体がどのように／どのような「地域をつくる」のか，ということではなく，〈わたし〉自身が地域をどのように生きているのか，ということである（図 5-5）。〈わたし〉のまなざしは，考察の対象である「地域」から分断された観察者個人としてのものではなく，「地域」に生きている〈わたしたち〉の生きざま自体をもとらえるメタで自己言及的なまなざしとなる。そしてその時の〈わたし〉は，時空間を越える，いく人もの〈わたしたち〉が重層的に織り込まれている存在である。このとき，〈わたし〉の課題は同時に〈わたしたち〉の課題になり，〈わたしたち〉の課題は〈わたし〉の課題にもなる。すなわち地域の課題を自分の問題として引き受けて地域を生きるという態度がここに生み出される。これは，地域の観察者として生きるのではなく，地域の当事者として生きるという覚悟の形成にもつながっていく。そこでは「観察者―観察対象」あるいは「研究者―しろうと」というような単純な二分法はナンセンスである。しかし，それは必ずしもこれまでの学問の蓄積の無効化を意味するものではない。これまでの学問の蓄積を使いながらも，それを常に反省しながら試行錯誤を続けるしかない。

　それはつまり，〈わたし〉は研究主体であり，同時に研究対象でもあるという二重性を生きるということである。例えば，太田はこれを「文化的実践の生産者とそれを研究する理論家という二項対立」と呼び，この二重性は人類学が内包している構造的問題であるという。言い換えれば，〈わたし〉はインフォーマントであると同時に人類学者であろうとする自己の欲望の二項対立である（太田 1998：278-279）。地域学では誰もが研究者である。そして同時にいうまでもなくそこでの生活者でもある。自らの暮らしをもっとよくしていくためにはどうしたらいいのか，自分がここでもう少し幸せに生きていくためにはどうしたらいいのか，ということを考えるためには，自分自身を見つめる研究者としてのメタな視点を確保しておく必要があるだろう。

第Ⅱ部　地域をとらえる

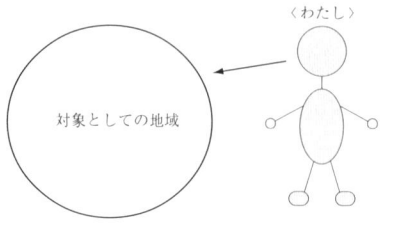

図 5-4　地域を外から問う主体としての〈わたし〉

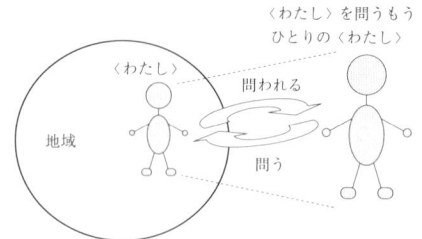

図 5-5　〈わたし〉をも問う自己言及的な視点

　もうひとつ事例を挙げよう。北海道浦河町にある精神障害をもつ人たちの活動拠点「浦河べてるの家」では「観察者の視点を持って自分自身の抱える生きづらさに向き合う」ための「当事者研究」が実践されてきた。それは，精神病者がかかえる困難を医者などの「専門家任せ」にせず，自分たちの手に取り戻す実践といえる。自分や仲間たちの経験のなかにあるたくさんのヒントをもとに「自分の苦労を取り戻す」という作業であり，それによって人とつながりながら生きていく方法の模索でもある。「研究」という作業を「頭が良くて，研究熱心で，専門分野の知識に長けている特別な人たちのものから，日常生活における一つの暮らし方といえるレベルで活用」することは地域の当事者である自分の生活に新しい可能性をもたらすだろう（向谷地・浦河べてるの家 2006：52-53）。

　この試みは，専門家が独占的にもつ「情報」によって一方的にコントロールされる対象であった「しろうと」「インフォーマント」「生活者」あるいは「患者」たちが，自分たちがすでにもっている経験や知恵を「気づき」に転換して人との関係性を立ち上げ，自分たちの暮らしを足元から(再)構築していくという実践である。これは，地域を生きているわたしたちは当事者として地域にどう向き合うのか，当事者である自分を観察者である自分がどうみるのかという課題と同様である。これらの実践はまさに地域学がいまたどっている格闘と軌を一にするのではないだろうか。

第5章 生きられる地域のリアリティ

## 地域学の実践

　上で述べた，当事者によって生きられる地域は，誰にとっても同様に存在するような，「情報」として標準化されうる実在ではない。地域は固有の人々の固有の経験として生きられ，語られ，そして立ち現れるものであろう。しかしその一方で，これまで繰り返してきたように，〈わたし〉の固有の経験や願いは〈わたし〉のものでありながら，個人に閉じられるものではない。それは同時代の無数の〈わたしたち〉が共有するものであり，さらには過去と未来をもつなぐ流れのなかに位置づけられるものである。もしそうであるならば，〈わたし〉の祈りを〈わたしたち〉の祈りのなかにどう織り込んでいけるのか，これを考えて試行錯誤をつづけること自体が地域学の実践となろう。

　べてるの家の「当事者研究」は，「単一の問題解決を目指す方法論」や「問題解決法」ではない。むしろそれは「生活の中で起きてくる現実の課題に向き合う『態度』であり『人とのつながり』そのもの」であるという。あるいは，当事者研究の意義は，「統合失調症などの精神障害をかかえた当事者自身が，自らの抱える固有の生きづらさと向き合いながら問い，人とのつながりの中に，にもかかわらず生きようとする『生き方』そのもの」である（向谷地・浦河べてるの家 2006：52-53）。このような意味で「当事者研究」はすでに「生き方そのもの」という実践である。繰り返しになるが，それは「専門家」が「しろうと」の問題を解決するというような「問題解決型」の実践の形とは異なる。

　そうではなく，地域の課題を〈わたし〉の課題としてとらえ，他者の困難を〈わたし〉の困難としてとらえるという形の実践である。あるいは「個人苦」が「世界苦」へ広がるという認識である。「世界の抱える苦しみに自分はつながっている」という感覚をもつことが地域学の実践にもつながるだろう（向谷地・浦河べてるの家 2006：36-37）。つまり他者との関係性のなかでその困難の受け止め方や乗り越え方を試行錯誤しつづけること自体がすでにひとつの実践なのである。

　グールドナーは，研究者と研究対象を分離する考え方を「方法論的二元論」と呼ぶ（Gouldner 1970=1975：218）。この考え方は近代科学の基本的な思考であり，「社会学者にかれの研究する世界から切り離されていることを命」じ，ま

た「社会学者が自分で研究している社会的世界に反応して変わることを禁じ」るという。ところが,「研究の対象にされている人びともまた,人間関係についての貪欲な学究」であり,彼らなりの知恵や理論で彼らなりの研究を行うのだ。これはまさにべてるの家が実践している当事者研究のことであろう。地域学に必要なのは,このように,自己を観察者として(あるいは政策立案者として)地域から隔離して考えるという形での実践ではなく,私たち自身が地域の担い手であることを自覚するために自分自身の「気づき」をもつ実践である。それはこれまでの「自己の実践のあり方を変容させる」という反省的な実践でもある(Gouldner 1970=1975:217-220)。

以上のことから,〈わたし〉から地域をとらえるということは,逆説的であるが,〈わたし〉個人に問いを閉じても地域の問題はみえてこないことを意味する。「わたし」の足元から問いを立てれば,「わたし」の幸福をもたらす条件は何か,その基礎はどこにあるのか,ということを必然的に考えざるをえない。「わたし」の幸福と「わたしたち」あるいは世界の幸福の関係性はどのようなものか,そのときの「わたしたち」の範囲は時空間においてどの程度まで拡げればわたしの問いが解けるのか,ということを考えざるをえないのだ。すなわちそれは同時に地域を問うことである。

「いま・ここ」に生きるわたしのありようを考えるために,時間軸で過去と未来を射程に入れて「いま」を相対化する視点を用い,「自然構造・社会構造・規範・行為」のさまざまな次元や「ミクロ─マクロ」のようなさまざまなレベルそして時間(歴史)を自由に行き来し,その上でわたしが生きる「いま・ここ」を考える想像力を鍛えることが地域学の意義であろう。あるいは,それが地域学のひとつの役割であり可能性だともいえる。

以上,地域学から考える実践について述べた。いうまでもないことだが地域学は「地域」という抽象的で大きな怪物に立ち向かおうとして無力感に襲われ,問題から撤退するためにあるのではない。そうではなく,「いま・ここ」という固有の場でこの〈わたし〉の身体を通してしか生きられないわたしたちが,その具体的なリアリティをもとに,地域を自分の手に取り戻すために地域学はある。わたしが暮らし,働き,家族や友人がいる「ここ」で,わたしにできる

ことを模索しつづけること，自分の身の丈にあった試行錯誤をつづけること。この内省的な，試行錯誤のプロセス自体が地域学の実践なのである。それはまた，〈わたし〉が無数の他者たちとの時空間上のつながりにきちんと組み込まれて生きていくための作業でもある。

**他者の祈りとわたしの祈り**

　これまで考察してきたように，本章で提示した地域学のひとつのあり方は，〈わたし〉から地域をとらえるという試みだった。同時に無数の〈わたし〉たちによって生きられた地域をとらえることであり，すなわち自分と他者との関係性において地域のリアリティを考えるという態度であった。そこでは，他者にとっての地域課題をわたしの課題として理解するという姿勢が求められ，〈わたし〉の地域の生き方を常に反省的にとらえつづけるという実践が求められる。反省の学，自省の学としての地域学である。

　地域学とは，逆説的ではあるが，「地域」という実体を「地域づくり」という目的のための分析対象あるいは操作対象とすることでは必ずしもなく（「情報」としての地域），実はむしろ地域に生きる当事者であるこの自分自身を自分がとらえ返す態度（「気づき」としての地域）のことではないだろうか。もちろん「地域がどうであるか／どうすべきか」という，地域を対象化する問いが無意味だといっているのではない。その作法とは別の「〈わたし〉がどうであるか／どうすべきか」という作法で，地域に生きる自分自身の苦渋や葛藤をきちんと引き受け，自分自身の生きざまを常に振り返る態度が地域学では重要だということである。

　ここに，問いの対象は地域ではなく〈わたし〉自身に転換される，という問いの逆転が生じる。〈わたしたち〉は「地域をどうすべきか，地域はどうあるべきか」と問う存在なのではなく，むしろ地域から「あなたは地域をどう生きているのだ」と問われる存在なのかもしれない。これはナチス政権下のアウシュヴィッツ収容所を生き延びた精神医学者の V. E. フランクルの「コペルニクス的転回」を援用した発想である（Frankl 1947a=1961：183）。彼は「人生の意味」について，問うべきなのは「人生に生きる意味があるのか」ということ

ではなく,「人生から何をわれわれは期待されているか」ということだという。つまり,わたしたちは人生を問う存在なのではなく,逆に人生に問われる存在だということである。生きること自体が問われることは「生きている責任を担うこと」だとフランクルはいう (Frankl 1947b=1993:27-28)。

この「転回」は,本章で議論してきた地域学による「近代の乗り越え」そのものであるように思える。わたしたちは主体的な存在として地域にメスを入れる存在なのではなく,むしろ地域に「あなたたちは人々とともに地域をどのように生きているのだ」と問われていると考えるべきではないだろうか。その発想から,地域を担っていくことやその責任が創出されるだろう。

「独立・自立した個人」という近代的人間像を批判的に乗り越え,時空間を超えてつながる無数の他者たちが幾重にも織り込まれて〈わたし〉が存在すると考えたとき,CさんおよびYさんの切実な祈りをわたしたちはいかに自分のものにすることができるだろうか。在日コリアンや被爆者の祈りはそれぞれの固有性を越え,この時代を生きる〈わたしたち〉の祈りにつながっていく。これらの祈りをいかにして自分の内に織り込んでいけるのだろうか。人類学者の竹沢尚一郎が言うように「他者とは私たちがなりえたかもしれないもうひとつの自分であるのだから,他者とは私たちの可能性であり,それゆえ私たちの未来」(竹沢 1997:213) であろう。そうだとすれば,このふたりの祈りは,「ここ」を生きる〈わたしたち〉の祈りに織り込まれる可能性に常にひらかれている。

地域学とは,他者から学び「他者の力」を借りながら鍛え上げられていくような,まさに「生き方としての学問」ではないだろうか (鳥越 2006)。それは自らが揺れながら試行錯誤し,他者の祈りを自己の祈りのなかに織り込みながらお互いが変容していくような思想と方法であるように思う。

注
(1) グールドナーのこの "awareness" の定訳は「明識」である (Gouldner 1970=1975)。本書は地域学の入門書であり,多くの読者はこの訳語にあまりなじみがないであろうことを想定し,あえて本章では "awareness" に「気づき」という日常語

に近い訳語をあてることにした。

## 文献

今村仁司，1992，『現代思想の基礎理論』講談社

太田好信，1998，『トランスポジションの思想——文化人類学の再想像』世界思想社

奥田博子，2010，『原爆の記憶——ヒロシマ／ナガサキの思想』慶應義塾大学出版会

加藤彰彦，2006，「記憶を掘りおこす旅」新崎盛暉・比嘉政夫・家中茂編『地域の自立 シマの力（下）』コモンズ，310-328

竹沢尚一郎，1997，『共生の技法——宗教・ボランティア・共同体』海鳥ブックス

鳥越皓之，2006，「学問の実践と神の土地」新崎盛暉・比嘉政夫・家中茂編『地域の自立 シマの力（下）』コモンズ，276-294

原洋之介，2005，「『21世紀の開発』論に向けて」新崎盛暉・比嘉政夫・家中茂編『地域の自立 シマの力（上)』コモンズ，202-226

見田宗介，1996，「交響圏とルール圏——社会構想の重層理論」井上俊・上野千鶴子・大澤真幸・見田宗介・吉見俊哉編『現代社会学26 社会構想の社会学』岩波書店，149-175

向谷地生良・浦河べてるの家，2006，『安心して絶望できる人生』日本放送出版協会

Beck, Ulrich, 1986, *Risikogesellschaft : Auf dem Weg in eine andere Moderne.* （＝1998, 東廉・伊藤美登里訳『危険社会——新しい近代への道』法政大学出版局.）

Beck, Ulrich, Anthony Giddens and Scotto Lash, 1994, *Reflexive Modernization : Politics, Tradition and Aesthetics in the Modern Social Order*, Cambridge : Polity Press. （＝1997, 松尾精文・小幡正敏・叶堂隆三訳『再帰的近代化——近現代の社会秩序における政治，伝統，美的原理』而立書房.）

Frankl, Viktor Emil, 1947a, *Ein Psychologe erlebt das Konzentrationslager*, Wien : Verlag für Jugend und Volk. （＝1961, 霜山徳爾訳『夜と霧』みすず書房.）

Frankl, Viktor Emil, 1947b, *…Trotzdem Ja zum Leben sagen*, Wien : 2. Aufl., Franz Deuticke. （＝1993, 山田邦男・松田美佳訳『それでも人生にイエスと言う』春秋社.）

Gouldner, Alvin Ward, 1970, *The Coming Crisis of Western Sociology*, New York : Basic Books. （＝1975, 栗原彬・瀬田明子・杉山光信・山口節郎訳『社会学の再生を求めて3』新曜社.）

Said, Edward, 1979, *Orientalism*, New York : Vintage Books. （＝1986, 板垣雄三・杉田英明監修, 今沢紀子訳『オリエンタリズム』平凡社.）

## Column

阪神・淡路大震災から得たもの——神戸市長田区野田北部地区

河合節二

　あの未曾有の被害をもたらした1995年1月17日の阪神・淡路大震災から16年が経過した（図終-2）。昭和の匂いを色濃く残していた生まれ育ったまちが，数十秒の激しい揺れで壊され，焼かれてしまった。多くの，かけがえのないものを失ってしまったが，生き残った人々は，それから始まる長い復興への道を歩むことになった。

　神戸で先頭を切ってきた復興のまちづくりから10年余を経て，日常のまちづくりへとシフトするにあたり，悪戦苦闘しつつ今日を迎えるまでを記しておきたい。

　野田北部には，震災前からまちづくりの機運があった。1993年1月に野田北部まちづくり協議会を結成し，大国公園とコミュニティ道路の再整備を震災直前の94年12月に完成させた。その流れのなかで，震災直後の住民自らによる地域内の救援活動があり，その後の復興への立ち上がりにもつながった。

　同一地域において，区画整理事業対象エリアと事業対象外エリアという異なった復興を強いられることになったが，双方の知識を蓄積することで，結果として住民合意形成のあり方を学ぶことになった。すなわち事業対象エリアなら行政との合意にある程度時間がかかるが，事業対象外エリアは極端な話，資金の目処がつけばすぐに建物再建に着手が出来る。再建するに当たり，街並み誘導型地区計画の導入を検討しつつも，合意形成に至るまでは，現状の建築基準法を遵守して再建してもらえるよう，神戸市と協働し建築パトロール強化することになった。

　合意形成には集会での説明会だけでなく，不参加者に対して同じ住民である，まちづくり協議会役員が，各戸を訪問し説明にあたった。当時の地区計画は「全員合意」が基本とされたが，現実には不可能なため積極的反対者を出さない方向で進めていった。その結果，容積率緩和型の地区計画ということが，狭小宅地の多い野田北部で支持されたのである。こうした経験が，現在の日常のまちづくりのなかで生かされて，「協働と参画のまちづくり」へと昇華し，「野田北部地区 美しいまちパートナーシップ協定」が締結された。それらの動きと並行して「地域でできることは地域で」と迷惑駐輪対策や地域の環境美化を進めている。

　16年という歳月は確かに長い道程であったが，時には翻弄されながらも，諦めずに継続できている。これからは，そんなに大きな動きはないだろうが，「野田北ふるさとネット」結成時の通り，「野田北部をふるさとと，呼べるまちにしたい！」。それがみんなの想いなのだ。「まだ見ぬまちを見てみたい！」と震災直後にいっていたが，果たして私は見ることができたのだろうか？

第6章　人の移動から地域を問う

児島　明

## 1　人の移動から見る日本社会

　1980年代後半から，人・モノ・金・情報の国境を越えた移動が増大しなおかつ加速化している。『移動の時代』という本で著者のカレン・カプランは20世紀を，「だんだん多くの人々が国民や地域や民族の定位置やアイデンティティから引き剝がされ，はずされてしまったことを特徴とする時代」（Kaplan 1996=2003：186）と表現しているが，21世紀は人々の移動とその背景，あるいは移動による効果の多様性・重層性をいっそう押し進める時代になるものと思われる。

　実際，国連の推計によれば，2005年には全世界で1億9,100万人の移民がおり（非正規の移民もこの半数はいると推測される），過去15年間で3,600万人増加したという。また，経済開発協力機構（OECD）が2008年に発行した『21世紀の移民人口のプロフィール』では，OECD諸国全体で見た場合，15歳以上で外国生まれの人口は現在7,500万人以上で，全人口の9％を占めるとされている（定松 2008）。

　こうした世界的潮流は，当然日本をも巻き込みながら展開しているものであり，とりわけ近年の外国人住民の急増は，地域社会において彼らを可視化させることでさまざまな取り組みへと結びつき，国家レベルでも「多文化共生」をキーワードとした施策の重要性が認識されつつある。それを象徴する例として，2005年6月には総務省に「多文化共生の推進に関する研究会」が設置され，

2006年3月には研究会によって「地域における多文化共生の推進に向けて」と題する報告書がまとめられている。

このような近年の動きのみに目を向けると，あたかも人々の移動はここ最近になって急に始まったものであり，しかも，「外国人」の問題に限定して考えてしまいがちになるが，先の引用文中でカプランが述べている通り，越境移動は何も国家間の移動に限定されるわけではない。また，「国外から」人が入ってくることのみを指すのでもない。「国際化」や「グローバリゼーション」といった言葉を人々が耳にするようになるずっと以前から，日本国内においても多くの人々が地域間移動を繰り返してきたし，過去においても現在においても，日本から国外への多くの人々の移動が存在する。

移動の観点からとらえた場合，日本社会はどのような姿を見せるのか。移動を経験する個人に焦点を合わせた場合，社会や地域はどのようなものとして立ち現れてくるのか。本章では，人の移動から地域のとらえ方を問うてみたい。

## 日本へと移動する人々

近代以降の日本への移動でまずふまえなければならないのは，1895年の台湾併合，1910年の韓国併合を経て植民地と日本列島との間に生じた人の移動の流れである。第二次大戦末期の日本列島には，いわゆる「強制連行」による移動者も含めて，230万人に達する朝鮮人が暮らしていた（逆に，朝鮮半島には約70万人，台湾には約39万人，「満州国」を含むその他海外に142万人を超える日本人が暮らしていた）。そして1945年，日本の植民地支配に終止符が打たれると同時に多くの朝鮮人が本国へと帰還していったが，帰還後の生活基盤を欠いていたり，すでに日本に生活の根を下ろしていた人の一部，64万人は，45年以降も日本にとどまり続けることになった（田中 1995，町村 2007）。

高度経済成長期を経て1970年代後半以降になると，旧植民地出身者である在日韓国・朝鮮人や在日中国人と区別して「ニューカマー」（新来外国人）と称される人々が増加していく。ニューカマー外国人の来日の経緯を概観すれば，まず1970～80年代には，フィリピンやタイからの，主としてサービス産業で働く女性労働者，「中国帰国者」（中国から日本に永住帰国した「中国残留日本人孤児」

や「中国残留日本人婦人」とその家族），ベトナム・ラオス・カンボジアからの「インドシナ難民」，さらには欧米諸国からのビジネスマンの来日があいついだ。そして1980年代後半以降には，南アジアやアラブ諸国からの非正規労働者や南米諸国からの出稼ぎ労働者，さらには日本人と国際結婚した人々の来日により，日本に居住する外国人が急増する。とりわけ，1990年6月に改定施行された「出入国管理及び難民認定法」（以下，「入管法」）が，「不法就労者」を雇用した日本人雇用主に対する罰則規定も盛り込む形で「不法就労」外国人の排除を強化する一方，日系人とその家族の滞在と就労を合法化したことは，その後，南米諸国から来日する日系人の急増をもたらした点で大きな転換点であったといえる。さらに最近の動きとしては，経済連携協定（EPA：Economic Partnership Agreement）に基づき，2008年以降インドネシア，2009年以降フィリピンから看護師・介護福祉士候補者の受け入れを開始したことが挙げられるだろう。

1990年6月に「入管法」が改定施行されてからすでに20年が経過した現在，外国人登録者数は200万人を突破している。法務省入国管理局の公式発表によれば，2009年末現在の外国人登録者数は218万6,121人で総人口の1.71％，そのうち中国籍が68万518人で全体の31.1％を占め最多であり，以下，韓国・朝鮮籍57万8,495人（26.5％），ブラジル籍26万7,456人（12.2％），フィリピン籍21万1,716人（9.7％），ペルー籍5万7,464人（2.6％）などと続く。なお，外国人登録者の国籍（出身地）数は189である。

外国人の増加にともなって，公立学校に通う外国人児童生徒も増加する一方であり，文部科学省の公式発表によれば，2008年9月現在，公立小・中・高等学校，中等教育学校および特別支援学校に在籍する日本語指導が必要な外国人児童生徒数は2万8,575人にのぼる。

日本へと移動してくるのは外国人ばかりではない。企業等の国際的諸活動の進展にともなって海外に長期間在留した後に帰国する日本人も少なくない。文部科学省の「学校基本調査」によれば，海外に長期間（1年以上）在留した後，日本へ帰国した児童生徒数は，2008年度の1年間で小学校，中学校および高等学校等合わせて1万1,749人となっている。

このように，日本社会はすでに，国外からの多くの移動者を内に含んでいる

ことをまずは確認することができる。

### 日本から移動した人々

　海外からの外国人の受け入れという論点に関心が集中するあまりに忘れられがちなのが，日本もかつては移民送出国であったという歴史的事実である。明治に入った日本は近代化を急いで推し進めていたが，その過程で農村が崩壊していった。農民の地租をあてにした国家財政が農民にとって大きな負担となっていた時代である。1883年（明治16）から1890年（明治23）までに約36万7,000人が地租滞納で強制処分を受けており，1884年（明治17）から1886年（明治19）までに全耕地の7分の1が負債により抵当流れをしている。こうした苦境を背景に，農村から都会へと人口が流出した（高橋 1997）。

　しかし，都会に出てもいまだ工業化の進展していない段階では就職の機会は乏しく，仕事があれば条件のいかんを問わず海外でもどこへでも行かざるを得ない状況であった。当初はハワイそしてアメリカ本土へと移民が渡っていった。目的はあくまでも出稼ぎであり，移民たちは故郷に錦を飾ることだけを夢見て，過酷な農園労働に耐えた。しかし日本人移民は白人より低賃金で働くことによって彼らの職場を奪うことになり，さらに経営者からはスト破りに利用された。そのため排日気運が高まり，カナダでもアメリカでも日本からの移民の入国が制限されることになった。こうしてアメリカ，カナダへの道を閉ざされた移民が次に目指したのが，ペルーでありブラジルであった。ペルーへは1899年（明治32），ブラジルへは1908年（明治41）に最初の移民が渡っている。その他，例えばフィリピンへも，有名なベンゲット道路建設に従事した移民をはじめ，バタン島への炭坑移民，ミンダナオ島ダバオへの麻耕地への移民など，第二次大戦勃発までに合わせて5万人の日本人が移住しており，東南アジア地域では最大の日本人社会が形成されていた。こうして，明治から敗戦にかけて，北米，中南米，東南アジアの各地へ100万人の人々が送り出されたといわれる。その結果，現在，南北アメリカ大陸に百数十万人の日系人が生活しているのである。また戦後も，高度経済成長時代を迎える1960年代前半までは，アメリカ（短期派遣労働者，1956～63年で4,331人）や旧西ドイツ（炭坑労働者，1957～65年で436人）

に出稼ぎ労働者を送り出していた（鈴木 1992，高橋 1997）。

**日本国内を移動した／する人々**

　国境を越える移動だけが人々の移動経験なのではない。日本の歴史を少し遡れば，さまざまな背景や理由のもとでの越境移動が存在する。

　とりわけ19世紀後半は，文明化の開始および産業化の本格化にともなって，人々が移動を一挙に本格化させた時期であった。人々は生地を離れ，村から町，町から都市へと生活の場を移していき，かつてない体験を重ねるようになっていった（成田 1998）。その意味では，日本の近代史は移動の歴史であるといっても，あながち間違いではないだろう。

　ただし，「村の外へ出る」ことの意味合いは，「離郷」が自らの意志によるものか，不本意ながら行われるものかで大きく異なっていた。いわゆる「離郷の階層性」（岩本 1994）の問題である。日清・日露戦争期から第一次大戦期にかけて，貧しい小作農家の二，三男や娘は一定期間，出稼ぎとして働きに出されることが多かった。主な出稼ぎ先は，女子であれば製糸紡績の女工，男子であれば農・漁業の年雇いから第一次大戦後には都市の商工業・雑業であった。出稼ぎの目的は農家の家計補充にあり，特に女子の場合にはそうであった（大友 1992）。他方，経済的にある程度恵まれた中農以上の青年には，「青雲の志を抱いて都会に出」たり，「笈を負うて遊学の途に就く」可能性が開かれていた（岩本 1994：108）。彼らは都会への関心（＝「都会熱」）と修学欲求（＝「教育熱」）を強烈にもちながら，社会的上昇への欲求を形成していったのである（大友 1992）。

　第二次大戦後になると，「都市化」が進行し，地方から都市へと多くの人が地域を移動した。粒来・林（2000）は，地域移動と就学・就職行動の関わりについて，戦後を3期に区分した上で検討している。まず，高度経済成長期以前（1946～60年）の時期は，戦前にも見られた就職時の向都離村型移動が主流であった。中学あるいは高校卒業後に出身地を離れ，雇用機会を求めて都市へ移動したのである。その移動は，自営・農業という家業継承型階層からの離脱（階層移動）をともなうものであった。高度経済成長期（1961～75年）に入ると，

大都市における労働需要の増加によって地方出身の就職者が引き続き大都市へ流入すると同時に，高学歴化の進行にともない就学のための移動も増加した。高度経済成長期後半以降のいわゆる低成長期（1976〜90年）には，地方においても雇用機会が拡大する一方で，低成長期をむかえた大都市では就業機会が縮小に転じたこともあって，就職のために移動する相対的メリットは次第に低下した。他方では，銘柄大学への進学にともなう地域移動という形態も目立つようになっており，高学歴社会における移動の新たな局面が，階層差をともないながら顕在化してきた。時代ごとの社会構造の影響を受け，その関わり方は変化しながらも，人生の移行（トランジッション）過程において地域移動がもつ意義は現在も変わらず大きいといえるだろう。

ところで，日本の経済発展の特徴を西欧諸国と比較した場合に大きく異なるのは，それが外国人労働者の導入なしに達成されたことである。西欧諸国が高度経済成長期，とりわけ1960年代に，労働力の絶対的な不足を主な背景としてあいついで外国人労働力を導入したのと対照的に，同時期の日本では，人手不足を外国人労働者で埋めることはほとんど意識にすらのぼっていなかった。それは，西欧諸国で外国人労働者が果たしてきた機能を，日本では列島内部での大規模な人の移動が果たしてきたからである。すなわち，この時期の日本では，農業が全産業に占める比重が同じ時期の西欧諸国に比べ大きく，農村部を中心に農業から他の産業へと転換可能なかなりの労働力が存在していたのであり，これが太平洋ベルト地帯へと集中したのである。また，文化や言語の違いも含んだ地域間の相違が目立つことで人口移動が抑制される傾向が強い西欧諸国に対して，日本ではそうした傾向が希薄であることが人の国内移動を促したとも考えられる（梶田 1994）。こうした状況は裏を返せば，60年代以降，日本から海外へ出ていく出稼ぎ労働者が途絶したことの背景でもあった。

## ② 移動を生きるということ

### 移動へのまなざし

近年，グローバル化の進展にともなって，国境を越えた人の移動および移動

## 第6章 人の移動から地域を問う

する人々の存在が「見える」ようになり,「地域をひらく」ないし「ひらかれた地域」といった表現がしばしば用いられるようになったが,これらの表現は,従来,地域があたかも外部にひらかれていなかったかのような,あるいは移動性を含んでこなかったかのような印象を与える。ところが,グローバル化が注目される以前から,地域が,しばしば資本主義の原理と密接に関連しつつ,人の移動を内包してきたことは,以上の検討からして疑いのないところであろう。その意味で,地域は〈つねに-すでに〉ひらかれていたのである。

このように考えれば,人の移動は地域を理解するためにふまえるべき前提なのだといえる。ところが,地域に関する実際の議論では,これを転倒させた図式が前提とされてきた。すなわち,「固定した場」と「移動する人」という枠組みを暗黙のうちに想定した上で,前者を「正常な位置」,そして後者を「正常からの逸脱」ないし「例外」とみなしてきたのである(伊豫谷 2007)。移動性はそうした固定化された「あるべき地域」を外部から攪乱する不安要因として逸脱視・問題視され,移動する人々は,そうした不安要因をもち込む存在として危険視され,無効化の末に「見えない」ものとされてきた。そのような,非定住者を遠ざける「定住者コミュニティの壁」(町村 1999) は,多文化化が進む現代日本の地域においても依然根強いといわざるを得ない。

1980年代後半に始まり,90年の改正入管法施行を経て急増した主にブラジルからの日系人の出稼ぎは,移動性が資本主義の原理と露骨な形で結びつけられた例である。とりわけ90年代後半以降,労働市場は利益最大化の論理を貫徹すべく,「フレキシブルな労働力」の確保に力を注いだ。日系人労働市場は,まさにそのような論理がむき出しの形で露見する場であり,日系人労働者自身も,それに適応すべく自らの生活を就労中心のものへと編成していった。法律上,日系人は,公式には労働者ではない,潜在的なネーションとして相対的に「自由な移動」が可能であったがゆえに,市場の論理は国家の規制を受けることなしに,彼らの移住過程を支配できたのである。その意味で,日系人は「もっともむき出しの形で市場原理に翻弄されて」きた存在といえる(樋口 2005)。こうした就労の論理に従属した生活様式の形成は「顔の見えない定住化」という事態をもたらし,日系人は地域社会に暮らしていても住人と認知されない存在

になっているとの指摘もある（丹野 2005）。

　日系人の「顔の見えない定住化」に対する日本人住民の不安は，ゴミの出し方，部屋からの騒音，違法駐車といった目に見える現象への反応として，日本人住民対ブラジル人住民という対立図式を生みだす。このようにして，いわゆる「団地問題」はしばしば文化対立や地域摩擦としてとらえられることになるわけであるが，これをエスニックな対立に還元してしまうと問題の本質をとらえ損ねてしまうことになる。問題は，市場において何よりもフレキシブルな労働力であることを要請されながら，地域では定住前提の住民であることが求められるという日系人の引き裂かれた現状，すなわち「市場と地域社会の相克」にこそあるからである（樋口 2005）。この点をふまえないでなされる文化的差異の強調は，「定住者コミュニティの壁」を護るための排除の口実を重ねていくことにほかならない。

　ところで，「顔が見えない」ことは「顔」の不在を意味するものではない。「顔が見えない」のは「見ようとしない」側のまなざしの問題でもあるのであり，当然のことながら，当の日系人は確実に「顔」をもって地域を生きている。移動者は決してまなざしを向けられるだけの存在ではない。移動者自身もまた，まなざしを向ける存在である。では，資本主義の原理と露骨な形で結びつけられて日本社会で生活する上で，移動性を特徴とする日系人は何をどのようにまなざし，地域を生きているのだろうか。

　以下では，日系ブラジル人の事例をとりあげながらこの問題について考えていくが，その際に注目したいのは，地域を生きることの，世代によって異なる意味あいである。とりわけ，自らの意志によって来日した親世代と親に連れられて来日した子世代とでは，母国を離れることの意味や来日後の経験のありようが大きく異なる。そこで以下では，親世代，子世代それぞれにとっての移動の意味を，当事者の視点に立って眺めてみることで，「日系ブラジル人」と一括りにしてしまってはとらえることのできない，地域を生きる上での「流儀」の多様性について考えてみたい（児島 2006, 2008）。

## 移動者として地域を生きる（1）——日系ブラジル人親世代の経験

まず最初に、自らの意志によって来日する親世代の経験を見てみよう。この立場での日系ブラジル人の来日は、「当時失業していて、ブラジルの派遣会社を通して日本に来ました」という男性（2世・43歳。年齢はインタビュー時のもの。以下同じ）の言葉に象徴されるように、ほぼ例外なく母国における経済的困難を脱することを目的とした出稼ぎである。したがって、短期間で必要な資金を稼いで帰国することを前提に日本での生活を始める。ただし、この世代にとって日本は単なる「外国」以上の意味を有していることも少なくない。というのも、ブラジルにいる頃から祖父母や父母に「故郷・日本」の多少なりとも美化されたイメージを教えられ、自らも「日本人」としてのアイデンティティや行動性向を身につけてきた者も多いからである。ある2世の女性（30歳）は、「小さい頃から日系コミュニティでいろんな行事があったんです。そういう環境に育って、自分自身も青年会の会長をやったりだとか。お父さんもやっぱりすごく日本に熱心でした。長野県とか鳥取県と姉妹提携があったりして、市長とかいろんな人が地元の方に来たりしていたんですね。だからつねに日本のいいイメージがあって、いつかは日本に行きたいなあと」と、「ルーツ」への関心を語っている。このような「ルーツ」として想像された地域を重ね合わせるようにして、来日後、実際の地域における生活が始まるわけである。

ところが、雇用が不安定であることにより目標貯金額になかなか達することができないという日本国内での事情や、ブラジルの経済の低迷などによって、当初の予定通りに帰国できずに滞在が長期化するケースは多い。滞在の長期化は、「友だちはブラジルと比べてそれほどいないんですけど、でもやっぱり日本の生活に慣れちゃって」という女性（2世・38歳）の言葉に示されるように、日本での生活への「慣れ」を生じさせもするが、他方で、「ルーツ」として想像された地域と実像とのズレを直視せざるを得ない事態をももたらす。就労の論理に従属した生活様式を余儀なくされる日系ブラジル人にとって、このような経験は職場での人間関係に起因するものであることが多い。ある女性（2世・30歳）は、「権威だけで人をばかにする」上司に自尊心を傷つけられた経験から、「ブラジルにいたときには、日本という国は秩序のある社会、日本人は

誰でも礼儀正しい，お互いに尊敬し合うような立派な社会というふうに思っていたんですね。何でもきちんとルールを守るという社会だと思って日本に来たんですけど。確かにそういう面はすごくあったんですね。でもその一方で，あくまでも表面的，形式的なことだけに過ぎないというか。わりときれい事というか。内容はそれほどたいしたことじゃないのに表面的な部分がすごく多くて，それがショックというよりは，ちょっとがっかりしたという感じですね」と，「ルーツ」として想像された地域に綻びが生じる過程についての経験を語っている。

　こうした経験はしばしば，自らのエスニック・アイデンティティをめぐる大幅なとらえ直しにもつながる。ブラジルでは非日系人との対照で「日本人」と呼ばれ，自らもそのように名乗ってきた日系ブラジル人は，日本に来ると，身体的文化的に互いに連続していると認識していた日本の日本人から「外国人」として扱われることになる。こうした経験をふまえ，ある男性（2世・40歳）は，「私が感じるのは，日本に来ている以上，私たちは日本人の顔をしていても，やっぱり日本は私たちにとっては外国。それで，おかしいんですけど，ブラジルでは私たちが日本人と呼ばれていたのに，日本に来てブラジル人だというふうに実感したんです」と，自らのエスニック・アイデンティティの変容を語った。

　ただし，だからといって必ずしもブラジル社会に全面的に自らを同化させるわけではない。「外国人」としての日本での経験は，「ルーツ」として想像された地域の相対化に向かう一方で，自らが自明視してきた地域を別様に眺める契機となる場合もある。ある女性（2世・30歳）は，職場で「あのガイジンめ！」と上司から叱責されることに対して，ブラジル社会において同様に起こり得る光景を想像しながら，「ブラジルでの黒人たちに対しての扱いを，私たちが日本でもしかして同じように受けているんじゃないかなというふうに思いますね」と語っている。図らずも立たされることになったマイノリティの立場から「ブラジルでの黒人たち」に共振することにより，見慣れたはずの地域がそれまでとは異なる相貌を見せ始めたといえるだろう。

　このように親世代は，不本意な滞在の長期化のなかでさまざまな困難に直面

しつつも，いやだからこそ，「日本（人）」も「ブラジル（人）」も相対化する視点を獲得することで，〈いま−ここ〉を生きる者として地域そして自己を語り直しながら，「なんとかやっていく」ために自らがとるべき立ち位置を模索していくのである。

**移動者として地域を生きる（2）――日系ブラジル人子世代の経験**

　では，自らの意志はほとんど介在しない形で親に連れられて来日する子世代にとって，移動の経験とはいかなるものなのであろうか。とりわけ学齢期にある子どもにとって，それは教育機会の保障と深く関わる問題でもある。端的にいえば，頻繁な移動の経験が，子どもたちの学校からの離脱に及ぼす影響には多大なものがある。日系ブラジル人の移動というとブラジルから日本へという国家間移動のみが意識されがちだが，実際には来日後も地域間移動や帰国／再来日が頻繁に繰り返されることが多く，学校からの離脱は，むしろ来日後の頻繁な移動のなかで生じやすい。

　日系ブラジル人の子どもたちにとっての来日は，たいていの場合，母国の学校や友人から本人の意志と関係なく切り離される経験であり，本人にとっては不本意なものであることが多い。「〔日本に行くのは〕絶対嫌だって思いました。友達とか，あとは自分があるものを残さなきゃいけなかったから。……〔日本に来たことは私にとって〕何の意味もないです。ただ単に父が一緒に来させただけの話です」という女性（4世・16歳）の言葉は，来日後の生活をゼロもしくはマイナスから出発しなければならないことへの不満と不安を如実に表している。

　ただし，子どもたちの移動は来日によって終結しない場合がほとんどである。むしろ，来日してから本格的な移動が始まるといっても過言ではない。転居はしばしば転校をともなう。短期間のうちに繰り返される転校は，学習の積み重ねを困難にするだけでなく，言語や文化の違いゆえに，ただでさえ時間のかかる教師や他生徒との関係づくりへの意欲を減退させることも多い。結果として，学業も教師や他生徒との関係づくりもあきらめ，学校そのものから離脱するということになりがちである。さらに，国家間移動は一度で終わるわけでもない。

同じ国家間移動とはいっても，来日後に帰国して再来日という場合のそれは意味が異なってくる。学齢期にある子どもの学校適応において，帰国／再来日およびその繰り返しがもたらす損失はきわめて大きい。学業の空白期間を生み出すだけではない。再来日に際して，必ずしも帰国前と同じ地域に戻ってくるとは限らない。まったく見知らぬ土地での再出発であった場合，費やすべき労力はあまりにも多いことから，学校からの離脱，進学の断念といった事態が生まれやすくなることは否めない。

　このように国家間移動と地域間移動が複雑に組み合わさった結果として学校からの離脱を余儀なくされた女性（4世・16歳）の例を見てみよう。この女性は5歳の時に初来日して以降，帰国／再来日を5～6回，日本国内での転居を9回も経験している。それにともなう頻繁な転校により，学校から遠ざかっていった経緯は，彼女自身が「それで学校嫌いになりました。幼稚園の時はまだよかったんですけど，小学校の5年生の時から2年に1回は引っ越しをするんですよ。慣れた時に引っ越しをするんですよ。〔それでも学校には〕入っていたんだけど，あまり学校には行かなかった」と語る通りである。

　移動による喪失や不安と学校で経験する困難は，子どもたちの承認欲求を増大させていく。そうした承認欲求を核として形成される仲間集団は，たとえそれが逸脱傾向の強い集団だとしても，子どもたちが地域を生きていく上でかけがえのない拠り所となっていく。例えば，帰国と再来日および国内での転居と転校を繰り返した女性（3世・16歳）は，自らの中学校生活を振り返って「すごい不良だった」と語る。頼りになる教師がいる一方で「外国人を嫌っていた人も多かった」という学校での生活は，欠席や教師への反抗の繰り返しだった。彼女の場合，親との折り合いも悪く，家庭においても疎外感を感じながら暮らさざるを得なかった。そのような状況下，同じ団地にたむろする年齢の近い同胞集団に接近していく。それは，バイク・自動車の窃盗やドラッグの売買と使用なども行う「団地で一番悪いグループだった」という（ただし，彼女自身はそうした犯罪行為からは距離を置いていたとのことである）。そのような集団に身をおくことで，彼女は自己が拡大していく感覚を実感したと語る。「〔仲間といる時には〕強かった気もしてた。その時すごい怒りん坊で，『何見てんだ！』って

いう感じで」。しかし，その集団の一員でいることが彼女にとって重要だったのは，そこが自分の存在意義を確かめることのできるほとんど唯一の場所だったからである。「〔仲間といたのは〕楽しかったから。みんな，ペラペラペラペラなんか言ったり，面白いことをしたり，明るかったから。気にしてくれる人がいたから」という彼女の言葉が逆に照射するのは，「気にしてくれる人」を欠く地域の現実である。

　仲間集団の形成は，むき出しの形で市場原理にさらされることにより経験の断片化を強いられる現実，およびそのような彼らの存在を無視しようとする地域の現実に抗い，自らの存在意義を確かめることのできる意味のある空間として「もうひとつの地域」を構成しようとする実存的な営みにほかならない。新原道信の巧みな表現を借りれば，「移動民の子どもたち（children of immigrants）」である彼らは，「この社会の"異物""反逆する対象"として，自らの内に潜在する生命力によって，枠内の『大人』達が予想するのとはまた異なる形で，『彼らの流儀（in their own ways）』で，この場所を生きるあらたな"地識（street wise）"を練りあげていきつつある」（新原 2006：243）のである。もっとも，それが固く防護壁を張った排他的な避難所の形成，すなわち「自己防衛のための排除」（Young 1999=2007：58）へと向かう場合，構造的に不利な状況へと自らを固定化させていく悪循環を生み出しかねないのではあるが。

**移動者と共振して生きる**

　移動を生きるということは，何も国家間や地域間を物理的に移動する人々のみに関わる問題ではない。むしろ，移動を前提に地域を考える立場に立つならば，一見すると移動とは無縁な立場にありそうな人々の生活にこそ，移動の痕跡が刻み込まれている事実に注目しなければならない。「地理的・歴史的断絶によってもともと隔離されていた人間が遭遇し共存を迫られる場所」を「コンタクト・ゾーン」と呼ぶとすれば（Pratt 1992，町村 1999：188），「コンタクト・ゾーン」において移動者と接触する人々もまた，自らの立ち位置から移動を生きることになる。そして，そのような意味での移動の経験が，場の新たな構成へと展開していくこともある。以下では，そのような移動者との否応なしの接

触をもたらす「コンタクト・ゾーン」として，外国籍住民が集住する公営団地と外国籍生徒が多く在籍する公立中学校を例に挙げながら，他者および自己との出会い直しの可能性について考えてみたい。

　まず注目したいのは「コンタクト・ゾーン」としての公営団地である。ここでは，ブラジル人を中心に外国籍住民が増加した愛知県西尾市を取りあげることにしよう。西尾市での調査を継続している松宮（2006, 2008）によれば，市内で最も外国籍住民の集住が進んだ県営X住宅自治会では，外国籍住民を「地域住民」として位置づけることで積極的な受け入れが行われてきたという。そうした取り組みの促進要因として松宮が注目するのは，当時の県営X住宅自治会長で，現在は自治会の活動を母体に外国籍住民支援を目的として結成されたG会の活動をリードするA氏の存在である。九州出身のA氏が外国籍住民の受け入れに積極的に取り組むようになった出発点には，「外国人も自分たちも同じデカセギかもしれん」という思いがあった。その思いはまさに，「他者という鏡に照らしながら，他者のなかに投影する自分の姿をみつめ」（山之内 2004：46）ることで結晶化してきたものにほかならない。A氏は外国籍住民の存在を通じて，「移動する身体」としての自身の姿，そして県営X住宅に住む全住民の姿を再発見したのである。それは同時に，「定住者コミュニティの壁」を相対化しえた瞬間でもあった。そしてこの再発見が，「外国人としてではなく，同じ住民として」という理念に結びつき，住宅入居やゴミ出しのルールに関わる言語的コミュニケーションといった喫緊の課題への取り組みのみならず，自治会役員の構成や町内会組織の再編を可能にし，「外国籍住民の増加に対応する継続性を伴った支援体制の確立」をもたらした。そして2007年度には，県営X住宅自治会長にペルー人住民が就任することにもなる（松宮 2008）。移動を生きる人々との接触が，自らの身体にも刻み込まれた移動の痕跡への気づきをもたらし，新たな関係の構築を模索させた事例といえるだろう。

　次に注目したいのが「コンタクト・ゾーン」としての公立学校である。学校は好むと好まざるとを問わず日本人と外国人とを接触させるという意味で，「異文化／異民族との共存をためす試金石である」（梶田 1994：193）。ここで取りあげる愛知県内の公立K中学校はブラジル人が集住する地域に所在し，ブ

ラジル人を中心に多くのニューカマー生徒が在籍している。いわゆる「日本語指導が必要な外国人児童生徒」が一定数在籍する学校では，日本語指導を担当する専任教員を特別に配置する措置がとられている。K中学校にもこのような教員が配置され，「日本語教室」と名づけられた教室での日本語指導が行われている。日本語教室を担当する教員は，さまざまな文化の境界に立ち，つねに他者／自己の位置づけについて決定を迫られる立場にある。というのも，日本語講師は，ニューカマーの受け入れという新しい環境の現出にともなって緊急に用意されたポジションであり，従来の学校文化の枠組みからは最初からはみだした存在であるからだ。しかし，それゆえに従来の学校文化と新たに現出した環境との齟齬や矛盾を，既存の立場に拘束されることなく相対的に眺める視点を獲得する。すなわち，学校において，ある意味で「何者でもない」ことによって「何者にもなり得る」のである。K中学校の日本語講師であるH先生も，学校文化とニューカマー生徒のニーズというふたつの要請の間にはさまれ苦闘を続けた結果，学校文化の完全な体現者にもニューカマーの子どもたちの完全な代弁者にもなりきれないかわりに，多方面から問いかけられる存在としての自らの「境界性」を自覚することになった。そして自らを，異質な者どうしが出会う場を提供しうる者として位置づけるようになる。それは同時に，日本語教室という空間の新たな意味づけをともなうものでもあった。H先生は，日本人生徒が休み時間などに日本語教室に出入りすることに否定的な学校側の姿勢に疑問を覚え，あえて日本人生徒の自由な入室を許容し，また自らも積極的に彼らと関わってきた。「日本人を入れたり，ああいうふうに関わったりしないように言われるけど，ああいうのも大切だと思うんですけどね。何かあった時に日本人の子と話もできないんじゃよくないし。日頃からああやっておかないと。授業がすんだらすぐに〔職員室に〕帰るようにいわれていたけど，時間が終わってすぐ帰ると，他の生徒とも話ができない。残って他の生徒と関わることでよくなってきた」という言葉からは，複数の境界線が交錯する場に身を置く者として，〈いま-ここ〉における境界線の布置状況を読み取った上で，自らが創造し得る場の可能性を模索するH先生の「境界者」としての自覚と自負を読みとることができる（児島 2006）。

## ③ 移動を前提に地域を考える

最後に，以上の考察から得られる知見をまとめながら，人の移動を前提に地域をとらえることの意義について考えてみたい。

### 移動の遍在

まず確認しておかなければならないのは，移動現象なき地域は存在しないということである。いうまでもなく，人の移動はグローバル化が進展する世界における国家間移動に限定されるものではない。進学，転校，就職，転勤，結婚など，人生の移行（トランジッション）過程に移動はつきものである。また，日常生活においても，互いに異なる属性や利害をもつ人々が，電車や自動車のような交通手段を利用して広い領域を移動しながら共にある。若林（2007）はこのような近現代の都市のありようを，共同体ならぬ「共異体＝共移体」と表現している。このように考えれば，移動は「例外」ではなく「常態」であるという前提から，地域を，そして人の生をとらえ直していく必要があるだろう。移動が「常態」であるという前提は，閉じたものとして想定されがちな「コミュニティ」が，じつはその成立の起源から外部への開放性を本質としているという広井良典の以下の指摘にも通じるものである。

> 「コミュニティ」という存在は，その成立の起源から本来的に"外部"に対して「開いた」性格のものである，といえるのではないか。言い換えると，コミュニティづくりということ自体の中に（ある意味で逆説的にも）「外部とつながる」という要素が含まれているのではないか。またそうした「外部とつながる」というベクトルの存在が，一見それ自体としては"静的で閉じた秩序"のように見える「コミュニティ」の存在を，相互補完的なかたちで支えているのではないだろうか。（広井 2009：25）

このような視点に立てば，特定の土地にとどまり「定住している」という現

第 6 章　人の移動から地域を問う

象のほうこそ，出たり，入ったり，あるいは多方向へ展開していく旅の一場面なのかもしれない（メルレル 2006）。移動の視点は，「定住」を前提に人々の営み，地域の歴史や文化を枠づけ，その枠に収まらないものをノイズとみなすようなまなざしに挑戦する。

**身体に刻まれる移動の痕跡**

　庄司興吉は，「時間的空間的に近接して生きる人々の，個性的核のズレを残しながら，いろいろな意味で相当程度まで重なり合った生活空間の集合」（庄司 1999：216）として地域社会を定義した。また，「拡張身体すなわちわれわれ一人ひとりの生活空間」（庄司 1999：217）とも述べている。いずれにしても，身体を欠いた地域は存在しないこと，また，地域を生きる実感のないところでは身体感覚の保持も困難なことを暗に示す定義である。

　「個性的核のズレ」を本章の文脈にそくして別様に表現すれば，人々の身体に刻み込まれた移動の痕跡の多様性・重層性ということであろう。メルレルは，「移動民が，その新たな場所での共生し互いを尊重するための適切な作法をもたずに，固有の居場所も，固有のイメージも，行動様式も確定しないまま，ひとつひとつの自らの選択の積み重ねによって，自らを新たな場所で再生していく道程，その時間と空間の総体こそが，一つのプロセスとしての移動である」（メルレル 2006：68）と述べる。だとすれば，ひとつの移動のプロセスを生きる者が，別様の移動のプロセスを生きる者と出会うことで，衝突し，対話を試み，共通の足場を新たに構築しようとするところに地域は現出するといえるのではないか。このような意味での地域は，町村敬志も述べるように，必ずしも地理的な領域を前提とするものとはならないはずである。

　　完結的な地域社会のなかに閉じこもるのではなく，多様なコミュニケーションや移動を通じて異なる「場所」を編み合わせていくなかで，人々の社会生活は具体的に展開する。このため，人々の身体を焦点に求心的な形で構成される「ローカルな領域」は，地理的観点から見ればしばしば「脱領域的」に構築されていく。その上で，多くの場合，人々の日常的な生活

圏を中心に「再領域化」されていく。この「脱領域化」と「再領域化」が，場所の生成を特徴づける。(町村 1999：171)

　移動は人々の身体に複数の地域性を重層的に織り込んでいく。そのようにして生成される複数の身体が〈いま-ここ〉で共に生きていくための共通の足場を構築していこうと互いに交わる過程を，地域の構築あるいは再構築の基本条件ととらえることは，「移動の時代」においてますます増大する地域の複合性や重合性をとらえる上で一定の有効性をもち得るのではないだろうか。

**分断する知から混交する知へ**
　では，移動の痕跡を異にする者どうしが共通の足場を構築していくために，何が必要であろうか。ここでは，「臨床の知」という考え方を手がかりにその可能性を探ってみたい。
　まずは，「臨床」という言葉の基本的な意味を確認しておこう。酒井朗は，英語でそれに相当するクリニカル（clinical）という形容詞を辞書で引くと，「診療所の，病床の」という意味の他に，「冷静な，客観的な」という意味が記されていることに注目している（酒井 2000）。一般に「臨床」という言葉は，「よりそう」という前者的な意味あいで理解されることが多いであろう。しかし，同時に後者の意味を合わせもつことにも，私たちは注意を向ける必要がある。
　早くから「臨床の知」を提唱していた中村雄二郎は，自らが提唱する「臨床の知」を，「臨床」という言葉のもつこのふたつの意味をふまえた上で構想していた。中村は，「近代科学の3つの原理，つまり〈普遍性〉と〈論理性〉と〈客観性〉が無視し排除した〈現実〉の側面を捉えなおす」（中村 1992：9）ために，「個々の場所や時間のなかで，対象の多義性を十分考慮に入れながら，それとの交流のなかで事象を捉える」（同書：9）ことの意義を主張する一方で，それを「方法として意識的に捉えなお」（同書：10）すことの重要性を指摘していた。すなわち，ただ「現場に根ざす」のみならず，そこから新たな知を立ち上げるための具体的な方法を鍛えあげることをも含めて，「臨床の知」を構想

していたといえるだろう。
　言い換えれば,「臨床の知」は,近代社会がさまざまな分断（国籍・性別・階級・年齢などによる分断,正常／異常,健常者／障碍者のような分断）を人々に強いることによって（すなわち,人々から互いに「つながる」可能性を奪うことによって）自らを存続させてきたことに対する根本的な批判であり,人々が豊かな「つながり」を奪い返すためのひとつの実践形式であるといえる。そして,適切な「つながり」を模索すべく,人々がどのような分断状況に置かれているのかを,抽象的にではなく,ひとつひとつの具体的な場のなかから把握していくことを重視する。
　このような知の立ち上げの過程において根幹をなすのが「聴く」という行為である。本章で述べてきたところにそくしていえば,自らとは別様に地域を生きてきた他者の声を聴くこと,それを通じて,自らの内にあって気づかずにいた異質性や移動性に向き合うことである。「聴くこと」の重要性について,メルッチは次のように語る。

　　われわれの誰もが自らの内にもうひとりの自分自身を抱いています。自分の識らない,異物や異端であるような,看過していたり,放置していたところの自分のかけらです。自らの内奥,見知らぬ自分,内なる異質性へとむかうということは,二重性,欠如,他者を識るということに他なりません。それゆえ,他者の声を聴くことの力があるということは,同時にもうひとりの自分の声を聴くことができるということであり,逆に,われわれの内なる声を聴くことができるということは,他者の声を聴きつつ,われわれ自身のことを聴くことを学んでいるのです。このように,自己と他者の声を聴くことは,ひとつの循環をなしています。他者の声を聴くことのできないものは自らの声を聴くこともできず,自らの声を聴くことのできぬものは他者の声を聴くことはありません。（メルッチ 2001：7）

　他者の声を聴くことを通して,人は自らの「内なる異質性」にようやく出会うことが可能になる。そのような気づきは,共に〈いま-ここ〉を生きる者で

あるにもかかわらず，認識の上でも行為の上でも互いに分断されてきた状況の相対化につながるだろう。先に挙げたふたつの「コンタクト・ゾーン」において見られた境界線の引き直しの実践は，外部から強いられた分断の現実に気づいた当事者が，分断されていたものに「つながり」をつけることにより，それまでにはなかった新たな関係性や新たな知を生み出す可能性を示してはいないだろうか。

「聴くこと」は新たな語りを生み出す上でも重要な意味をもつ。桜井厚は，「ストーリーが生み出されるには，それを受け入れてくれるコミュニティがなければならず，コミュニティそれ自体も，同時にストーリーの語りを通して構築される」(桜井 1998：408) と，ストーリーとコミュニティの抜き差しならぬ関係を指摘している。何かしらのコミュニティに参入するということは，そこで聴き手に出会うということである。聴き手がいるからこそ，そこに集う人々は，それまで個人として孤独に抱えていた問題を語り始めることが可能になる。そして，語り手が今度は別の語り手の聴き手になることによって，それまでつながりのなかった人々がつながり，また新しいコミュニティが形成されていく可能性も生まれる。

もちろん，語りが生まれる現場に居合わせる人々の背景や立場は多様である。そのため，そこで立ち上がる知は，多少なりとも権力関係をともなうズレや葛藤を含んだものとして形成されるだろう。人々がさまざまな動機や目的をもって集まり，活動が遂行されているのが現場というものである以上，それは当然のことといえる。

だが，立場とは固定したものではなく，可変的であることも忘れてはなるまい。ズレや葛藤に直面した人々は，抵抗や妥協，あるいは交渉という相互作用を繰り返しながら，「自分の欲望の充足とよりよい生き方を追求するために自らの位置取りを確保し」(田辺 2003：249)，自らの実践を組織し，変化させていく。と同時に，「非対称性が崩れる運動を内に含みつつ，既成の関係性は脱構築される」(増山 2002：27)。その意味で，そこはまさしく，自らの身体に深く刻み込まれている移動の痕跡を自覚し，移動の痕跡を異にする他者と共通の足場を構築するための方途を探る現場となるのである。

このような複合性や重合性を含んだ現場は，じつは本章でもいくつかの事例を示しながら見てきたように，「すでに手元にある，さまざまな声，表現，生活様式によって生成し続けている」（メルレル 2006：74）。だとすれば，そのようにゆっくりとではあるが確実に生成し続けている現場を具体的な事実や状況とあわせてしっかりと認識すること，それを通じて，そこに多様な姿をとって立ち現れようとしている新しい「つながり方」への想像力を鍛えていくことが，地域学を構想するにあたっては欠かすことのできない作業となるだろう。


**文献**

伊豫谷登士翁，2007，「方法としての移民——移動から場所をとらえる」伊豫谷登士翁編『移動から場所を問う——現代移民研究の課題』有信堂，3-23

岩本由輝，1994，「故郷・離郷・異郷」朝尾直弘ほか編『岩波講座日本通史第18巻　近代3』岩波書店，97-132

大友正克，1992，『明治・大正の農村』岩波書店

梶田孝道，1994，『外国人労働者と日本』日本放送出版協会

児島明，2004，「異化する知／つなぐ知としての『臨床の知』——ニューカマーが在籍する公立中学校でのフィールドワークから」『人間発達研究』2：11-25

―――，2006，『ニューカマーの子どもと学校文化——日系ブラジル人生徒の教育エスノグラフィー』勁草書房

―――，2008，「在日ブラジル人の若者の進路選択過程——学校からの離脱／就労への水路づけ」『和光大学現代人間学部紀要』1：55-72

酒井朗，2000，「いじめ問題と教師・生徒」苅谷剛彦・濱名陽子・木村涼子・酒井朗『教育の社会学——〈常識〉の問い方，見直し方』有斐閣アルマ，1-73

定松文，2008，「移民と言語——人は移動するという前提から言語と社会をとらえる」『ことばと社会』11：6-25

桜井厚，1998，「訳者あとがき」Plummer, K. 1995, *Telling Sexual Stories: Power, Change and Social Worlds*, Routledge. （＝1998，桜井厚・好井裕明・小林多寿子訳『セクシュアル・ストーリーの時代——語りのポリティクス』新曜社）

佐藤（粒来）香，2004，『社会移動の歴史社会学——生業／職業／学校』東洋館出版社

鈴木譲二，1992，『日本人出稼ぎ移民』平凡社

庄司興吉，1999，「日本市民社会と地域格差の問題——准中枢・中枢内周縁の個性構築」青井和夫・高橋徹・庄司興吉編『市民性の変容と地域・社会問題——21世紀

の市民社会と共同性：国際化と内面化』梓出版社，214-244
高橋幸春，1997，『日系人 その移民の歴史』三一新書
田中宏，1995，『在日外国人 新版──法の壁，心の溝』岩波新書
田辺繁治，2003，『生き方の人類学──実践とは何か』講談社現代新書
丹野清人，2005，「市場と地域社会の相克──社会問題の発生メカニズム」梶田孝道・丹野清人・樋口直人『顔の見えない定住化──日系ブラジル人と国家・市場・移民ネットワーク』名古屋大学出版会，240-258
粒来香・林拓也，2000，「地域移動から見た就学・就職移動」近藤博之編『日本の階層システム3　戦後日本の教育社会』東京大学出版会，57-76
成田龍一，1998，『「故郷」という物語──都市空間の歴史学』吉川弘文館
中村雄二郎，1992，『臨床の知とは何か』岩波新書
新原道信，2006，「いくつものもうひとつの地域社会へ」古城利明監修・新原道信ほか編『地域社会学講座第2巻　グローバリゼーション／ポスト・モダンと地域社会』東信堂，227-246
樋口直人，2005，「共生から統合へ──権利保障と移民コミュニティの相互強化に向けて」梶田孝道・丹野清人・樋口直人『顔の見えない定住化──日系ブラジル人と国家・市場・移民ネットワーク』名古屋大学出版会，285-305
広井良典，2009，『コミュニティを問い直す──つながり・都市・日本社会の未来』ちくま新書
増山真緒子，2002，「臨床教育学の可能性──ワークショップ『排除と差別への気づき』を中心として」『教育学研究』69（4）：24-33
町村敬志，1999，「グローバル化と都市──なぜイラン人は『たまり場』を作ったのか」奥田道大編『講座社会学4　都市』東京大学出版会，159-211
─────，2007，「エスニシティと境界」長谷川公一ほか『社会学』有斐閣，413-444
松宮朝，2006，「ブラジル人集住都市における日本人住民の意識（2）──愛知県西尾市ブラジル人住民集住地域における町内会・自治会役員の語りから」『社会福祉研究』8：49-58
─────，2008，「外国人労働者はどのようにして『地域住民』になったのか？」鶴本花織・西山哲郎・松宮朝編『トヨティズムを生きる──名古屋発カルテュラル・スタディーズ』せりか書房，52-62
メルッチ，A., 2001，「聴くことの社会学」（新原道信訳）『地域社会学会年報　市民と地域──自己決定・協働，その主体』13：1-14
メルレル，A., 2006，「世界の移動と定住の諸過程──移動の複合性・重層性からみたヨーロッパの社会的空間の再構成」（新原道信訳）古城利明監修・新原道信ほか編『地域社会学講座第2巻　グローバリゼーション／ポスト・モダンと地域社

会』東信堂，63-80
山之内靖，2004，『受苦者のまなざし――初期マルクス再興』青土社
若林幹夫，2007，『郊外の社会学――現代を生きる形』ちくま新書
Kaplan, C., 1996, *Questions of Travel : Postmodern Discourses of Displacement*, Durham : Duke University Press. (＝2003，村山淳彦訳『移動の時代――旅からディアスポラへ』未来社)
Pratt, M. L., 1992, *Imperial Eyes : Travel Writing and Transculturation*, London : Routledge.
Young, J., 1999, *The Exclusive Society : Social Exclusion, Crime and Difference in Late Modernity*, Sage. (＝2007，青木秀男ほか訳『排除型社会――後期近代における犯罪・雇用・差異』洛北出版)

## Column

「演劇」による「地域力」の涵養
——ボランティアがつくる「八雲国際演劇祭」での取り組み

園山土筆

　「演劇」は，人と人とのコミュニケーションをさまざまな形で具現して「人間の生きる姿を描く芸術」であり，「社会的な判断力を育成する媒体」として義務教育に取り入れている国もある。だが残念なことに，日本ではそのように理解されてはいない。

　わたしの仕事は，「演劇」が多くの人に楽しまれるだけでなく，「演劇の力」によって，感性，想像力，創造性が暮らしのなかで活かされ，さらには物事の本質を見抜く「洞察力（インサイト）」が涵養されていく地域をつくることだ。1999年から3年に1度開催している「八雲国際演劇祭」には，その目的が内包されている。

　国際的な催事開催の絶対条件は，潤沢な予算，交通の利便性，会場・宿泊・食事などの施設，外国語スタッフ，観光・文化資源，ホスピタリティの6つだといわれているが，松江市南部の山里である八雲では，これらを満たすことはできない。

　その足りない部分を，企画段階から参加する住民ボランティアが知恵と工夫で補って準備する。東奔西走してファンドレイジングに汗を流す。こんな田舎にようこそと国内外からの観客と演劇人を歓迎する。食堂が1軒もないところに100席の臨時レストランを作って宗教やアレルギー対応の料理を提供する。言葉が通じなくても身振り手ぶりで気持ちが通じたときの喜びを味わう。地域の祭事に招いて日本の生活文化を伝える。ホームスティで受け入れたゲストがコンテスト受賞する。そして，「こんな人の少ない田舎で，こんなハイレベルな演劇祭があるとは」と驚嘆する参加者の声を聞く。

　こういった演劇祭の継続で，400人のボランティアは自ら気づいていく。準備に徹するだけでなく，やはり演劇も観なければと。そして，原語上演でもクオリティが高ければ感動することを知る。海外作品の独創的で多様な表現に出会って大きな刺激を受ける。こうした11年間の体験が人々の暮らしを確実に変えてきた。

　この演劇祭は，「住民」「行政」「劇団」から参加したボランティアが，話し合いを惜しまず，準備のプロセスを大切にして開催する。終了後は，丁寧な振り返りによって改善案をつくり，次回のプランを練りあげていく。マンネリに陥らない仕組みづくりだ。

　「八雲国際演劇祭」は，地域経済を潤すようなフェスティバルではないが，こういった地中に太い根を張った催事を継続していけば，やがては「地域力」という大樹が育っていくだろう（図終-10）。

| 第7章 | 地形から地域を読む |

矢野孝雄

　大地は，地域の自然と社会を支える土台であり，悠久の歴史の舞台でもある。広大な大陸にくらべて島国の日本では，陸が途切れる海岸線と複雑な大地の起伏が地域の自然や人々の暮らし，そして地域の歴史により深く関わってきたと考えられる。

　ところが，このような事象はあまり意識されてこなかった。一因は，こうした考えが，細分化された学問分野の境界領域に位置することにある。時代の転換期には国や地域のありかたが改めて問われ，新たな可能性を探るためにさまざまなことがらを省みることが課題になる。これまで見過されてきた地形と地域との関係性も，そのような課題のひとつである。本章では，日本列島の地形と日本の近代化との関係について，海運や港湾に着目して考える。

## 1　日本列島の地形

　日本列島の複雑で変化にとむ地形のうち，日本の近代化に関わりをもついくつかの特徴を，まず概観しておこう（図7-1）。

### 最大級の弧状列島

　西太平洋の縁に弓なりにつらなる島々は，弧状列島，島弧，あるいは弧とよばれる（図7-1-A）。多くの島は，狭長な海底隆起帯の頂やその上に噴出した火山が海面上に突出したもので，日本でいうと千島弧，伊豆-小笠原弧，琉球弧が典型的な弧状列島である。ところが，北海道・本州・四国・九州の4島か

らなる本州弧は隆起が著しく，世界のなかでも最大級の面積をもつ例外的な弧状列島である。著しく隆起した原因はよくわかっていないが，全世界の地震・火山エネルギーのうち，じつに10％が日本で放出されていることからすると，地球内部のエネルギーが日本に，特に本州弧へ集中的に注入されていることに起因するのかもしれない。

　一般に，弧状列島の島々はその大半を山地に占められていて，平地は極端に少ない。日本列島も山地・丘陵地が陸地面積の73％を占め，特に本州中央部には海抜2,000〜3,000 m級の中部山岳地帯がある（図7-1-B）。平地は比較的小規模な海岸平野と内陸盆地にかぎられる。関東平野（1万7,000 km$^2$）が最大で，石狩（3,800 km$^2$），大阪（1,900 km$^2$），および濃尾（1,800 km$^2$）の各平野がこれに次ぎ，その他多くの小規模な平野や盆地が各地に点在する。

### 日本列島中央分水嶺

　日本列島の複雑な地形を最も単純化して表現すると，「かまぼこ」にたとえられよう。「かまぼこ」とちがうところは，弓なりに湾曲して太平洋へ弧状に突出している点である。「かまぼこ」の最も高くなったところは，日本を太平洋側と日本海側に二分する分水嶺になっていて，日本列島中央分水嶺（日本山岳会 2007：図7-1-B）と呼ばれる。

　この中央分水嶺に隔てられた太平洋側と日本海側のちがいが最も鮮明になるのは，冬期である。山陰以東の日本海側にはたくさんの雪が降る一方，太平洋側では乾燥した晴天がつづく。これは，次のようなしくみによる。①シベリア高気圧からふきだす低温で乾燥した季節風が，対馬暖流が流入する日本海の上をふきぬける間に厖大な水蒸気を含んで雪雲をつくる。②雪雲は中央分水嶺にぶつかって強制的に上昇させられ，上空で気温が低下して雪を降らせる。③雪を降らせた季節風は，中央分水嶺を越えると「からっ風」になって太平洋側へふきおろし，乾燥した快晴をもたらす。

　冬の日本海は，海水から水蒸気として真水を分離・供給する天然の淡水製造工場である。同時に，対馬暖流がはこんできた熱を，蒸発にともなう気化熱として北西の季節風に供給して，日本の冬の寒さを和らげてくれる巨大な温水暖

第 7 章　地形から地域を読む

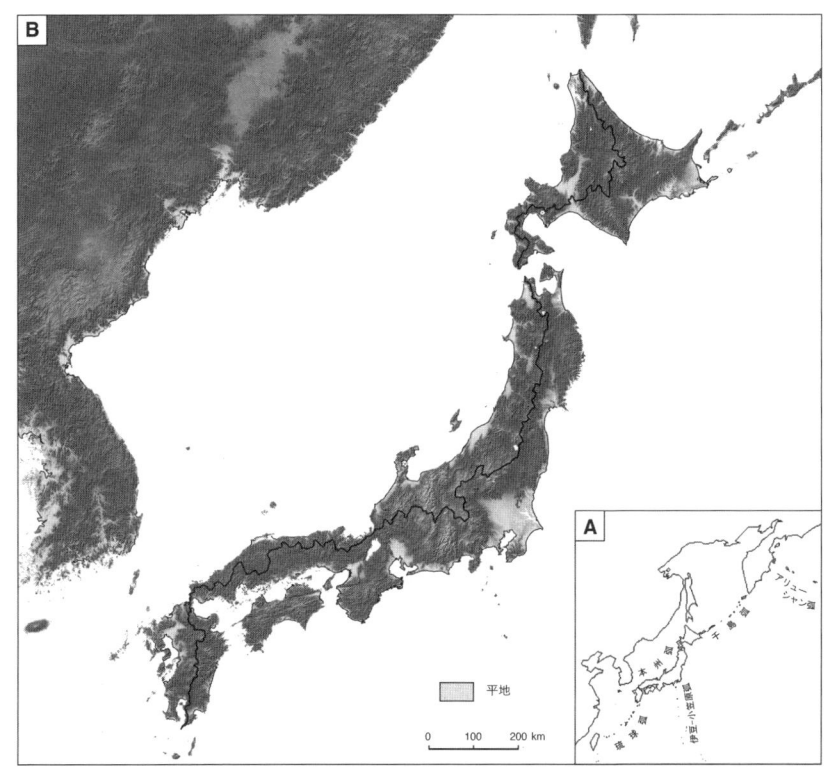

**図7-1　北西太平洋の弧状列島［A］と日本列島の地形［B］**
注：太実線は日本列島中央分水嶺（日本山岳会，2007を一部修正），地形起伏：EROS（1996）から作成．

房機でもある．

　海の幅が最も広くなる日本海のなかほどで最も多量の雪雲ができ，それが最も高く隆起した中部山岳にぶつかるために，北陸地方では特に大量の雪が降る．日本海側は，温帯にありながら人の居住域としては世界有数の豪雪地帯なのである．

**海岸線**

　本州弧では，幅200 km ほどの陸地が長さ2,000 km にわたって連続する．海岸線の全長はおよそ3万km に達し，地球一周（4万km）に近い．長い海岸線

は本州弧のきわだった特徴であり，千島・伊豆－小笠原・琉球弧のように小さな島々がとびとびに連なる普通の弧状列島とは大きく異なる（図7-1-A）。

　本州弧のなかで陸地がとぎれて日本海と太平洋がつながるのは，津軽海峡と，関門海峡・豊後水道・紀伊水道を経由する瀬戸内海に限られる。そのほか，若狭湾─琵琶湖─渥美湾をむすぶ地帯は，本州の「くびれ」になっていて，陸地の幅も高さも小さい。冬期に東海道新幹線が関ヶ原付近でしばしば遅れるのは，路線がこの「くびれ」を利用して中央分水嶺寄りを通っていて，低い中央分水嶺（図7-1-B）を越えた雪雲が関ヶ原付近を通って濃尾平野へ流れ出すからである。

　本州弧が「かまぼこ」型であるため，両側の海岸線は弓なりに湾曲しながらもほぼ平行していて，本州弧の幅はどこでも200 km前後に保たれている（図7-1-B）。ただし北海道は，サハリンから南下する隆起帯が日高山脈へつづき，襟裳岬と宗谷岬が突出するために，東へ向かって泳ぐマンタに似た四角形の概形を示す。本州の日本海側では，島根・能登・男鹿半島の突出部や若狭湾・富山湾の湾入部を除くと，海岸線は凹凸に乏しく，比較的平滑である。太平洋側では，銚子以西に半島と湾や水道（陸地にはさまれた狭い海域，海峡や瀬戸とも呼ばれる）が交互に並んでいて，海岸線の凹凸が大きい。特に東京湾，伊勢湾および大阪湾は陸地に深く入り込む内湾で，平均水深は15～27 mと浅い。それぞれ，背後の関東平野，濃尾平野および大阪平野と一体化していて，これら3組の内湾と平野が，それぞれ同一の原因によって形成されたことを示す。

　ところで大西洋，インド洋，東部太平洋などには，長い波長の「うねり」がやってくる。海岸に近づいて海底の抵抗をうけるようになると波長が短縮されて背の高い「巻き波」になり，波の中空にできたパイプをサーファーたちがくぐり抜ける。このような大きな「うねり」は，南緯40°～60°の暴風圏にあってつねに大荒れになっている南極海で発生し，世界中の大洋に伝わる。ところが，ハワイまでは届いても，オーストラリア大陸の陰になる東アジアへ到達することはなく，そのため日本近海では「巻き波」は生じない。日本の沿岸では，巨大な波浪は台風シーズンと冬期に集中する。本州弧という巨大な防波堤に抱かれた日本海の春から秋は波静かで，海面が鏡のようになることも多い。瀬戸内

海や3つの大きな内湾は，浅くて湾口が狭いためにいっそう穏やかで，台風時や冬期でも大波に翻弄されることは少ない。

## 2　海運・港湾から見た日本の近代化

周囲を海にかこまれた日本では，人の渡来をはじめ，古くから船が交通・輸送手段として用いられてきた。港は船舶が安全に停泊できる場所で，自然地形や人工構造物によって船舶が波浪や水流から護られる（池田 2004）。港湾の機能は，生産と技術の発展にともなって漁港，商業港，工業港などとして拡大・多様化をつづけてきた。

明治以前の日本の港湾は，海陸交通をむすぶ輸送拠点であった。明治以降の近代港湾は工業地としての機能を加え，戦後になると大都市圏の港湾を中心に多様で広範な外部効果を備えるインフラストラクチャーに変貌した（竹内 1989）。

**古代の海上交通**

古代は，日本の国家形成が行われた時代である。7～8世紀の律令・荘園の時代には畿内から瀬戸内海を通じて朝鮮半島や中国大陸との外交のための航路がひらかれ，中世末～戦国期になると対外貿易で賑わった。

国内では行政区と主要道路が海岸線に沿って，そして，唯一内陸部を占める東山道と主要道路は盆地や河谷をつらねて，畿内から"放射状"に区画・整備された（図7-2）。このような行政区区分や道路整備には，律令国家としての政策的背景とともに，日本の弧状列島としての地形特性が色濃く反映されている。

朝廷や荘園領主への貢納物の運送には陸路のほか瀬戸内海を通る幹線航路や，琵琶湖から山陰・北陸へ向かう舟運も利用された。この北方ルートは，若狭湾―渥美湾をむすぶ本州弧の「くびれ」（図7-1-B）を巧みに利用し，畿内から琵琶湖を通って，湖北の低い諸峠（海抜290～390m）で中央分水嶺を越えた。畿内から伊勢道をへて，伊勢－三河－駿河－相模－安房をむすぶ東方航路もし

第Ⅱ部　地域をとらえる

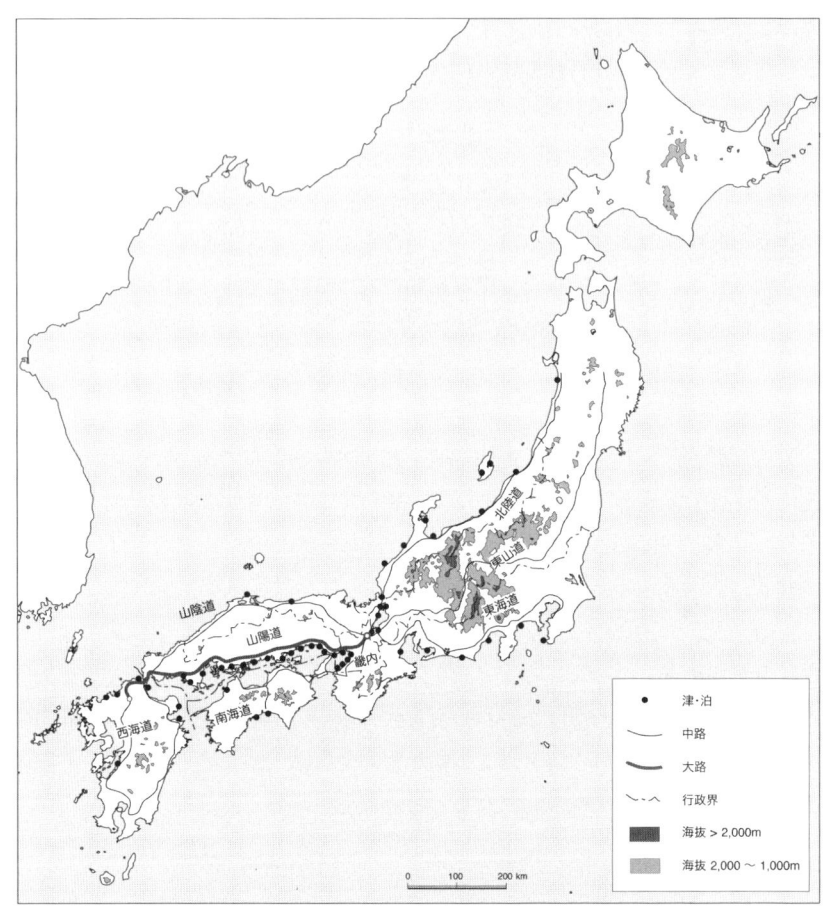

図7-2　古代の道路と港湾
出所:竹内(1989)に陸路・行政界・高度分布を加筆。

だいに整備された。古代の津・泊の分布（図7-2）は，陸上交通と同様に水上交通も畿内から瀬戸内を幹線として各方面へ"放射状"にひらかれたことを示す。

### 近世の海運

江戸期には，幕藩体制のもと，地方はそれぞれ独立性の高い経済圏・文化圏

にわかれていた。幕府や藩は，領内で生産された大量の年貢米を京・大坂・江戸へ廻送し，大都市の消費者に商品として販売して財源にすることが必要であった。同時に，室町期に発達し始めた地方経済が江戸期の鎖国後も成長をつづけ，米以外の商品生産が拡大したため，地方相互の連絡航路の需要が高まっていった。

近世海運の特徴は，古代の"放射状"航路とはちがって，本州弧の数万kmに達する長大な海岸線をぐるりとめぐる沿岸航路ネットワークが形成されたことにある（図7-3）。年貢米の廻送をはじめ，大量の物資を長距離輸送するには，陸路よりも海路がはるかに効率的である。しかも明治期になって鉄道網の骨格が形成されるまでは船舶が唯一の大量輸送手段であったため，物流のメインルートは陸ではなく海にあった。河川舟運の集散地となる大河川の河口を中心に，各藩やその商人の手で地方港がしだいに整備された。

本州をめぐる航路の本格的な整備は，幕命をうけた江戸商人河村瑞賢に始まる。海況や市況の綿密な調査に基づいて，船舶・運航法・航行標識・寄港地での物資補給などの制度を整え，寛文11（1671）年には東廻り，翌12（1672）年には西廻りの航路が整備された。その後，都市圏の拡大にともなって，米をはじめとする農林水産物とその加工品，紡織・製塩・製鉄などの手工業製品が「天下の台所」大坂に集積し，問屋によって商品化され，大坂・京都・江戸の大消費地をはじめ，各地へ廻送されるようになった。

東廻り航路の原型は，江戸初期に見られる。東北地方の太平洋岸から那珂湊・銚子までの海運と利根川・江戸川の舟運を利用して江戸に達する輸送路ができ，河村瑞賢による整備もあって，房総半島を迂回して江戸に直行する廻船もあらわれ，北へは津軽海峡を経て日本海沿岸まで航路が延びた。

大坂と江戸をむすぶ上方-江戸航路は近世海運の大動脈であり，廻船問屋の雇船が定期運行していた。就航した船舶は「菱垣廻船」と呼ばれ，米・綿・油・醤油・酒・炭・塩・木材・畳表など多種類の積み荷の運送料を収益とする「賃積」船であった（渡辺 2002）。菱垣廻船という名称は，積荷の転落防止のために舷側に設けられた竹や木の菱形の垣に因むとされるが，実際には海運問屋組合の商標として舷側にあしらわれた菱組の格子模様に由来する（石井

第Ⅱ部　地域をとらえる

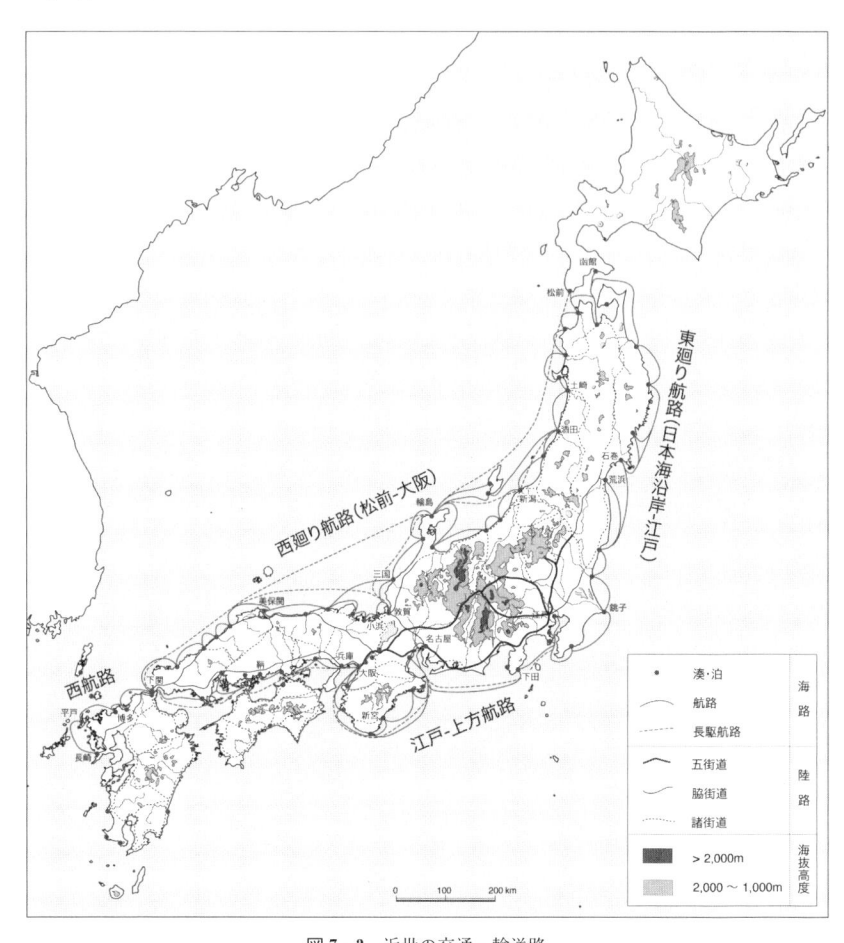

図 7‑3　近世の交通・輸送路
出所：竹内（1989）石井（1995）などから編図，陸路・高度分布を加筆。

1995)。近世後期に酒樽専用船として就航した「樽廻船」は荷役などの迅速性に勝り，酒樽以外の荷種も積載するようになって，やがて菱垣廻船を圧倒する。

　一方日本海側には，北海道から日本海沿岸を通り瀬戸内海経由で大坂に至る沿岸航路が発達し，内陸への河川舟運が集散する沿岸各港を「北前船」が繋いでいた。北前船は「弁財船」あるいは「弁才船」と呼ばれる瀬戸内海で開発された船形を改良した堅牢な船体とすぐれた帆走能力をもつ（石井 1995）。北前

第 7 章　地形から地域を読む

図 7-4　兵庫県浜坂港観音山の石仏［A］と寄進先［B・C］

船は時代とともに大型化し，航海技術も進歩したため，大量の荷物を積み込んで，長距離でもほとんど寄港することなく航行できるようになった（加藤・鎧 2002）。北前船は，大坂 – 江戸航路の「賃積」とはちがって，雑多な貨物を積載して寄港地で売買を行う「買積」船であった。船主たちは商品をそれぞれの産地で安値で購入し，消費地で高値で売りさばいて巨利をえた。投機性が高く，2 往復の航海で新造船が減価償却されることもあれば，難破によって資産のすべてが失われることもあった。下り船は，日本海の冬期波浪が凪ぐのを見越して春に大坂から酒・紙・たばこ・木綿・砂糖・古着などを積載して出帆し，日本海側の寄港地で購入した米を主力商品として，5 月下旬には蝦夷地に到着した。上り船は，魚肥（魚油をしぼったニシン粕，干鰯など）を主とする海産物を買いつけ，途中の寄港地でも売買をしながら，11 月には大坂へ帰港する（渡辺 2002）。魚肥は，西日本でさかんに栽培されていた穀類や商品作物（綿・菜種・藍など）に必須の肥料として大量の需要があった。寄港地に一隻の北前船が入港すると，艀（はしけ）による荷役・倉庫の貸借・問屋による売買・船体や帆の修理・補給と休養などによって，碇泊中の数日間にわたって港が賑わった（竹内 1989）。兵庫県北西部の浜坂港には観音山（かんのんさん）とよばれる日和山（ひよりやま）（天候や入出港を観

159

第Ⅱ部　地域をとらえる

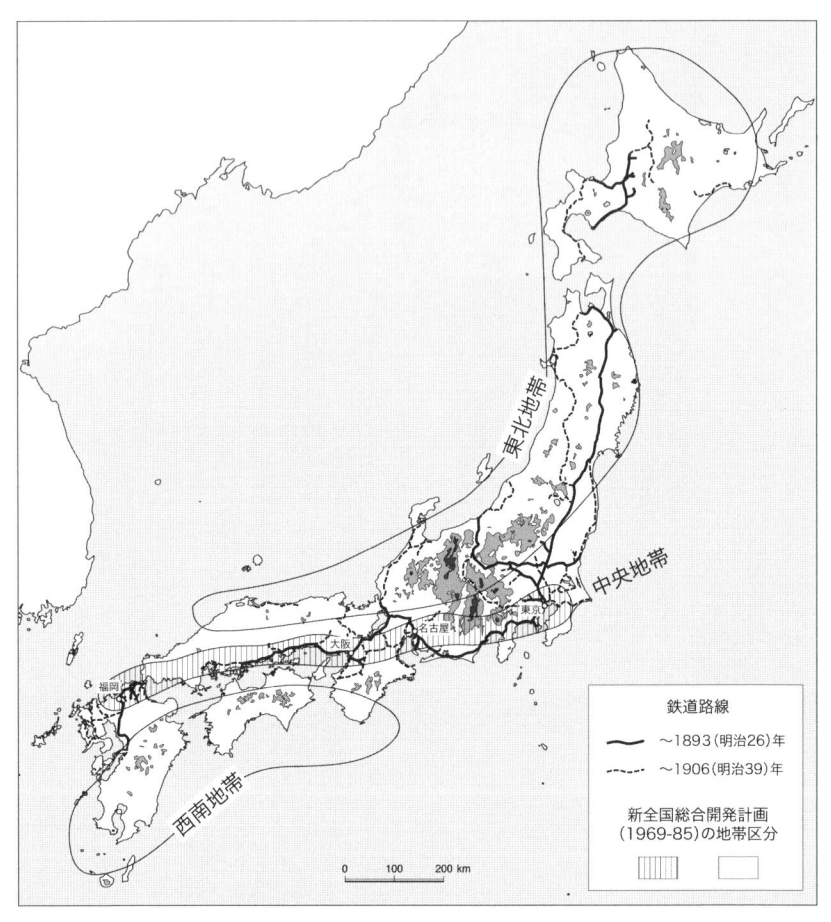

**図7-5**　明治39年までの鉄道敷設と新全国総合開発計画の地帯区分
出所：古厩（1997）から編図，高度分布を加筆。

るための山）があり，航海の安全を祈願した石仏には，寄進先の近畿や瀬戸内の著名な寺院の名がきざまれていて，往時が偲ばれる（図7-4）。

　上方‐江戸航路では，近世も後半をすぎると輸送量が減少する。これには，関東地方での農業生産力の増大にともなう大坂経済への依存度の縮小（竹内 1989）のほか，明治初期における東海道線（図7-5）や定期汽船便の整備も関わっていた。一方北前船は，明治期の北海道開拓にともなう海運需要のほか，

日本海側の鉄道整備の遅れも手伝って，なおも物流の幹線でありつづけた。その巨利は，当時次々に創設された銀行・電力・水産・倉庫・学校などにも投資されたが，やがて西洋式大型船舶におされて1892年（明治25）頃を境に北前船は急速に衰退する。

### 近代港湾の建設

　日本列島を裏と表と見る格差意識は，近代以前には存在しなかった。古厩忠夫は，こうした"裏日本"という格差意識の成立過程をおおよそ次のように分析している（古厩 1997）。

　1876年（明治9）の都市人口は，金沢が東京・大阪・京都・名古屋に次いで全国第5位であり，北陸・山陰の6つの県庁所在地の人口もすべて30位内と，日本の人口分布は意外なほどに均衡のとれたものであった。北陸・山陰を中心とする地帯が，社会的格差をあらわす概念として"裏日本"と呼ばれるようになったのは1900年（明治33）頃からである。その実態が形成され始めるのは，手工業にかわって機械制工業が本格的に発展し始める1890年（明治23）以降の"産業革命期"であり，その出発点になったのは社会資本形成の初期段階での格差であった。富国強兵・殖産興業を目標にかかげ，資本が産業種のみならず地域的にも傾斜投入された。それを象徴するのが鉄道の敷設で，1893年（明治26）には太平洋側を青森から広島県三原まで貫通したのに対し，日本海側では敦賀から「くびれ」をとおって近畿・東海圏へ，直江津からは山間盆地をつらねて関東圏へ接続されたにすぎない（図7-5）。その後，日清・日露戦争時の軍需もあって，敷設距離は1903年（明治39）までに大きく伸延したが，偏在性にかわりはなかった。

　"表"と"裏"の格差が決定的になったのは，戦後復興～高度経済成長期である。明治期と同様に公共投資が傾斜投入され，産業種のみならず地域にも傾斜投入が適用されたため，カネ・ヒト・モノのすさまじい集中の結果，中央と周辺の分化が加速度的にすすんだ。こうして，日本経済が急速に拡大する一方，過密・環境劣化と過疎・高齢化が，幅わずか200 kmほどの日本列島のなかで背中合わせに同居する極端な分極化が進行した。"裏日本"は，冬期の多雪・

豪雪に起因するものではなく、最近100年あまりの政策によってつくられたものである。

古厩（1997）によって以上のように分析された分極化の原動力のひとつは、近代港湾の建設であった。1890年代の産業革命に始まる工業化にともなって加工貿易が拡大し、増大する大型船による輸出入をまかなうために港湾の整備が急務になった。明治政府は、近代化の一環としてオランダやイギリスから外国人技師を招いて1878年（明治11）には日本各地で港湾整備に着手し、明治期中頃になると日本人技術者の活躍がめだつようになった。明治期に日本初の臨海工業地帯をつくったのは浅野総一郎という人物で、大正期〜戦後には鈴木雅次という人物が日本型港湾開発を政策化した。その経緯を、竹内良夫はおよそ次のように紹介している（竹内 1989）。

浅野総一郎は、浅野財閥（浅野セメント・日本鋼管をはじめとする企業グループ）を一代で築き上げた実業家である。1896〜1897年（明治29〜30）の欧米視察の際に、機械化された近代港湾や広大な埋立工業用地を見学し、岸壁に大型船が着岸し、ベルトコンベアやパイプラインによって短時間で陸揚げ・貨車積載が行われる様子をつぶさに観察した。当時、国内で近代化の先端にあった横浜港でさえ、沖合に碇泊した大型船から櫓漕ぎの艀で荷役を行っていた。帰国後、浅野は神奈川〜東京の海岸を自ら調査し、航路浚渫土砂で護岸の内側を埋め立てて工場用地を建設するという、港湾と工場を一体化した工業地帯を構想した。1904年（明治37）には埋立許可申請を提出し、1912年（明治45）に鶴見埋立組合を設立した。こうして建設された初の臨海工業地帯が、横浜〜川崎間に見られる明治・大正期の埋立地（図7-6A）の東側部分であり、これが京浜工業地帯の原型となった。

他方、鈴木雅次は1920年（大正9）に内務省技師として欧米へ研究出張し、内陸部に資源産地をもつ外国では運河が重要な役割をはたしていることを見聞し、資源を海外に頼らざるをえない日本では、長い海岸線に港湾を配置して四周の海洋を資源や製品の輸送路として活用すべきことを、帰国してから国に報告した。地方への分散的港湾建設と港湾を核にした地域振興を一貫して主張し、戦後は大学に転じて日本の港湾政策の理論的基礎を築いた。鈴木の考えから骨

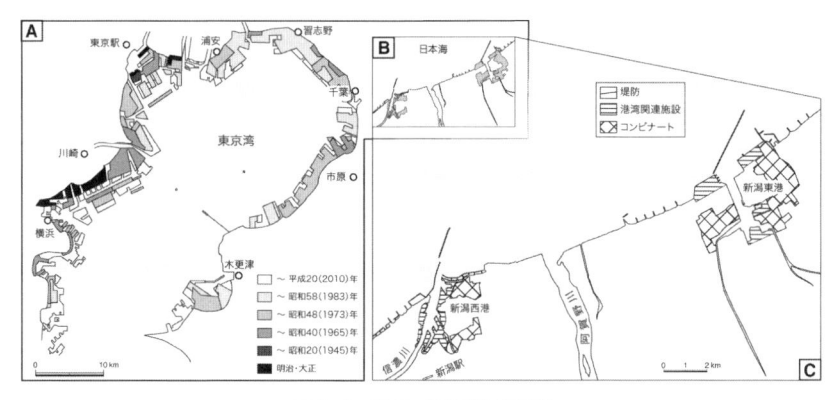

図 7‐6　東京‐横浜港と新潟港

注：A：東京湾臨海工業地帯の埋立史（竹内，1989から編図），B：新潟港とコンビナート（Aと同一縮尺），
　　C：同拡大図。

子がつくられ，1950年（昭和25）に制定された港湾法は，地域の発展に貢献することを目的に地方公共団体が公共財として港湾を建設・管理・運営することを旨としていて，「日本型港湾開発」の枠組みとなった。欧米では港湾事業はひとつの産業とみなされ，経営体（ポートオーソリティ）によって独立採算で建設・運営される場合が多いのに対し，日本では公共事業として位置づけられたのである。

　日本は昭和20年代に戦後復興をとげ，昭和30年代には高度経済成長・重化学工業化の段階を迎えた。1960年（昭和35）の「国民所得倍増計画」では集積性が重視され，戦前からの四大工業地帯を結ぶ中央地帯（図7‐5）を中心に公共投資が傾斜投入され，"表"と"裏"の格差が決定的になった。日本の五大港湾——東京，横浜，名古屋，大阪，神戸——は，いずれも，東京湾，渥美湾および大阪湾という大規模な内湾に立地する。そこでは，浅い内湾を浚渫して大型船の入港を可能にし，同時に，浚渫した土砂を隣接する工業用地の埋め立てに利用して，大型船が接岸できる専用埠頭をもつ広大な工場用地が造成されてきた（図7‐6‐A）。長い海岸線に港湾と工場を配置した臨海工業地帯には，鉄鋼・石油精製・化学などの大規模なコンビナートが建設された。五大港湾は，1998年（平成10）の金額ベース合計で全国輸入量の60.9％，輸出量の71.1％を

占め（佐藤ほか 2003），現在も輸出入の中枢的地位にある．

　平地が少ない日本にとって，敗戦の荒廃のなかから産業を興し，経済を復興させるために残された唯一の資源は，臨海部がもつポテンシャルであったという（竹内 1989）．内湾の臨海工業地帯は，世界中の原料供給地や市場とむすばれ，大型船を工場岸壁に横づけできるために荷役が速やかで，背後の平野に展開している大都市圏や陸上交通との一体化がはかられるなど，多くのメリットをもつ．こうして効率化された生産は日本の工業製品に大きな国際競争力をもたらし，高度経済成長に主導的役割をはたした（池田 2004）．

　これらの社会経済的条件に加えて，臨海工業地帯がおおきく発展した要因は，静穏で浅い内湾という恵まれた自然的条件にあった（竹内 1989）．東京湾に対置される日本海側最大の新潟港（図7-6-C）は，東西ふたつの港湾からなり，新潟西港は冬の荒波をさけて信濃川の河口部につくられた長い歴史をもつ旧港で，新潟東港は砂丘を開削した掘込港湾として1969年に開港した新港である．同一縮尺で比べてみると（図7-6-B），臨海工業地帯の立地という点では，巨大な内湾である東京湾がはるかに有利であることが容易に理解される．

　本州弧中央部には，太平洋側に3つの大きな内湾——大阪湾・伊勢湾・東京湾——が存在する．これらの内湾の長い海岸線には，それぞれ巨大な臨海工業地帯が展開し，太平洋ベルト地帯の中核部として日本の近代化に大きく関わってきた．次節では時間を700万年前まで遡って，これらの巨大内湾の形成プロセスを，日本列島のおいたちをたどりながら解明する．

## 3　日本列島のおいたちと臨海工業地帯

　日本列島は地殻変動が顕著な変動帯に属し，地殻が安定した大陸とはちがって，地震・火山活動や隆起・沈降運動が活発である．とはいっても，その運動はきわめてゆっくりしていて，地震や火山活動にともなう地形変化を除くと，わたしたちには「不動如山（動かざること山の如し）」と印象される．人類が地球上に誕生したのはおよそ700万年前のことで，これまでの最古の人類化石は中央アフリカのチャド共和国で発見された *Sahelanthropus tchadensis* である．

第7章　地形から地域を読む

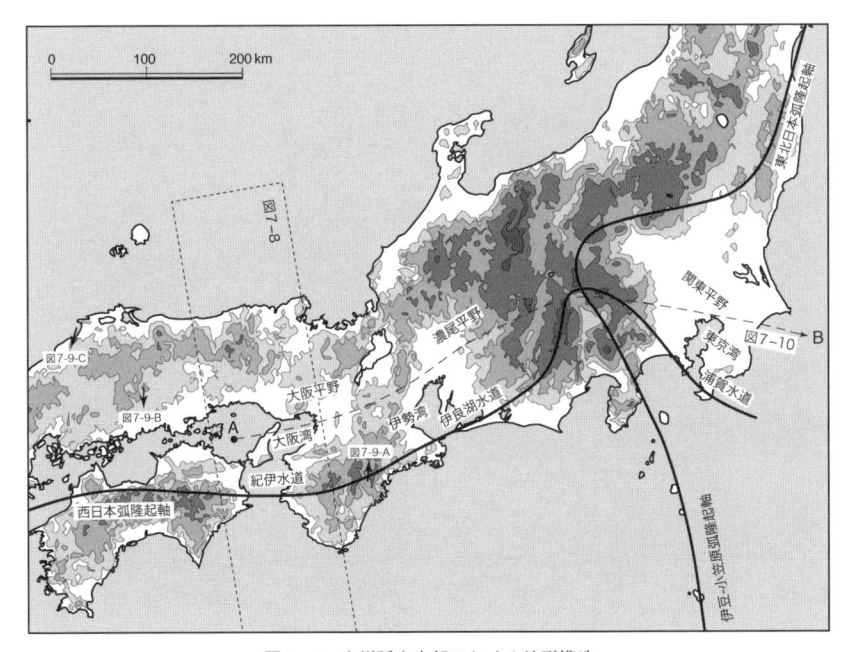

図7-7　本州弧中央部における地形構造
出所：Yano and Kubota（2002）を改変。

人類の歴史に匹敵する700万年という時間で見ると，日本列島の姿は驚くほど変容していて，大規模な内湾もその過程で形成されたことがわかる。

**大規模内湾の地形的規則性**

　改めて3つの内湾の地形をながめてみると，ひとつの規則性に気づく。それは，内湾の陸側には大きな平野があり，海側には水道が存在することである（図7-7）。すなわち，大阪湾の場合には陸側に大阪平野が，海側に紀伊水道がある。伊勢湾の場合には陸側に濃尾平野，海側に伊良湖水道があり，東京湾の場合には関東平野と浦賀水道がそれらにあたる。つまり，三大内湾は平野・内湾・水道の3点セットのひとつとして存在しているのである。

　同じ日本の湾でも，太平洋側の駿河湾・相模湾，日本海側の若狭湾・富山湾は水深が深く，湾口も外海に開いている（図7-1-B）。これらの湾と比べてみ

ると，大阪湾・伊勢湾・東京湾が，湾口が狭くて水深の浅い「内湾」であることがよくわかる。内湾に共通する地形的規則性を念頭において，次に日本列島のおいたちをたどってみよう。

### 日本列島のおいたち

　図7-8は日本列島の形成史の復元モデルで，鉛直方向が約6倍に強調されている。モデル化したのは図7-7に示す範囲で，山陰地方の地形を特徴づける大山火山と島根半島があわせて描かれている。

　日本列島は「かまぼこ」型の隆起帯の海面上の部分にあたり，隆起帯の太平洋側の縁は海溝になっている（図7-8-4）。断層によって多くのブロックに分割されているが，隆起軸は四国山地〜紀伊山地にあり，そこには海抜1,500mを超える山々が連なる。隆起軸の位置が太平洋側に偏っているため，「かまぼこ」はいくぶん非対称になっている。紀伊-四国山地と中国山地の間は断層によって落ちこんで，瀬戸内海や大阪平野ができている。山陰沖の隠岐トラフには厚さ4,000mに達する地層が「くさび」状に堆積していて，隠岐トラフが隠岐海嶺南縁の断層を境に北へ傾きながら沈降したことを示す。

　時間を遡ると「かまぼこ」の高さがしだいに低くなり，およそ700万年前の日本列島は海面近くの高さにひろがる広大な平原として描かれている（図7-8-1）。このような平原は，河川が山々を海面近くまで浸食し尽くしてできたもので，準平原とよばれる。準平原が地殻変動によって隆起すると，隆起準平原になる。四国-紀伊山地や中国山地をはじめ日本の山地には，隆起準平原が各地に見られ（図7-9），かつての日本列島が準平原であったことを証拠づける。

　地質学では，幅が数百kmの「かまぼこ」型の隆起帯は「アーチ」と呼ばれる。準平原を断面で見ると直線であるが，アーチが形成されると断面が曲線になるため，引き延ばされて断層ができる。人類がアフリカに誕生した700万年前の日本列島は準平原の状態にあり，その後，アーチ状に隆起するにつれて，断層によってブロック化して今日の日本列島ができあがったのである。

第 7 章　地形から地域を読む

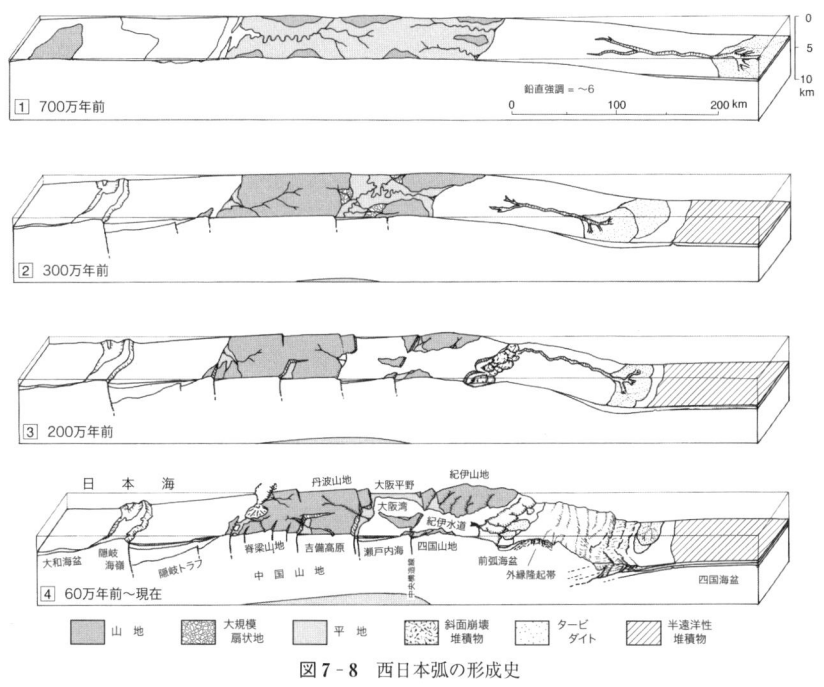

図7-8　西日本弧の形成史

注：断面位置：図7-7参照。
出所：矢野（1995）

## 内湾の形成プロセス

　では，日本列島の形成史のなかで，3つの内湾はどのようにしてできたのであろうか。この問題には，前述した内湾に共通する地形的規則性が手がかりになる。

　大阪・伊勢・東京湾の湾口部には，それぞれ紀伊・伊良湖・浦賀水道があって，外海から内湾を隔てている。四国 - 紀伊山地を通る西日本弧の隆起軸は，渥美半島から大きく北へ湾曲して赤石山地・関東山地を通り，三浦半島・房総半島に延びている（図7-7）。この隆起軸が3大内湾の太平洋側を通過しているために，そこでは海域が狭まって水道になったわけである。

　西日本弧の隆起軸とは別に，南北方向の伊豆 - 小笠原弧と北東方向の東北日本弧を連ねる隆起軸が存在する（図7-7）。伊豆 - 小笠原弧～東北日本弧の隆

167

第Ⅱ部　地域をとらえる

図7-9　隆起準平原

注：A：紀伊山地（大台ケ原から）[河川によって浸食された谷を埋めもどすと，遠景の山の端の高度（海抜1,600～1,400 m）に高原地形が復元される]
　　B：中国山地南半部の吉備高原（弥高山から）[高原面（海抜600～400 m）は日本で最もよく保存された隆起準平原]
　　C：石見高原（大社から）[日本海側へ緩やかに傾斜し（海抜600～200 m），アーチの傾斜を実際に見ることができる．単独峰は三瓶火山．東方からの撮影のため，左右反転]
　撮影位置：図7-7参照

起軸と西日本弧の隆起軸は，本州中央部で交差する．そのため，ふたつのアーチ状の隆起が加算される中部日本では隆起量が格段に大きくなり，そこに中部山岳地帯ができたのである．その証拠に，本州中央部を東西に切断してみると，非対称なアーチ構造が現れる（図7-10-6）．隆起軸はいくぶん東へ偏っていて，関東山地を通る．

　中部山岳地帯から近畿地方に至る各地の山頂部には，関東山地・赤石山地・三河高原・鈴鹿山地・笠置山地をはじめ広く隆起準平原がみられ，海抜高度に応じてさまざまな程度に浸食されている．それらは，中部山岳地帯を含む本州中央部がかつては準平原であったことを物語る（図7-10-1）．

　アーチ構造のなかには，断層や"たわみ（撓曲）"によって，相対的に沈降

第7章 地形から地域を読む

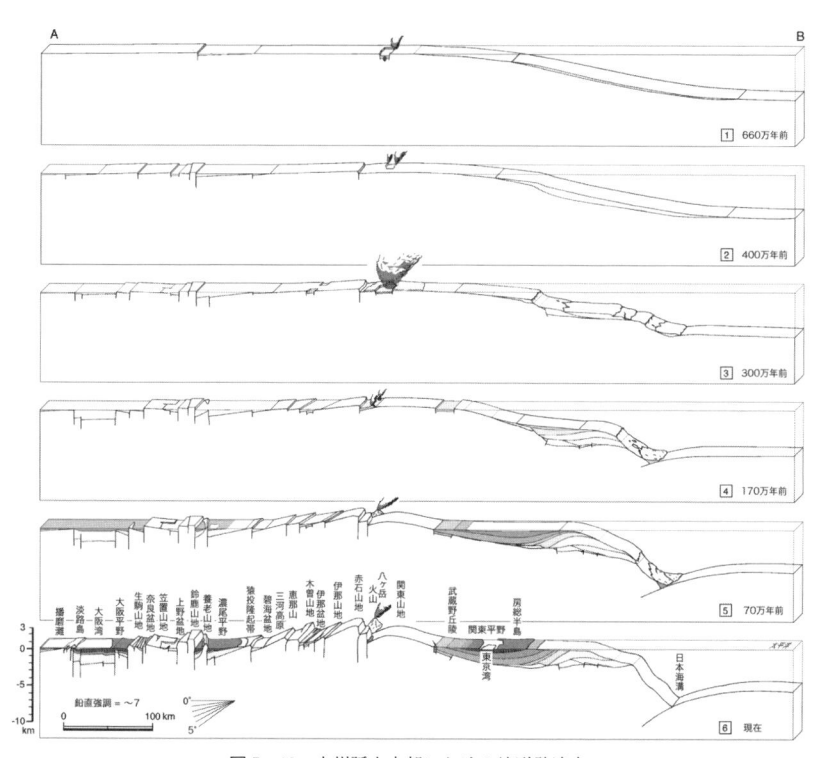

図7-10 本州弧中央部における地形発達史

注：断面位置は図7-7参照

した部分がある。これらの沈降盆地に土砂が堆積しなければ、そこは水深2,000〜3,000 mの凹地になる。ところが、隣接する隆起山地から大量の土砂が供給され、しかも、盆地の出口が西日本弧の隆起軸によって堰止められている場合には、土砂によって埋め立てられいく。土砂の堆積面が陸上に顔をだしたのが平野、海におおわれた部分が内湾になる。大阪湾と大阪平野、伊勢湾と濃尾平野、および東京湾と関東平野は、海陸のちがいはあるものの、それぞれひとつの堆積盆地に形成されたのである。湾口部に隆起帯もたない駿河湾・相模湾・若狭湾・富山湾の場合には、隆起する山地から河川を通じて多量の土砂が供給されるものの、その大半は流れ去ってしまい、深海扇状地などに堆積している。

日本の近代化の中心になった太平洋ベルト地帯（図7-5）のなかで中核的役割をはたした大阪・名古屋・東京の臨海工業地帯の自然条件は，以上の通り，700万年にわたる日本列島の形成史のなかで準備された。本州弧中央部の太平洋側に3つの内湾が存在するのには理由があって，ふたつの島弧がそこで交差しているため，両者の地殻変動が重ねあわさったことに由来する。例えば，関東平野〜東京湾の巨大な沈降盆地は，本来は前弧海盆（ぜんこかいぼん）と呼ばれるべき盆地である。その一例が紀伊水道沖に見られ（図7-8），通常は水深1,000〜2,000mの海底にある．関東平野〜東京湾の場合は，伊豆-小笠原弧〜東北日本弧の地殻変動に西日本弧の地殻変動が加算されたために，陸上へ押し上げられたのである。

　弧状列島の交差部のうち太平洋側に限られて内湾が形成された理由は，未解明である。いまのところ，伊豆-小笠原弧の隆起軸がまっすぐに北上しないで，関東北部で大きく湾曲して東北日本弧のそれにつながっているため，伊豆-小笠原弧の地殻変動の影響が日本海側では比較的小さかったためであろう，と予測している。弧状列島の交差は地球上でもきわめて稀な現象で，そこに形成された大阪湾・伊勢湾・東京湾という希有な存在が，日本の近代化の中心的な舞台――臨海工業地帯――になったのである。

### 太平洋ベルト地帯の系譜

　太平洋ベルト地帯あるいは中央地帯（図7-5）と呼ばれる国土軸（産業・都市・交通などに有機的なつながりをもつ線状の地帯）が形成され始めるのは，明治期における社会資本形成の初期段階での資本の傾斜投入であったことは，前述の通りである。ところが，この国土軸は，明治期になって忽然として現れたわけではない。古代の交通路（図7-2）のうち，最大の幹線は山陽道沿岸の大路と瀬戸内海であり，律令国家の国土軸は北部九州〜畿内にあったといえる。近世には（図7-3），江戸を中心とする五街道が東は白河・日光，西は京都・大坂まで幹線道路として整備された。こうして古代の国土軸が東方へ延長・拡大し，その結果，北部九州から関東に至る太平洋ベルト地帯の原型が，江戸期までにできあがっていたのである。

西日本弧のアーチ構造（図7-8）から見ると，東海道・中山道・甲州街道沿いに連なる大阪平野・京都-奈良盆地・琵琶湖・濃尾平野・伊那盆地・甲府盆地・関東平野などの凹地は，いずれも瀬戸内海の沈降帯の東方延長部にあたる（図7-7）。これらの凹地群が，瀬戸内海のように連続した凹地になっていないのは，南から延びてくる伊豆-小笠原弧のアーチの形成にともなう隆起ブロックによって沈降帯が分断されているからである（図7-10）。例えば，大阪平野と奈良盆地は生駒山地によって分けられ，奈良盆地と濃尾平野は笠置・鈴鹿・養老山地に隔てられている。ちなみに，関東平野が大阪平野や濃尾平野の10倍もの面積をもつのは，伊豆-小笠原弧～東北日本弧の前弧海盆であると同時に，瀬戸内沈降帯の東方延長部でもあるからである。

　以上のように，北部九州～関東地方をむすぶ太平洋ベルト地帯の系譜は近世の，さらには古代の国土軸まで遡ることができ，国土軸形成の自然条件は700万年前に始まる日本列島の形成史のなかで準備されたと読み解くことができる。瀬戸内海とその沿岸，大阪平野以東に断続的に分布する平野や盆地が，低平な交通路として，また生産性の高い農地や都市圏として土地利用され，国土軸の東方拡大にあずかったのである。

## ④　地形と地域づくり

　本章では，日本における地形と近代化との関わりを，特に，海運と港湾に着目して読み解くことを試みた。日本のように人口が稠密なところでは，地域の構造は自然と人間の相互作用の歴史的産物にほかならず，それを最も集約的に表現するのが土地利用である（矢野 2009）。地形は地域の土台として，その上で展開される自然現象と人々のいとなみを規制していて，人々の土地利用と，それがうまく機能するかどうかに関わる条件のひとつになっている。

### 土地利用の歪

　日本は，歴史の大半を地方分権型国家としてすごしたが，律令期と近代のそれぞれ100年あまりの期間だけは中央集権型国家として存在した。中央集権型

国家は，大規模な財政を背景に，施策を統合・画一化することによって短期間のうちに社会構造を大きく変革した。律令国家は本格的な農業革命を，近代国家は産業革命をもたらし，日本史に画期をつくった。反面，国家主導のもとでつくりだされた画一的な社会構造はさまざまな歪と軋轢を生み出し，環境変化に対しては柔軟な対応が困難で，脆弱な側面をもつ。

　近代日本は，国内の乏しい資源と限られた市場のために，加工貿易を軸に国勢のあらゆる要素を動員・改造して工業生産に最適化をはかり，得られた収益を再び工業生産にふりむけることによって急速な経済拡大をとげた。ところが今日では，工業生産の拠点が，新興国や資源・労働力・市場を兼備したBRICsへ移行しつつあり，1890年代に始まる日本の産業革命以降，工業生産へ著しく適合・特化しつづけてきた日本の社会システムが内包する大きな歪が露呈しつつある。

　土地利用という面から見ると，この歪は，大都市圏における過密・環境劣化，地方都市における都市機能の衰退，農山漁村における過疎・高齢化などとして現れ，歪の解消が焦眉の課題になっている。もし歴史に脈動性があるとすると，律令期の畿内（図7-2）が経験したように，東京へ一極集中した現在の国土構造は，やがて江戸期の交通・輸送路（図7-3）に例示されるネットワーク状の国土構造へ転換していくのかもしれない。

## 人-自然本位のシステムづくり

　高速道路料金のETC休日特別割引（対象区間割引後の上限料金1,000円，2009年3月～2011年3月）という社会実験は，大都市圏車両の厖大な流出・流入による休日型大渋滞を誘発し，都市圏住民の間に充満している自然や田舎への回帰欲求が切実なものであることを，はからずも実証した。この割引きの影響で，2009年度には，小型車（軽自動車＋普通車）の休日「走行台キロ」（利用台数×利用距離）が前年度より38.1％増と大幅な伸びを示し，年間の1日あたりの通行台数に平均化しても前年度より約10万台も増えたという（東日本高速道路，2010）。最近の熟年登山，近郊登山，河川敷バーベキューなどのブームも，多分に，同様の欲求を反映したものであろう。

## 第 7 章 地形から地域を読む

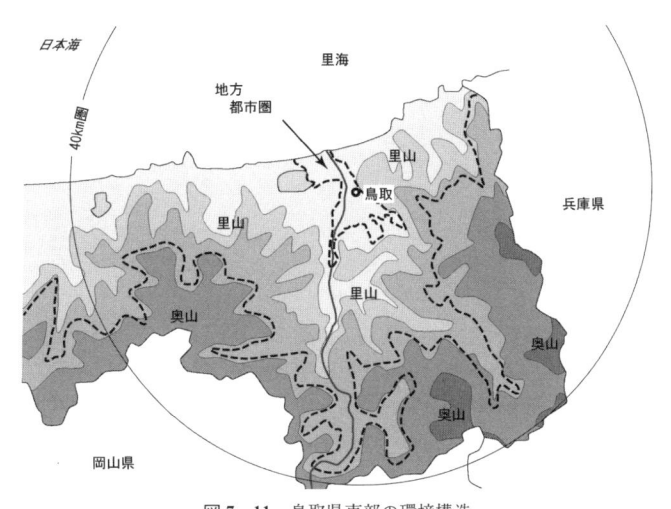

図 7 - 11 鳥取県東部の環境構造
注：地方都市圏を中心に里海・里山・奥山が40km圏内に配置。

　地方は原生的・二次的自然をはじめさまざまな資源をもちつつも（図7-11），進行しつづける過疎・高齢化によって，里山・里海の最大の特徴である生産の維持可能性と多様な文化的伝統が危機に瀕している。漁業資源の枯渇，耕作地・植林地の管理放棄が拡大し，"限界集落"では人々の居住そのものが維持できなくなりつつある。

　今後，これら大都市圏と地方のふたつの流れが撚り合わされていくとすると，その中心軸になりうるのは地方での大幅な雇用拡大であり，それをグローバル化のなかでも支える長期的展望である。その実現のために，中央集権的政策を転換し，経済効率という単線の上でつづけられている果てしのない排他的競争から脱して，人‐自然本位の社会経済システムをつくる構想力が問われている。

　中央集権的な社会の変革期とはちがって，個々の変化の速度と規模は小さいが，さまざまな地域主体が地域資源を活用した産業と雇用を生み出し，政策立案能力をとりもどしていく無数の取り組みは，人‐自然本位のシステムづくりそのものの姿である。その過程では，本章でとりあげた地形の問題を含めて，地域のさまざまな構成要素の資源可能性が試されることになり，鍵となる分野が連携した地域学研究の進展，さらには，地域づくり活動の拡大とネットワー

ク化がいっそう重要な課題になる。

文献

池田宗雄，2004，『港湾知識の ABC（9訂版）』成山堂書店

石井謙治，1995，『和船Ⅰ』法政大学出版局

加藤貞仁・鐙啓記，2002，『北前船——寄港地と交易の物語』無明舎出版

佐藤秀和・佐藤美佳・土井正幸，2003，「日本における港湾のサービス圏域分析」土井正幸編著『港湾と地域の経済学』多賀出版，177-220

竹内良夫，1989，『港をつくる——流通・産業から都市活動へ』新潮選書

日本山岳会，2007，『日本列島中央分水嶺踏査報告書』日本山岳会

東日本高速道路（NEXCO 東日本），2010，「平成21年度営業概況」(http://www.e-nexco.co.jp/company/strategy/pdfs/privatization_reference.pdf, 2010.11.11)

古厩忠夫，1997，『裏日本——近代日本を問いなおす』岩波新書

矢野孝雄，1995，「中生代〜新生代の変動」地学団体研究会編『新版地学教育講座7 地球の歴史』東海大学出版会，134-179

————，2009，「大地のおいたちと地域の環境」岡田昭明編『地域環境学への招待——人と自然の共生・地域資源の活用をめざして』三恵社，5-14

渡辺信夫，2002，『渡辺信夫歴史論集2 日本海運史の研究』清文堂出版

EROS (U.S. Geological Survey's Center for Earth Resources Observation and Science), 1996, "GTOPO30" (http://eros.usgs.gov/#/Find_Data/Products_and_Data_Available/gtopo30_info, 2010.09.01).

Yano Takao and Kubota Yasu'uchi, 2002. Arc-trench genesis in Japan, driven by inclined upwelling of thermal walls. Proceedings of Internatil Symposium on New Concepts in Global Tectonics, pp. 137-156, La Junta, Colorado (5-11 May, 2002).

## Column

### 小規模自伐林業（自伐林家的森林業）の推進

中嶋健造

　土佐の森・救援隊は，かつては当たり前だった「自分の山は自分で管理する」ことを現代に取り戻し，自伐林業（自伐林家的森林業）を復活，再生させるという理念を掲げ活動を展開してきた。森林ボランティア活動を入り口に，アルバイト林業，定年林業，副業型自伐林家とステップアップするもよし，途中で留まるもよし，専業林家までいくのもよい。幅広く，緩やかな林業の展開だ。

　林業界では小規模に分散した山林所有者が存在することが問題だといわれるが，山林所有者が多いということは，それだけ林業家になれる人が多いということだと，わたしたちは逆転の発想で考えた。しかし林業界の反応は実に冷たかった。「しろうとが山に入ってくるな」等の誹謗中傷，事業妨害や，フィールドを追われることも経験した。しかし林業界の動きとは正反対に，活動を展開するにつれ参加者は続々と増え，賛同者も支援者も増え続けた。なぜ林業が衰退していったかが，この動きのなかで読み取れた。

　わたしたちの活動は多岐にわたる。間伐・間伐材の搬出はもとより，木材加工，環境支払いとしての地域通貨「モリ券」の配布，木質バイオマスの推進，森林ツーリズム，環境教育，林業研修，薪づくりおよび販売，パルプ原料の供給などである。先頃は，中山間地で高齢化のため薪調達がきびしくなった家庭へ薪を供給するという福祉事業も立ち上げた。これらはかつて自伐林家が生活まわりで実施していたことだ。その一部を取り入れ，NPOならではの行為を付加させている。地道ではあるが地に足のついた活動だと思っている。

　バイオマス推進のための林地残材の収集運搬システム構築では予想以上の成果をあげた。この収集運搬が自伐的林業の入り口となり，地域の方が続々と林業に参入してきた。その数，数十人。当初専門家には，「この地域は林業人口も少なく無理だ」といわれたが，結果は正反対に。親子で専業の自伐林家になる人や，年収が1000万円を超える人まで現れ始めた。この人たちによる間伐材搬出量は年間1万$m^3$を超え，森林組合をはるかに上回り，地域林業の主役に躍り出ている。「自伐林業は林業の主役にはなりえない」という林業の定説を打ち破ったのだ。この方式，鳥取県智頭町など全国に広がり始め，その導入地域でも続々と自伐林家が誕生している。この方式が広がれば，昭和30年代に存在した林業雇用45万人（現在4万人強）が視野に入ってくる。地域通貨，福祉事業，森林ツーリズム，副業といった展開は，これまでの林業事業体にはまったくできなかった発想である。スモールイズベスト。小規模分散型は倍々ゲームで増えるのである（図終-6）。

# 第8章 経済が地域に及ぼす影響

光多長温

## ① 経済と地域との関係

　経済は地域に対してさまざまな影響を与える。地域を取り巻く経済環境を抜きにしては地域の姿を理解することはできない。自給自足経済（アウタルキー）下，または閉鎖経済下においては，経済が地域に及ぼす影響は小さいが，産業革命以降，大量生産体制の下で経済が広域化し，規模の拡大を求めるようになると，その影響はますます大きくなってきている。

　経済とは，市場機構のなかで収益の最大化を長期的に追求するもので，集積・集中の利益，規模の利益を追求する面があり，地域を示す空間概念とは本来無縁の関係にある。工場立地にしても，特に地域のことを考慮することなく，原料調達に便利で，工場立地に好条件である用地や，用水，電力，労働力等のコストが最も低くなる地域，さらに製品によっては消費地に近い地域に立地する。本社立地も，集積の利益を享受するために大都市圏に立地する傾向をもつ。このように，経済は，本来，空間を考慮せずに動く特質をもち，これと地域間均衡を求める国土政策，地域政策とはしばしば矛盾する。このせめぎ合いを観察し，そのなかで地域がいかに変容し，また今後いかなる方向に向かうかを理解することが「経済が地域に及ぼす影響」分析の中心となる。

　地域は経済から直接間接に影響を受けるが，影響を受ける経済事象を観察するには次の点に留意する必要がある。

　第一に，その時々の経済発展段階および経済構造である。経済は自律的に高

度化していく。農業中心の経済構造から工業化段階へと進展し，さらにはサービス経済構造に転化していく。これは，生産性，収益性を追求していくためには必然の動きである。経済発展段階，および経済構造の変化により経済が地域に影響を及ぼす「経済要因」は変化する。経済から地域をとらえる際には，直面する時代における地域経済に影響を及ぼすキーファクターを見極め，さらにそのファクターが当該地域にとっていかなる影響を及ぼすか（地域経済にとってプラスかマイナスか）を理解していく必要がある。

　第二に，その時々の経済環境である。閉鎖経済か開放経済か，外国為替相場がいかなる状況にあるか等である。さらにそのときの企業収益状況および企業の工場立地戦略からも影響を受ける。

　第三に，国および地域行政の経済政策である。市場主義型政策，国土均衡型政策，財政依存型政策等のそのときどきにとられる経済政策によって地域経済はさまざまな影響を受ける。また，知事，市長村長のリーダーシップによる影響も無視できない。

　経済が地域に及ぼす影響を見る際に，特定の地域だけを見ていてもその地域の経済は理解できない。「全国的あるいは世界的な経済構造および状態を把握すること」が出発点となる。したがって，その時々の経済がいかなる構造にあるか，またそれが個々の地域に対していかなる影響を及ぼすかを注視する必要がある。経済構造は，農業から製造業主体へ，さらにはサービス産業主体へと変化してきた。サービス産業も，対人サービスから対企業サービスへと高度化し，その内容も金融業，情報産業等多岐を極めている。しかも，その変化のスピードは加速する傾向にある。また，経済が国際化するにともない，経済構造は国際的かつドラスティックに変化する。このなかで，それぞれの地域がどのように変化していくかをとらえることが肝要である。

　また，地域経済を見る上で，個々の地域が置かれた地理的条件はきわめて大きな意義をもつ。当該地域が大都市周辺にあるか，中山間村か，また太平洋ベルト地帯線上に立地しているか否か，その場合の港湾条件はどうか，工場立地や居住にとって有利な平野部面積が大きいかどうか等，地域が置かれた地理的条件は地域と経済との関係を見る際には大きな要素となる。特に，日本列島の

ように，周囲を海に囲まれ，山岳地帯面積が多く，平野部面積が小さい国においては，地域間の条件格差は地域経済に大きな影響を及ぼす。

経済が地域にどのような影響を与えるかをとらえる方法としては，次の3つの方法が考えられる。

第一の方法は，ある地域の変化を定点観測し，その地域の変化の要因を経済的側面からとらえていく方法である。この方法は，地域に住む人には身近でわかりやすい反面，特定の地域に偏りすぎて全体像が摑みにくく，真に特定地域の姿が摑めるか疑問となる。前述のように「地域から見ても地域はわからない」の轍を踏むことになりかねない。

第二の方法は，日本（または世界）の経済の変化を分析し，経済の変化によって地域経済の全体構造がどう変化するかをとらえる方法である。この方法は，一国の地域経済全体の動きが理解できる反面，かなり膨大な分析となる。この方法を試みた分析は数多くあるが地域は経済要因だけから動くものではなく，限界があることは事実である。光多・後藤・宍戸（2010）はこれにある程度応えているが必ずしも十分とはいえない。

第三の方法は，地域経済の特定の指標（工場立地，生産，人口等）を通じて，経済構造の変化による地域（全体または特定）の変化をとらえる方法である。この方法は指標の取り方によってはわかりやすい反面，地域経済の一部の要因を取り上げるためその検証結果は限定的であることに留意すべきである。

経済が地域に及ぼす影響を見る際に，やはり，基本となる指標は地域に居住する人口（居住人口数）と所得水準（ひとり当たり所得）であろう。そこで，以下では，第三の方法を採用し，経済指標として，「人口」および「所得」を取り上げて地域経済の動きを分析して経済構造の変化が地域にいかなる影響を与えるかについて見ることとしたい。

## 2 経済構造の変化が地域経済に及ぼす影響
―戦前のケース―

**日本の人口分布の歴史的推移**

まず，日本の人口の総数の伸びと地域別分布の構成比の推移を超長期にわ

たって見てみよう（図8-1）。これから，いくつかの点が指摘できる。

　第一に，日本の人口は，弥生時代の約60万人から，鎌倉幕府成立時の約700万人，江戸幕府成立時の約1,200万人へと緩慢な動きを示したが，その後農業技術の発展，開墾等により明治維新時には約4,000万人となったと推計されている。この4,000万人が日本の人口のひとつの出発点となる。その後，明治，大正時代にかけて欧米の産業技術の導入や富国強兵政策により第二次大戦終戦時には約8,000万人に達し，戦後の高度経済成長を経て2009年に1億2,700万人とピークに達した。このなかで，人口が増加した時期は，江戸時代前期，明治時代および戦後の高度経済成長期であるが，これらの時期に共通することは新たな産業技術の発展である。江戸時代には農業および開墾技術の発展，明治時代には欧米の産業革命を追いかけるように繊維工業を中心とした産業技術の発展，そして戦後は後述する重化学工業から加工組立産業技術の発展があった。

　第二に，人口の地域別分布の動きである。まず，地域への人口集中には大きくふたつの山がある。すなわち，平安初期から江戸初期に至る近畿地方への集中傾向と，1980年頃からの東京圏集中である。また，西東北，北陸，山陰地方を合計した日本海側の人口は，明治初期においては南関東地方より多かった。さらに，山陰地方の人口は平安時代には山陽地方とほぼ同規模であったが，その後漸減し戦後の経済成長期に大きく差がついたことが読み取れる。

　第三に，江戸時代においては江戸圏への一極集中は見られない。江戸時代は人の流動が小さくほぼバランスが良い地域間人口状態にあったと言える。この点についても後述する。

## 戦前までの日本の経済と人口分布

　江戸時代の前半期は農業・開墾技術の発達等により人口が増加し，人口の地域間バランスも日本にとってのひとつの理想形ともいえるものであった。これにはいくつかの原因がある。

　第一に，鎖国政策により外国の産業革命技術が入ってこなかったこと。これにより，農業が経済の基盤となり耕地面積および農業生産力が人口分布を規定した。また，東山地域（現在の岐阜・長野・山梨県）を中心とした綿糸，絹織物

第Ⅱ部　地域をとらえる

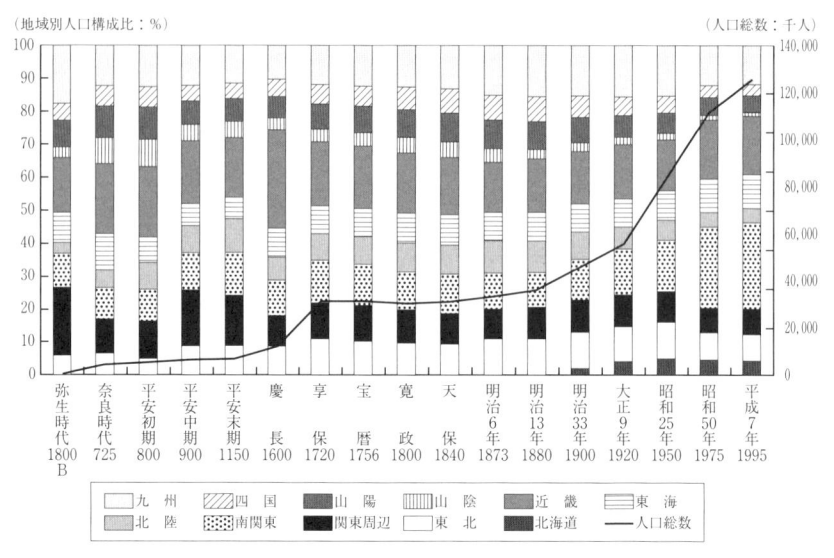

図8-1　わが国人口推移と地域別構成
出所：鬼頭宏，2000，『人口から読む日本の歴史』講談社より作成

等を中心とする広域的経済の例外はあるものの，基本的には地域産物活用型の経済構造であったために大量生産は進行しなかった。

　第二に，鎖国政策の一環として大規模な船の建造が禁止され，幕府は一部例外を除き500石（積載容積。現在の総トン数に換算すると概ね100トン程度）以上の船の建造を禁じたこともあり，潮流が激しい太平洋側の航路が困難であった。したがって，内海である日本海側から瀬戸内海を経由して大阪に至る北前航路が物流の中核となり，結果的に日本海側が物流の主たる動脈となった。この北前船がわが国の地域経済に果たした役割はきわめて大きい。日本海側での物資の流通を通じて，各地で流通拠点や特産物が生み出されていったからだ。例えば，陸揚げされた鯖を加工したり運送したりする鯖街道が各所に見られた。また，山形県長井市は，現在はさくらんぼの産地として有名であるが，江戸時代には酒田港で陸揚げされた物資を最上川経由の舟便で運ぶ限界点であり，ここに流通拠点が造られ米沢との交流機能を有していた。

　第三に，江戸は幕府および参勤交代で在住する武士とこれを相手とする商人

第 8 章 経済が地域に及ぼす影響

とで形成され，基本的には生産力が弱い一大消費地であり，人口の江戸集中傾向はそれほど強くならなかった。東北地方から江戸に物資を搬入するには，現在の千葉県銚子の港で荷降ろしをして利根川を経由して搬入するしかなかった。太平洋側の潮流がいかに激しいかは，大黒屋光太夫やジョン万次郎の例でも見られる通りである。

第四に，江戸が政治の中心地，京都が文化の中心地，大阪が商業の中心地として一定のバランスを取っていた。京都は公家や京都商人を中心とする上方文化の中心であり，大阪は地理的条件もさることながら，東山地域の綿製品が流れ込んできて当時のリーディング産業である繊維産業取引の中心地であった。

この江戸時代の，比較的バランスが取れた国土経済構造は明治時代になって一変する。政府は富国強兵策を取り，東京にあらゆる機能を集中させ，首都東京集中が政策的に形成されたのである。

まず，立法，行政，司法，教育（大学等），情報（国営放送）等のあらゆる機能を東京に集中させた。次に，産業拠点を構築するために，東京，名古屋，大阪に軍需工場を中心とした工場用地の造成と港湾整備を行った。さらに，戦前の主要エネルギーである石炭が産出される九州北部および北海道の開発を行った。特に，北九州地方には石炭と鉄鋼産業との一大工業地帯が形成された。ここで，東京から名古屋，大阪を経由して北九州に至る，戦後の経済産業の中心となる太平洋ベルト地帯が形成されることとなる。このとき，産業，流通の大動脈が日本海側から太平洋側に移ることとなる。東京は政治，行政等の機能集中に加えて一大産業地域を形成することとなり，大阪も生産，流通機能を中心とした都市構造を形成する。なぜ，太平洋シフト政策が取られたかについては，対ロシア戦争体制のため等諸説あるが，やはり，首都東京を核とする太平洋ベルト構図が軍事作戦上も望ましかったこと，太平洋側に工場用地に適した平地が多く，港湾条件に恵まれていたこと，船舶建造技術の大幅な向上により太平洋の航海が可能になったこと等が決定的要因であったと考えられる。なお，東京，名古屋，大阪，神戸とともに港湾整備が図られた仙台港については，外海に面していて波が荒かったこともあり港湾建設に失敗し，仙台港の整備が進むのは戦後，船舶が通る部分を掘り込み内陸部に港湾バースを建設する掘割港湾

方式が考案されてからになる。仙台港の整備の遅れにより東北地方からの物資は陸路をたどることとなり，これが東北地方の経済・産業に与えた影響は大きかった。

このように，明治期から戦前においては，大きく国土の地域構造が変わった時期であり，戦後の日本の経済を考える際にこれを抜きにしては考えられない。図8-1に見るように，戦前の人口分布は，政治，行政等に加えて産業機能の集積が図られた東京圏，石炭産業が盛んであった北九州および北海道の比重が高い。

## ③ 経済構造の変化が地域経済に及ぼす影響
―戦後のケース―

**戦後復興期**

経済が地域に及ぼす影響という観点から，戦後の日本の経済を見るときにいくつかの論点がある。ひとつは，なぜ，大企業・重化学工業中心の産業政策を取り，（イタリア型の）地方分散型，中小企業中心，加工産業中心の産業政策を取らなかったかという点が指摘される。しかし，当時の状況からすると星野進保がいうように戦後経済復興をどうするかで汲々としていたのが実情であった（星野 2003）。第二次大戦後の経済混乱および復興に際して，1949年に政府が作成した，電力，石炭，海運，鉄鋼を重点産業としこれに資金等の政府支援を全面的に行っていく傾斜生産方式は，いまだにその組み合わせの妙が評価されているが，これに示されるように，当時の世界の産業構造を反映して重化学工業中心の経済成長が目指されることとなった。これへの追い風となったのが朝鮮戦争（1950~1953年）である。わが国経済は戦後復興の混乱を経て，朝鮮戦争特需を追い風に重化学工業中心の高度経済成長に向かっていくのである。

以下，経済環境に応じた時代区分に従って経済構造の変化が地域にいかなる影響を及ぼしていったかを図8-2および図8-3に基づいて順次見ていくこととする。なお，戦後のわが国経済環境および時代区分については，土志田（2001）を参考にして論ずることとしたい。

第 8 章　経済が地域に及ぼす影響

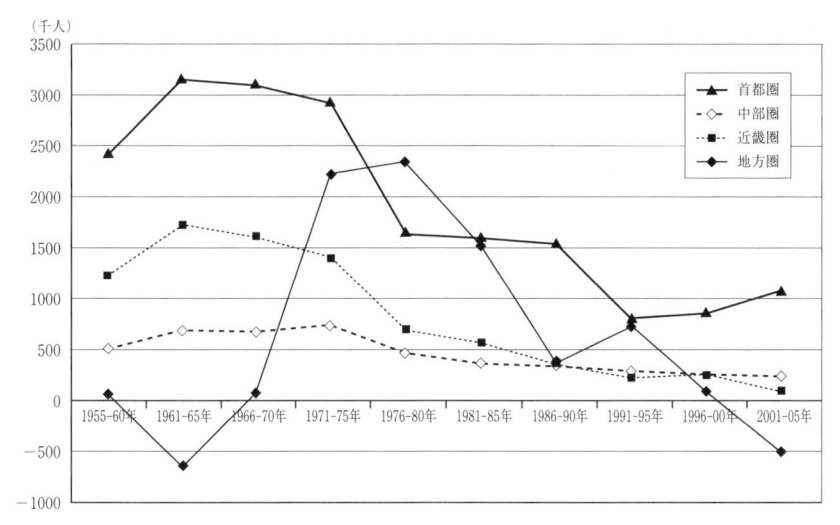

図 8-2　大都市圏と地方圏の人口増減推移（5 年間における増減数）

## 高度経済成長前期——1956〜1965年

　1956年〜1965年は，昭和30年代のなべ底景気を経由して高度経済成長の軌道に乗った時期である。このなかで，石炭から石油へのエネルギー転換が進展し，鉄鋼，化学，石油精製等の産業の基盤製品をいかにどこで生産していくかが大きな課題となった。そのため，石油精製および石油化学と鉄鋼，発電所等を軸とするコンビナート建設が喫緊の課題として政策的に推進された。このコンビナートは，工場が大規模で広大な用地を必要とし，さらに原料を海外からの輸入に依存することから広大な用地，良好な港湾が整備できる太平洋ベルト地帯を中心に立地することとなった。日本海側に比べ太平洋ベルト地帯は東京湾，伊勢湾，大阪湾，それに瀬戸内海のように遠浅で埋め立てコストが安く，しかも広大な用地の埋め立てが可能であった。また，前述のようにこれら各地域はすでに港湾整備が進展していたため大型船が入港できたことも有利に展開した。

　これら太平洋ベルト地帯への集中に対して地方圏からは不満の声が大きくなり，国全体を巻き込む大きな政治問題となった。産業界は，集積のメリットを主張し，地方圏の利害と真っ向から対立した。そこで，1962年に全国総合開発

第Ⅱ部　地域をとらえる

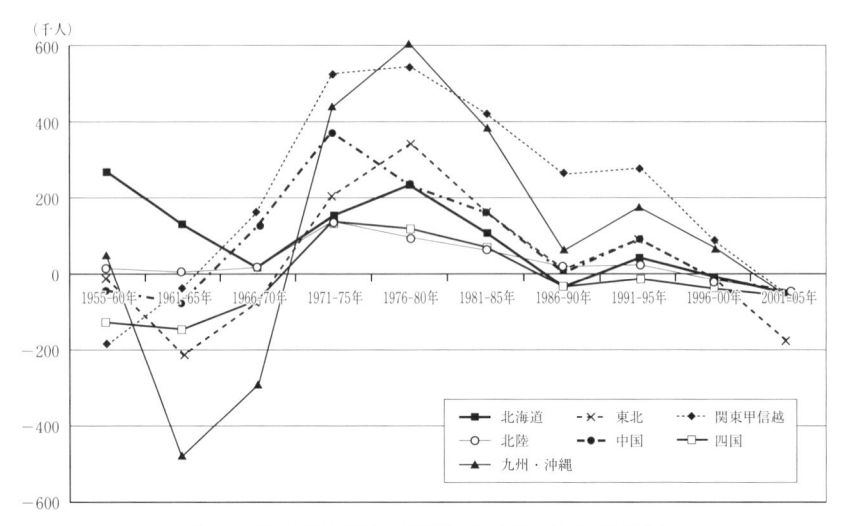

図8-3　地方圏地域別人口増減数（5年間における増減数）

　計画が策定され，次いでこれを具体化すべく，同年「新産業都市建設促進法」が制定され，これに基づいて太平洋ベルト地帯以外の地域への工場立地を促進する政策が取られ，全国からの新産業都市指定への申請が殺到するなかで15地域が指定された（図8-4）。しかし，こうした政策に対して，経済界からは高度経済成長に対応した生産体制が不安視され，1964年に太平洋ベルト地帯を埋める地域を中心に工場立地を推進することを目的とした「工業整備特別地域整備促進法」が制定され鹿島臨海工業地帯等全国7地域が指定された（図8-4）。結果的にこれら二法では，茨城県鹿島地域等，太平洋ベルト地帯を埋める工業整備特別地域における工場建設が優位になり，太平洋ベルト地帯を強化する結果となった。

　この間の人口の動きを図8-2および図8-3によって見ると，太平洋ベルト地帯への生産機能の集中により地方圏から三大都市圏への人口移動が行われていることが読み取れる。大都市圏から見ると地方圏からの人口移入率はそれぞれの規模に比例したものとなっている。

　地方圏においては，石炭産業衰退の影響を受けた九州，北海道をはじめ，四

第 8 章 経済が地域に及ぼす影響

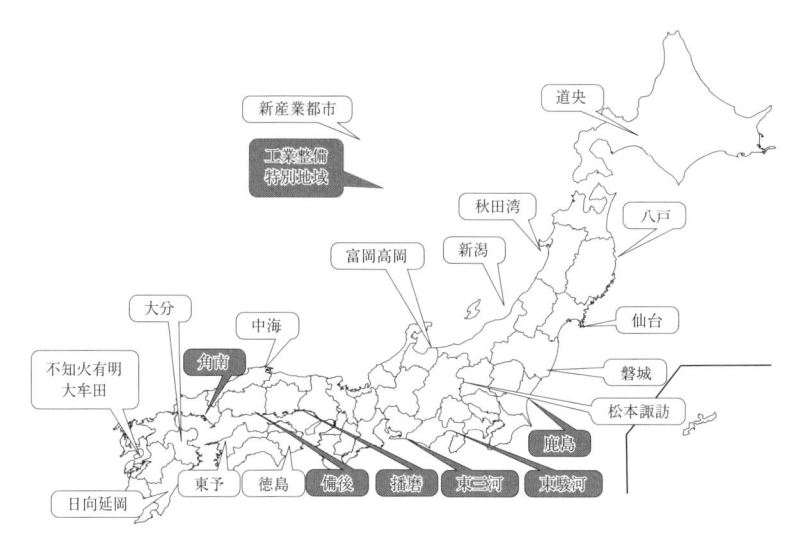

図8-4 新産業都市および工業整備特別地域指定地域

国，東北といった三大都市圏からの遠隔圏で人口伸び率の低下が著しい。重化学工業主体の経済構造は立地環境等から太平洋側，特に三大都市圏に立地する傾向があり，その結果，地方圏から大都市圏への人口移動，経済重心の移動が行われたということであろう。特に，石炭産地であった北海道および北九州はきわめて大きな問題となり，産炭地域振興政策が取られたものの，人口の落ち込みを止めることはできなかった。一方，図8-5に見るように，地域間の所得格差は，徐々に縮小してはいるものの依然として大都市と地方間に（ひとり当たり県民所得ベースで1.5倍と）きわめて大きな格差が存在しており，この所得格差が地方から大都市圏への人口移動をさらに加速させた。

**高度経済成長後期――1966〜1975年**

　オリンピック不況後の1960年代半ば以降は，重化学工業中心のコンビナートが軌道に乗る一方，家電産業を中心とする加工組立産業が経済をリードした時期である。重化学工業が大規模な用地，良好な港湾等の太平洋ベルト地帯にとって有利な条件を要求するのに対し，加工組立産業はむしろ労働力が豊富で

第Ⅱ部 地域をとらえる

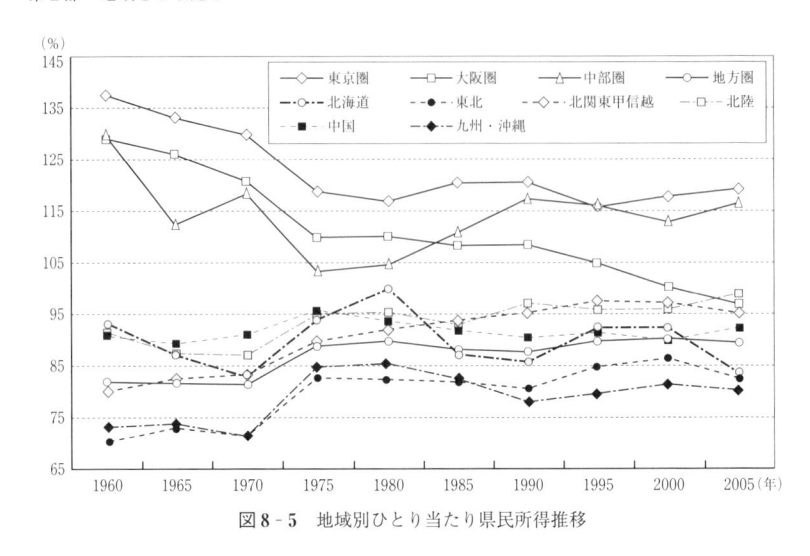

図8-5 地域別ひとり当たり県民所得推移

　潮風の影響が小さい内陸部地方都市を好む傾向にあった。この加工組立産業誘致に向けて全国各地で工業団地造成が行われ，工場誘致活動競争が全国規模で行われた。他方，大規模コンビナートにおける公害が大きな問題となり，1972年にはローマクラブの成長の限界が提唱されたこともあり，地方の時代，環境の時代の風潮が盛んとなり，地方都市への人口回帰現象が起こった。これに合わせて政府は，1969年第二次全国総合開発計画で全国交通網体系整備の全体計画を提示し，1972年には日本列島改造計画に基づいて高速道路，新幹線等内陸部を中心に交通体系の整備が実施に移された。

　この結果，地方圏から大都市圏への人口流出は徐々に減少し，地方圏人口伸び率もプラスに転じた。加工組立産業は労働集約的で雇用吸収力が強いため，地方都市にとってみれば，公害がない，雇用が確保される，地方税収増につながる，交通網が整備されるという望ましい産業であり，地域間バランスの観点からは恵まれた時期であったといえよう。

　この時期に，三大都市圏は軒並み人口増加率が低下したのに対し，地方圏はほぼ全地域で人口増加率が上昇した。特に，1970年代になると加工組立産業のなかでも電気冷蔵庫，カラーテレビに加えて乗用車産業が軌道に乗り，地方圏

の人口増加率の上昇は加速した。この時期に特に人口が増加した地域は、関東甲信越，東北地方（南部）であるが，これは1959年に制定された「首都圏工場等制限法」により首都圏域内の工場の新増設が禁止され，首都圏内工場が周辺地域に移転したためである。ただしこれは，結果的には工場跡地の開発，および首都圏周辺への工場立地により首都圏を拡大する結果ともなった。

なお，この時期は1971年のニクソンショックによる変動為替相場への移行や1973年の第一次石油ショック等，経済激変への予兆を抱える時期でもあった。

### 安定成長期——1976～1985年

この時期の経済にはさまざまな要因が含まれていてわかり難い。前半と後半とで性格が異なるのだ。土志田征一も，1976～1980年期を「世界経済の変動への適用力発揮」期とし，1979年の第二次石油ショックを挟んで成長経済から低成長への移行期と位置づけ，1981～1985年を「輸出主導型経済構造の定着期」と位置づけている（土志田 2001）。しかし，経済構造面からすると，ひとつは「サービス経済への移行期」，もうひとつは「国際経済化への動き」という地域産業構造にとってはきわめて影響の大きい事象が大きくクローズアップされてきた時代であった。特に，図8-6に見るように，1970年代半ば頃より第三次産業就業者比率に比べて第二次産業就業者比率が低下していること，しかもその低下傾向はその後ますます大きくなっていくことが，その後の地域経済構造に大きく影響してくることとなる。

期の前半では，円高と第二次石油ショックに対応して財政対策が実施され，地域間で格差はあるものの地方圏の人口の伸び率が比較的しっかりしているのに比べ，大都市圏の人口の伸び率の低下が見られる。しかし，1980年代になると，地方圏の人口の伸び率はほぼ全地域で低下する一方，大都市圏においては東京圏の人口伸び率低下傾向に歯止めがかかる一方，近畿地方の人口伸び率の低下傾向が見られ，大都市圏でのバラツキが見られる。これは，サービス産業への移行による地域経済構造の変化のためであろうと考えられる。この時期から，地方圏はサービス経済化のなかでいかに活路を見出していくかという課題に直面することとなる一方，三大都市圏についても東京一極集中と大阪の地方

第Ⅱ部　地域をとらえる

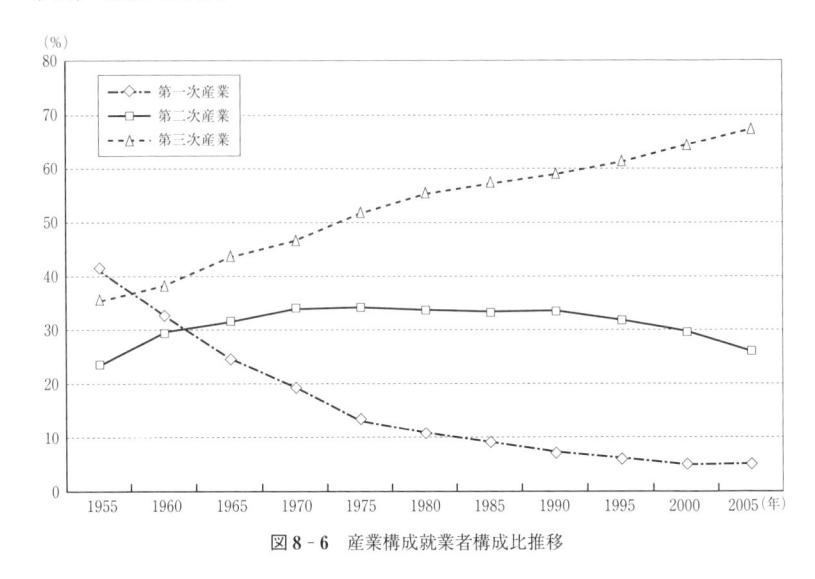

図8-6　産業構成就業者構成比推移

化現象という新たな課題を抱え込むこととなった。すなわち，東京圏への経済集中傾向とサービス経済化における大阪圏の経済の型の模索という新たな課題である。他方，中部圏は乗用車を中心とする地道なモノづくり路線を継続し，ひとり当たり所得でも着実な増加を示している。こうしてサービス経済化の進展のなかで三大都市圏の分解と地方圏の衰退という地域経済構造上の大きな課題を背負い込むこととなったのである。なお，地方圏のなかでも東京圏周辺である関東甲信越地方は地道な動きを示しており，東京圏の拡大傾向への予兆が見られる。

　また，この時期は1970年以降の円高傾向が加速した時期であり，このなかで地方に立地した工場が海外（特にASEAN諸国）に移転したが，なかでも大阪圏の（中小工場も含めた）工場の海外移転が目立った。この理由については大阪圏の企業が海外との関係が深かった等，諸説あるが，大阪圏の工場が必ずしも高度技術を有していなかったという面も否定できないであろう。

## バブル経済期——1986〜1990年

　1985年のプラザ合意による円高の進展，内需拡大政策の推進，円高という円の価値の上昇による外資系金融機関の東京進出，不動産および株価格の高騰等，バブル経済期は嵐のような時期であった。ただし，バブル経済で踊ったのは東京圏だけであって，大阪，名古屋および地方圏はほとんどその余波を受けなかったのが実情である。

　バブル経済を産業構造面から見ると，ひとつはサービス産業，特にビジネスサービス産業，なかでも金融関連業，不動産業が大きなウェイトを占めた時期であった。サービス産業は集積の利益を享受するため，東京への一極集中が加速した。戦前までに構築された政治・行政・立法・教育（大学）・（シンクタンク等の）研究所・情報（テレビ局等）の東京への集中政策がここで一挙に効果を発揮した時期でもあった。東京一極集中是正を目的として策定されつつあった第四次全国総合開発計画（1987年）は，中曽根内閣の大都市重視政策により修正を施され，東京一極集中を加速させる結果を招いた。また，首都移転計画も議論の俎上には載ったが，現実化されることはなかった。

　この時期に大阪から東京への本社移転が加速した。以前からサービス経済化とともに衰退傾向があった大阪圏は，この時期を境にさらに経済の地盤沈下が進展し，人口減少も歯止めがかからなくなってきた。この時期における東京圏への生産年齢人口流入のうち最も大きいのは京都府，大阪府，奈良県，兵庫県の順になっており，大阪圏経済が東京圏経済に吸収されていくことがうかがわれる。大阪経済が地盤沈下した原因については，大阪経済に大きなウェイトを占めていた卸売機能の低下等，諸説あるが，基本はサービス産業の高度化が一極集中傾向をもち，東京圏がサービス経済に有効なあらゆる機能を集中させていたことによるものであろう。

　地方圏に関しても，軒並み人口増加率が低下しているなかで，東京一極集中の余波を受けて首都圏周辺の関東甲信越地方，特に東北新幹線沿いの群馬，栃木，茨城県の人口が伸びた（伸び率低下が止まった）時期であった。地域経済構造全体からすると，関東地方を中心部とする日本列島のお腹のあたりが急激に膨れ上がった時期であった。

## 公共主導型経済期——1991〜2000年

　1990年代前半は，バブル経済は崩壊していたがまだバブル経済の夢に浸っていた時期であった。中国が改革開放に向かい，欧米諸国が冷戦終結後の行財政改革を推進するなかで，わが国には旧来型の政治・行政のしくみがそのまま残っており，経済の国際競争力が急激に低下しているにもかかわらず，バブル経済の余韻に浸って景気回復の時期を予測していたような状況だったのである。また，円高傾向が続き，中国の改革開放の動きを背景に，特に地方圏に立地していた工場の（80年代のASEAN中心から中国を含めた東アジア全体にわたる）海外移転が進展し，地方圏の経済は困窮を極めた。これら諸事情を背景に，地方圏から経済政策に対する不満の声が上がり，1993年には景気低迷の責任を問われ長期間にわたった自民党単独政権に終止符が打たれた。しかし，景気は一向に盛り上がらず，財政主導型の景気対策が次々に打たれることとなる。数次にわたって補正予算を組む等公共事業の大判振る舞いが行われた。先進諸外国が冷戦構造時代に膨れ上がった膨大な公的債務対策のために，行財政改革を推進しているなかで，逆行した動きを行った時期といえ，「失われた10年」と振り返られる時代であった。

　公共事業が地方圏に手厚く行われた結果，経済状態は大都市圏に比べて地方圏のほうが比較的良かった。反面，大都市，特に東京圏はバブル経済の反動で厳しい状況となり，90年代半ばには一時的に人口増加率がマイナス（人口減少）になった。

　この時期は，地方圏はおしなべて良い状態であったが，人口増加率で見ると，特に経済に占める公共事業のウェイトが高い北海道，東北，北陸地方の伸びの回復が目立った。ひとり当たり所得も地方圏が軒並み上昇を続けたのに比べ，首都圏および近畿圏はむしろ低下した。他方，バブル経済期にも地道にモノづくりを続けてきた名古屋圏は人口面でも所得面でも比較的マイナス幅が小さかった。

　この時期に注目されるのは大阪圏のさらなる停滞である。本社機能は引き続き東京への流出が止まらず，大阪圏から東京圏への人口流出が続いた。さらに深刻なのは，大阪圏から東京圏への流出に加え（地道なモノづくりを続けていた）

名古屋圏への生産年齢人口の流出である。これは，大阪圏と名古屋圏の経済規模を考えれば人口のグラビティ法則に反するものであり，大阪圏の地方化が引き続き叫ばれた時期であった。

しかし，90年代の公共事業主導型経済構造は国の財政破綻を招き，90年代終わり頃から経済政策は手詰まり状態になって公共事業予算も縮小され，わが国経済は暗いトンネルへと入ることとなった。

### 構造改革期——2000年以降

2001年，構造改革を掲げた小泉内閣が成立すると，地域経済構造は一変する。公共事業の縮小，規制緩和，市場経済に軸足を置く経済政策は，サービス経済化における地域経済構造の流れを増幅させ，再び東京圏への一極集中を招いた。東京圏は，前述のように，政治，行政，司法，教育（大学・研究所）の中心地であるのに加えて，金融，企業本社の中心地ともなり，さらには情報産業，文化の中心地ともなりつつある。旅客輸送体系でも，鉄道，航空は東京をハブとする輸送体系が形成されつつある。

こうしたなかで2002年に「首都圏における工場等制限法」が廃止された。情報産業における映像ソフト制作等のコンテンツ産業が東京圏を中心に発展し，これらは工場なのか事務所なのか判別がつかない。つまり，法律による規制に余り意味がないため廃止されたものとも考えられるが，これにより東京圏は，一大情報制作工場ともなりつつある。

情報化の進展が地域構造に与える影響についてはこれまでもいろいろ議論されてきたが，ビジネス面ではますます大都市集中を促しており，東京都心は一大情報装備都市となっている。このように，あらゆる面が東京集中に向かう産業構造となっている。

名古屋圏は相変わらず地道なモノづくりを続けており，サービス経済化のなかでも浮き沈みは小さいが，大阪圏は依然低迷しているのが現状である。また，地方圏は，公共事業縮小の影響もあり，全地域で厳しい環境となっており，人口も減少に転じているが，そのなかでも大都市から離れた地域，北海道，北東北，山陰地方西部，南東九州，南西四国の各地方はきわめて厳しい状況となっ

ている。

　地方圏の経済にとってのさらなるマイナス材料は，工場立地の動きである。グローバル化の中で海外への工場移転が進展しているが，海外工場においても一定の技術レベルを保持するために国内にはマザー工場を建設する動きが出てきている。このマザー工場は研究所と一体として建設されることが多く，その場合には大都市周辺に立地する傾向が強く，地方圏への工場立地はますます厳しくなっている。さらに最近では研究所を含めて海外移転を行うケースも出てきており，地方圏経済の環境はさらに厳しいものがある。しかし，地方圏が再び公共事業に頼ることは困難であり，地域資源を活用した地道な地域振興の道を探っているのが現状である。

## ④　どのような経済要因が地域経済を変えたか

　どのような経済要因が地域経済に影響を及ぼしたかを見るのは簡単ではないが，3節で述べた「経済構造の変化は地域をどのように変えたか」を補完するために触れてみることとする。その時々のいかなる経済要素が地域経済にどのように影響を及ぼしているかを見るために，地域経済を構成するさまざまな要素のなかから独立性が強い項目を選択し感度分析を行うことにより，経済要素が地域経済の地域別変化を説明する項目を抽出した。その上で，地域経済を説明する要因を主成分分析により相関行列を出発行列として抽出した。時期区分は，3節で区分けした区分と同じとした。その結果，「人口（対前年比）」「高齢化率」「第一次産業比率」「第二次産業比率」「第三次産業比率」「完全失業率」「ひとり当たり県民所得」「財政力指数」「ひとり当たり行政投資額」「労働生産性」「ひとり当たり小売業年間販売額」「学歴指数（大学卒以上＝1，短大および高専卒＝0.5として，居住者における比率を県別，年次別に計算）」の13の経済要素で寄与率50％以上を達成した。1955～65年の比較的経済構造がシンプルな時期においては，65％程度の寄与率を達成したが，前述のように経済構造が複雑になった1976～85年の時期においては寄与率が49％程度に低下した。その結果は，図8-7の通りである。詳細は，光多・後藤・宍戸（2010）を参照していただ

第 8 章　経済が地域に及ぼす影響

きたい。
　このグラフから，いかなる経済要因が地域経済構造を動かしているかについて見ると，まず，期全体を通して，地域経済にプラスの影響を与えている経済要素は，「第二次および第三次産業のレベル」「労働生産性」「財政力指数」「ひとり当たり県民所得」「人口伸び率」「学歴指数」であり，逆にマイナスの影響を与えている経済要素は，「第一次産業比率」および「高齢化率」であることが指摘される。ただし，これらのうち，「財政力指数」「ひとり当たり県民所得」「人口伸び率」および「人口伸び率」は鶏と卵の関係にある面も否定できない。すなわち，例えば地域経済構造が良い状態にあれば地域の所得は向上し，自治体の財政力は向上するという関係にある面もあり得よう。
　次に，期別にいかなる経済要素が地域経済構造を動かしているかについて見る。1955～65年の重化学工業中心の経済構造の時には，人口伸び率や財政力がプラス方向に大きな影響を与えていることに加えて第二次産業比率値に大きな影響を与えている。さらに，この期で注目されるのは，サービス経済化に突入する前段階にもかかわらず第三次産業比率値が地域経済にかなり大きな影響を与えていることである。もちろん，この時期は大都市，太平洋ベルト地帯を中心とする地域の経済成長が大きかったが，これら地域は大都市でありサービス産業もそれなりに成長していたということもいえよう。また，行政投資のレベルがプラスの影響を与えているのは，この時期は社会インフラ整備が遅れており，また比較的行政投資が必要な（効果が高い）地域に投資されていたことを反映しているのであろう。
　1966～75年の重化学工業に加えて加工組立工業が成長し地方回帰が起こった時期は，やはり人口伸び率や財政力が大きな影響を与えているが，これに加えて第二次，第三次産業比率，すなわち産業構成が大きな影響を与えている。産業構成の高度化レベルが地域経済構造に大きな影響を与えていた時期といえよう。
　1976～85年期の，経済成長率低下，国際化等，複雑な経済環境のなかでサービス経済化が進展した時期においては，やはり，第一次，二次，三次産業比率の産業構成が大きな影響を与えているが，興味深いのはこの時期を境にして行

第Ⅱ部 地域をとらえる

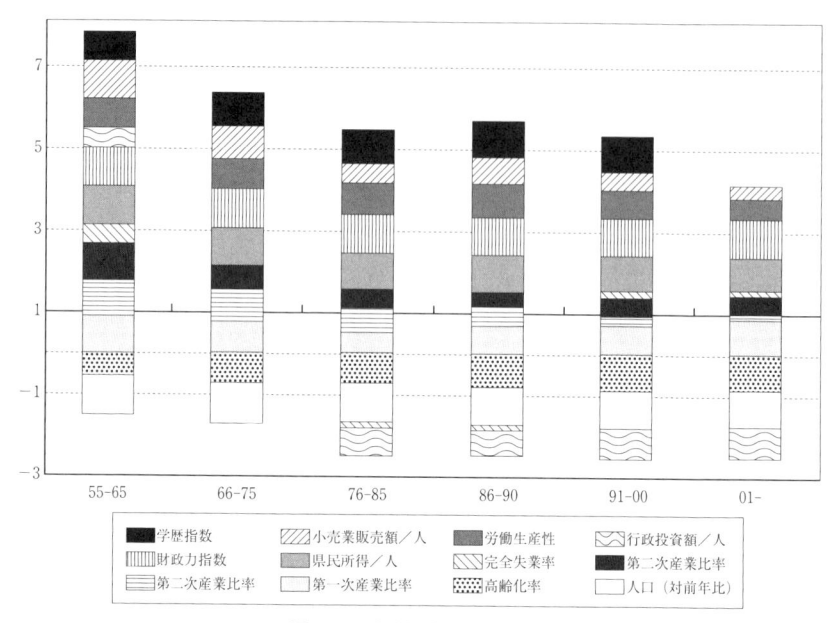

図8-7 地域経済変動要因推移

凡例:
学歴指数／小売業販売額／人／労働生産性／行政投資額／人
財政力指数／県民所得／人／完全失業率／第二次産業比率
第二次産業比率／第一次産業比率／高齢化率／人口（対前年比）

政投資額のレベルすなわち公共投資依存度は地域経済力に対してマイナスの影響を与えていることである。これは，この時期頃より公共投資が効果的な投資に向けられるよりも経済力が低い地域の景気対策として行われる傾向にあったことを反映しているものであろう。

1985〜90年のいわゆるバブル経済期においては，産業構造に加えて学歴指数，小売水準等のいわゆる大都市特有の指数が大きな影響を与えている一方，行政投資依存地域は結果的にマイナスの影響を受ける結果となっている。公共事業に依存する地域は短期的には効果があるかも知れないが，結局は地域経済にとってよい結果を生まないことの証左であろう。なお，1980年頃より地盤沈下が著しい大阪府は当期の学歴指数が全国平均0.148に対して0.161と全国平均とそれほど違わない水準となっている（東京都 0.227）。さらに，次の1991年以降の時期になると全国平均0.190に対し0.200とほとんど差がなくなってくる（東京都 0.286）。この学歴指数は本来，情報リテラシー指数を取ろうとしたが

データの制約から難しかったため代替指数として取ったものであり，情報化の進展への対応力という点からも大阪の地盤沈下の一因がうかがわれる。

1991～2000年の公共事業主導型期においては，やはり産業構造の影響が大きいが，そのなかで第二次産業比率の影響が小さくなってきていることに留意すべきであろう。これは，当期において経済のグローバル化，円高を背景に地方の安い労賃に根差して立地した工場の海外進出により疲弊する地域が続出したことの現われであろう。また，この期は公共事業主導で比較的地方の状態が良かった時期であるが，行政投資額水準は地域経済に対してはマイナスに働いており，公共事業依存型経済の脆さを物語っているといえよう。

2001年以降の構造改革期においては，第二次産業比率のプラス値がきわめて小さくなっていることが特徴的である。寂しいことであるが，モノづくり依存地域が全国的に見ると決して良い結果を生んでいないことを物語っている。地域資源を活かした観光産業等にシフトしていくことが求められているのであろうか。なお，当期は寄与率が低くなっているが，これは統計上学歴指数が取れないためであり，これを含めると相応に高い値を示しているものと推測される。

## 5 経済と地域学

経済が地域をいかに変えるかについてのひとつの見方として，ここでは人の動きと所得水準に焦点を当てて述べてきたが，これまでに述べてきたことをまとめると図8-8の通りとなる。経済発展段階または経済構造によっていかなる経済要素が地域に影響を与えているかが多少理解しやすくなるだろう。

経済のどのような要素が地域に影響を与えるかは，地域学の大きな論題である。これまで見たように物質的豊かさの追求が経済の中心であった経済発展段階では経済が地域に及ぼす影響は比較的理解しやすかったともいえる。というのも「物質的豊かさ」が経済の最重要要素であったために，経済発展段階または産業構造の変化に応じて地域に影響を及ぼす経済要素がある程度解明できたからである。

では，これからのグローバル化，高度サービス経済化，知識資本主義社会に

第Ⅱ部 地域をとらえる

| 時間区分 | 1955-65 | 1965-75 | 1976-85 | 1986-1900 | 1991-2000 | 2001-2005 |
|---|---|---|---|---|---|---|
| 産業構造の特色 | 重化学工業型経済 | | 加工組立型経済 | バブル経済 | グローバル化 | 構造改革 |
| | | | | | 財政出動 | |
| | | | サービス経済化⇒サービス経済化の進展⇒情報化時代 | | | |
| 産業構造が地域に与える影響 | | 太平洋ベルト地帯中心の経済開発 | | 東京圏への一極集中 | 東京圏一極再集中 | |
| | | 新産業都市等による工場の地方分散政策 | | | 大阪圏の衰退 | |
| | | エネルギー革命による産炭地の経済衰退 | | | 地方圏への回帰 | |
| | | | 地方内陸都市への工場立地・人口の地方 | | 大都市周辺への工場立地 | |
| | | | | 工場の海外移転 | | |
| 産業構造に影響を与える経済要素 | プラス要素 | 第二次・第三次産業比率・労働生産性・財政力指数・ひとり当たり所得・人口伸び率 | | | | |
| | | 行政投資 | | 小売売上 | | |
| | マイナス要素 | | 第一次産業比率・高齢化率 | | | |
| | | | | | 行政投資 | |

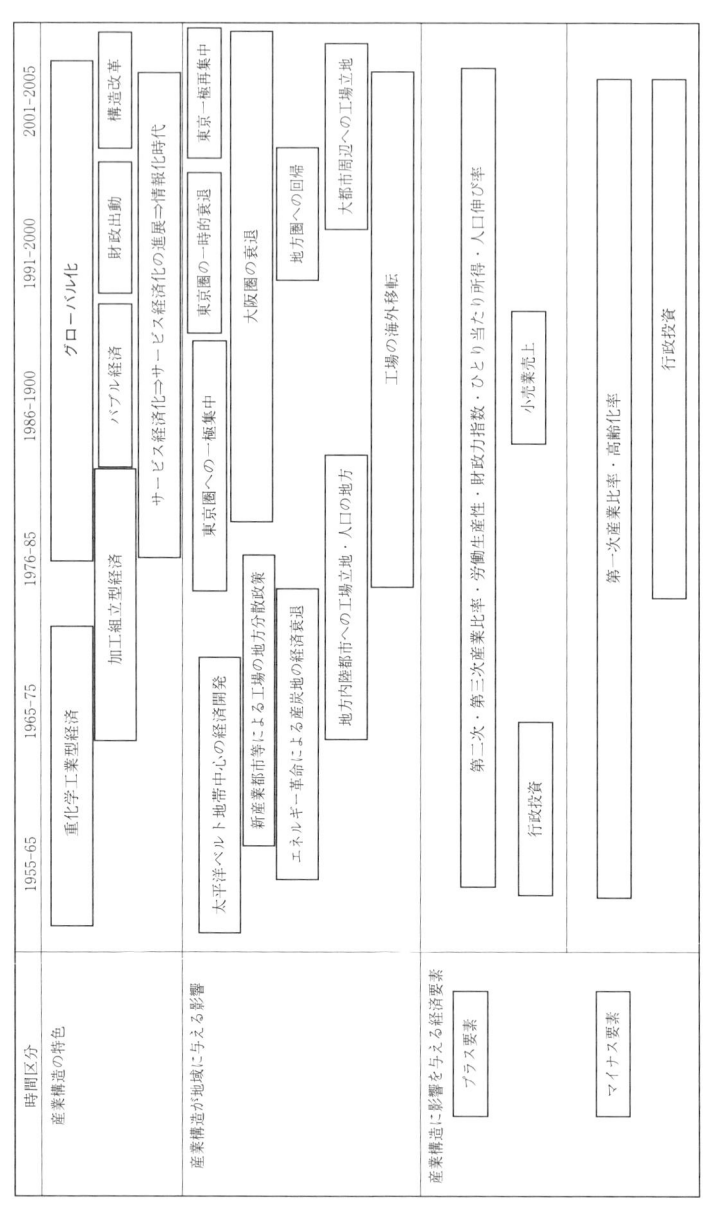

図8-8 経済が地域に及ぼす影響構図

## 第8章 経済が地域に及ぼす影響

おいてはどのような経済要素が地域に影響を与えていくのであろうか。換言すれば地域はどのような要素によって動いていくのであろうか。これこそが今後の地域学の最重要論題のひとつであろう。この深遠で新たな論題に対する議論の糸口として次の点を指摘しておきたい。

第一に，経済の中心命題がどう変化していくかということである。環境問題に見られるように外部不経済が大きな問題となっている現在，従来の経済指標であった GDP に代わって GPI（Genuine Progress Indicator：真の進歩を示す指数。例えば，子育て・家事労働・奉仕活動など市場を通過せずに社会にプラスになる要因を計測対象とし，戦争・テロ・暴力・公害をはじめとする社会にマイナスになる要因は計測対象外とする）や，HDI（Human Development Index：人間開発指数。出生時平均余命，識字率，就学率，ひとり当たり購買力平価等から算出する），HPI（Happy Planet Index：幸福度指数。生活満足度・寿命・環境負荷などから算出する）等の新たな指標を経済の中心指標とすべきとの議論も行われている。ちなみに，ヨーロッパ諸国の地域政策の代表的な指標は雇用であり，EU の地域振興補助金も従来の後進地域に対する補助金から雇用を軸とした補助体系に変わりつつある。

第二に，どのような経済要素が地域に影響を及ぼすこととなるのか，地域は何によってどう動くのかということである。それはひとつの要素ではなく，複数の多様な要素であるかもしれない。また，地域も全国画一的な動きではなく，地域によってさまざまな動きをしていくであろう。東京対地方の関係も大きな論点となるであろう。例えば，アメリカでは，都市の魅力度（「交通の利便性」「犯罪率」「文化度」「教育環境」「雇用」「気候」「医療環境」等の要素からなる）を評価し，高い評価を受けた都市の人口が増加している。

第三に，経済の国際化あるいは，国際的な経済の動きが国内および地域の経済に影響を与えつつ地域のあり方を規定していく。その動きを視野に入れていくことが重要となる。第2章でも述べたように，地域経済の分析対象範囲が多層性を持つということである。

個々の地域ばかりを見ていても地域は理解できない。たとえば，鳥取県という経済単位を見るときにも，日本経済，北東アジア経済，世界経済の中の鳥取県といったグローバルな視点で見ないと真の姿は理解できない。通貨統合が進

展している EU 内の一国の財政危機が世界の金融情勢に影響を与え，日本経済へのさまざまな面への影響を通して鳥取県経済に影響を与える時代である。まさに，「鳥取県という地域だけを見ていても鳥取県は分からない」。地域を見る際の多層的，かつ，幅広い視点が要求されることとなるのである。

　地域学とは，これら複雑かつ深遠な論題に対して果敢に挑戦していく使命を背負っている。

**文献**
阿部恒久，1997，『裏日本はいかにつくられたか』日本経済評論社
下河辺惇，1994，『戦後国土計画への証言』日本経済評論社
土志田征一，2001，『戦後日本経済の歩み』有斐閣選書
星野進保，2003，『政治としての経済計画』日本経済評論社
御厨貴，2007，『明治国家をつくる――地方経営と首都計画』藤原書店
光多長温・後藤和雄・宍戸駿太郎，2010，「地域経済変動要因に関する一考察」『地域学研究』40(2)：339-351

## Column

古民家の価値

成相 脩

　今から約10年前，わたしたちNPO日本古民家研究会が古民家について研究を始めた頃，空き家になった古民家は「大きなゴミ」として扱われ，「地域の厄介者」の代名詞のようにいわれていた。古民家の調査を行い，島根県に約18万棟もの古民家の存在を確認。さらに毎年200棟もの古民家が解体，焼却処分されていることがわかった。古民家には，今では手に入らないような良質の木材が使用されており，100年近く時間をかけて乾燥されたものだ。「ゴミを地域資源に！」を合言葉に，空き家になった古民家の利活用を行うことにより，地域景観の保全やまちづくりを行おうと考えた。古民家の利活用には，大きく分けて二通りある。現地再生と移築再生である。本来，古民家の活用は，現地再生が最も望ましい。長い間，地域の景観を担ってきた建物であり，その地域の「記憶」に深く刻まれているからだ。しかし，山奥や，その場所での活用ができないものについては，解体移築という方法をとっている。

　現地再生にはさまざまな方法があり，特に町屋の古民家の活用方法は多岐にわたる。宿，土産物店，商業施設や住宅，さらにU・Iターン者の住居などわたしたちが手掛けたものもさまざまである。一方，解体移築でこれまでに行った最大の事業が，島根県大田市の「客殿」と呼ばれる離れをフランス，ボアチェ市へ解体移築した事業である。2004年秋，ドイツの美術館，ヴィトラ・デザイン・ミュージアム館長アレキサンダー・フォン・ヘゲサック氏からの要請により，フランス，ボアチェ市にある300haもの広大な氏の私有地への移築計画が始まった。この夢のような話は，簡単には進まなかった。資金調達から始まり，輸出のための梱包，検疫対策など気の遠くなるような作業，4人の島根の匠の派遣，資材と工事期間のないなかでの建設など，双方が何度も挫折を繰り返しながら，足掛け5年にも及ぶプロジェクトを完成させた。この古民家移築は日仏国交150周年を記念し，フランスと島根との文化交流の先駆けとなるように企画された。島根の山奥で放置されていた古民家。誰も見向きもしなかった「大きなゴミ」が海を渡り，日本文化の象徴としてフランスの地で新たな価値をもって今後生き続けてくれることであろう（図終-7）。

　わたしたちの最終目標は「人の命を含めた，ものを大切にする心を子どもたちに伝える」ことである。フランス移築を機に始まる新プロジェクト「しまね・ボアビュシェ・サマーワークショップ」は，日本人の子どもたちだけでなく世界の子どもたちが島根に集結するという，これまでになかったプロジェクトに発展しようとしている。わたしたちは，古民家移築プロジェクトで終わるのではなく，そこから始まる新たな文化交流や，経済交流に繋げていく役割を担っているのだと感じている。

# 第Ⅲ部

## 地域をとりもどす

# 第9章　地域がつくる福祉

竹川俊夫

## 1　「福祉」とは何か

**社会福祉・社会保障と福祉国家**

　「福祉」という言葉を辞書で引いてみると，例えば『精選版日本語大辞典』（小学館）においては，「幸福。さいわい。現代では，特に，公的配慮による，社会の成員の物的・経済的な充足をいう」とある。「福祉」といわれれば，一般的には，「公的配慮による物的・経済的な充足」，すなわち，高齢者介護をはじめとする行政の福祉制度やサービスを思い浮かべることが多いと思われるが，本来は「幸福，さいわい」という状態を意味する言葉であった。したがって，地方自治法第1条の2には，「地方公共団体は，住民の福祉の増進を図ることを基本として，地域における行政を自主的かつ総合的に実施する役割を広く担うものとする」と規定しているが，この「住民の福祉の増進」とは，自治体活動の目的が「住民の幸せ」の増大にあるという意味であって，その役割がもっぱら福祉サービスの提供にあるというのではない。

　一方，制度やサービスとしての福祉は，「社会福祉」や「社会保障」とも呼ばれる。『広辞苑第六版』（岩波書店）を参照すると，「社会福祉」は，「国民の生存権を保障するため，貧困者や保護を必要とする児童・母子家庭・高齢者・身体障害者など社会的障害を持つ人々に対する援護・育成・更生を図ろうとする公私の社会的努力を組織的に行うこと（以下略）」とあり，また「社会保障」は，「国民の生存権の確保を目的とする国家的保障。日本では社会保険・生活

保護・社会福祉事業・公衆衛生を主な内容として，失業・労働災害・病気・死亡などの事態に備える」とある。生存権保障という共通の目的のもとに存在する両者の概念上の相違は，「社会福祉（事業）」が，貧困者，児童，高齢者，障がい者といった課題別の集団ごとに構成された制度やサービスであるのに対し，「社会保障」は，社会福祉（事業）の他にも公的年金や医療保険などの「社会保険」ならびに疾病予防や環境衛生を担う「公衆衛生」を含む，国民全体を対象とする広範な制度・サービスの体系だという点である。しかしながら，「社会保障」の予算を「国の福祉予算」と表現することがあるように，これらの言葉は同様の意味で用いられることが少なくなく，両者の相違は必ずしも明瞭ではない。

　先に「福祉」の本来の意味は，「幸福，さいわい」であると述べたが，そこに制度やサービスとしての意味が加えられたのは，第二次大戦後，欧米に学んで「公的配慮による物的・経済的な充足」のためのしくみが導入された際，それらを示す welfare という英語の訳語として「福祉」が用いられたからである。第二次大戦後，西欧の先進資本主義諸国は，冷戦時代の国家戦略として，「戦争国家（Warfare State）」から完全雇用政策や社会保障政策を通じて国民の最低限度の生活保障を目指す「福祉国家（Welfare State）」への転換を試みるようになった。その先鋒であったイギリスの試みは，当時の西側諸国に大きな影響を与え，程度の差はあれ多くの国々が福祉国家への途を歩み始めた。日本も欧米の先進福祉国家から大きな影響を受けた国のひとつであったが，戦後日本の社会福祉・社会保障の発展の後押しをしたものこそ，日本国憲法第25条における生存権保障規定であった。そこでは，国民の最低限度の生活を営む権利が宣言されるとともに，第2項において「国は，すべての生活部面について，社会福祉，社会保障及び公衆衛生の向上及び増進に努めなければならない」とされた。こうして社会福祉・社会保障のしくみは，国家責任原則のもとで国民の生存権を保障するための制度・政策体系に位置づけられるとともに，その後の高度経済成長を背景にしながら発展を遂げることとなった。

## 「国がつくる福祉」から「地域がつくる福祉」へ

　第二次大戦後から高度経済成長期にかけては，新憲法体制のもとで「国」を頂点とする社会福祉・社会保障のしくみが次第に整えられていった時期である。その主な歴史を紐解くと，戦後の混乱のなか1950年までに，GHQ の指導のもとで生活保護法，児童福祉法，身体障害者福祉法が制定され，福祉三法体制が構築された。ここから1960年までの10年間には，医療保険や年金制度の再建が進められ，1961年には誰もが公的な医療保険と年金保険に加入する皆保険・皆年金体制が整った。その後社会福祉の体制は，1960年代の半ばまでに，知的障害者福祉法，老人福祉法，母子及び寡婦福祉法が制定されて福祉六法体制へと拡大していき，経済成長に特化した政策の陰で過疎過密や公害などの社会問題がピークを迎えた1970年前後には，「社会福祉施設緊急整備5カ年計画」によって保育所・児童館や特別養護老人ホームなどの増設が図られたほか，年金額の大幅な引き上げや児童手当制度の創設など，さまざまな福祉拡充策が実施された。なかでも1973年には，東京都などの一部の自治体が先駆的に実施していた老人医療の無料化が国の制度となるという象徴的な出来事があり，この年の厚生白書は当年を日本の「福祉元年」と位置づけるほどであった。しかしながら，1974年に世界を襲ったオイルショックによって高度経済成長が急速に終わりを告げると，厳しい国の財政事情によって福祉拡充の方針は「福祉見直し」へと一転し，所得制限や自己負担の強化などによる引き締めが実施されるようになった。そして，1982年には「福祉元年」の象徴であった無料老人医療制度も廃止された。

　オイルショック後の社会福祉・社会保障は，悪化する財政状況と将来の高齢化への備えという背反する課題に直面して，難しい舵取りが求められるようになった。「福祉改革」の名のもとに福祉制度やサービスにさまざまな変化が生じることとなったが，そのなかで最も大きな変化のひとつは，「国がつくる福祉」から「地域がつくる福祉」への転換であった。「国がつくる福祉」とは，国家主導の中央集権的で全国一律的な福祉のあり方のことで，対人ケアサービスにおいても，老人ホームなどの大規模施設を中心に，管理的かつ画一的な処遇がなされることを特徴としてきた。戦前からの中央集権システムに依拠して

きた福祉のあり方は，終戦直後から高度経済成長期にかけては一定の役割を果たしてきたものの，高齢化の進展と生活水準の向上によって，福祉サービス利用者が貧困者や一部の少数派に限定されなくなると，多様化する福祉ニーズに対して，柔軟に対応するのが難しいという限界が見られるようになっていった。このような事態に対しノーマライゼーションを推進する立場からは，施設中心の「国がつくる福祉」への強い批判が起き，「地域福祉」という新たな学問・実践領域が提起されることとなった。1974年に『地域福祉論』を著し地域福祉研究の草分けとなった岡村重夫は，従来の福祉が，「援助の対象者を，問題発生の根源である地域社会や家族からひき離して，収容施設に隔離的に保護することで終ろうとしてきた。それは問題発生の直接の原因としての地域社会や家族の生活状況を無視するものであるから，決して真の問題解決でも，『治療』でもない」（岡村 1974：2）と批判し，地域コミュニティを基盤に住民が主体的に福祉に参加し，さらに専門職による福祉サービスとも連携しながら総合的に生活問題の解決にあたるしくみ（コミュニティケア）の必要性を提起した。

地域福祉のこうした問題提起は，1980年代に入ると「在宅福祉」という新たなケアサービスの構築へとつながる。80年代より少子高齢化への社会的関心が高まってゆくが，施設よりも相対的に低いコストでサービスの整備が可能ということもあって，国は積極的に在宅福祉化の流れを後押しし，さらにそれを身近な自治体である市町村が主体的に進められるよう，1986年に機関委任事務を団体委任事務に転換する地方分権化を行った。(1)すでにイギリスでは，1970年に制定された地方自治体社会サービス法によって，基礎自治体に福祉機能を統合した社会サービス部が設置され，地域を基盤にした福祉（コミュニティケア）の推進体制が確立されており，日本の福祉のあり方をめぐる議論のなかでも，さらなる分権化が大きな課題としてとらえられてきた。そこで1990年に実施された社会福祉関係八法改正(2)の中では，①高齢者保健福祉計画の都道府県・市町村での策定義務づけ，②福祉サービスの受給手続きの市町村一元化というふたつの分権改革が実現された。①は1989年の消費税導入を受けて登場した国の「高齢者保健福祉10カ年戦略（ゴールドプラン）」の自治体版であり，21世紀の高齢者介護サービスの運営に関して，自治体が政策の立案と実現に責任をもって取

り組むよう，数値目標を掲げてその整備を推進した。②は，特に郡（町村）部における福祉サービスの受給手続きについて，従来はその多くを都道府県の福祉事務所が取り扱っていたために窓口が遠くサービスごとに申請先もまちまちだったものを，市区町村という身近な自治体に権限を一元化しようとするものである。こうして1990年代には，市町村において高齢者分野を皮切りに，障がい者，児童といった対象分野別の福祉計画づくりを通じて，在宅福祉サービスの基盤整備が急ピッチで進められた。

　さらに2000年には「措置から契約へ」をスローガンに掲げた社会福祉基礎構造改革が実施された。(3) 保護主義的で自己決定権が保障されづらい制度上の限界をもつ措置制度は一部を除いて廃止され，代わりにサービス事業者を自ら選んで契約する利用制度へと転換された。同年には介護保険制度の運用も開始されたが，これら一連の改革によって，行政は直接的なケアサービスの供給者としての役割から大きく後退するとともに，福祉サービス事業者は，準市場（quasi-market）と呼ばれる官製の福祉市場のなかで競争関係に置かれるようになった。こうして福祉の民営化・市場化が進められる一方で，「措置から契約へ」と並ぶ改革の柱として「地域福祉の推進」が掲げられ，市町村において「地域福祉計画」を策定してその推進に努めることが法制化された。社会福祉法第4条「地域福祉の推進」には，「地域住民，社会福祉を目的とする事業を経営する者及び社会福祉に関する活動を行う者は，相互に協力し……地域福祉の推進に努めなければならない」と明記されており，これまでのような「福祉＝国の役割」という一元的な構造を脱して，自治体や地域住民はもとより，福祉に関わる地域の多様な主体がネットワークを形成し，相互に協力してつくる福祉，すなわち「地域がつくる福祉」の発展が期待されている。

## 「地域がつくる福祉」の展開とその財源

　1980年代から「国がつくる福祉」のあり方に大きな変化が生じ，1990年・2000年の2度の改革によって「地域がつくる福祉」への転換が本格的に実施された一方で，「地域がつくる福祉」のなかで地域住民が伝統的に担ってきた民間福祉活動の発展も大きな課題になっている。ここではその源流から今日に至

る展開と今後の展望を概観したい。

　地域福祉研究においては，近代的な民間福祉活動の源流として，産業革命以降深刻化した都市の貧困問題に対応するため1869年にロンドンで生まれた「慈善組織協会（Charity Organization Society：COS）」，同じくロンドンのスラム街で1884年に生まれた「セツルメント（Settlement）」，そして1918年に勃発した米騒動を機に大阪府がドイツのエルバーフェルド市の救貧委員制度を参考にして設置した「方面委員制度」の3つが指摘される。COSは，ロンドン各地でバラバラに活動していた慈善活動団体の連絡調整機関であり，COSのボランティア活動者は「友愛訪問」と称して貧困者の元に出向いて個別状況を詳細に把握することで支援の漏れや重複を防いだ。COSが蓄積した経験は，後に「ソーシャルワーク（Social Work）」という援助技術に体系化され，社会福祉専門職制度の創設へとつながった。日本版のCOSが登場したのは20世紀に入って間もなくの1908年であり，東京に中央慈善協会（後に日本社会事業協会に改称）が設立されると，さらに都道府県レベルにおいても協会の設立が進んだ。一方のセツルメントは，ケンブリッジをはじめとする大学の研究者や学生が中心になってスラム街に住み込み，地域住民との交流を通じて彼らがもつ文化教養を地域の貧困者層と分かちあうことから始まった実践である。日本でも1897年に片山潜によってキングスレー館が設立されたのを皮切りに，全国に100を超えるセツルメントが設立され，地域の実態に合わせて診療所や幼稚園・保育所などのさまざまなサービスが実施された。一方，大阪発祥の方面委員制度は，小学校区を担当区域（方面）として貧困者の実態把握を行い，公的救済への仲介を行うという役割が一定の機能を果たしたことで全国に波及し，1936年には方面委員令が制定されて国家制度へと発展した。

　以上の「地域がつくる福祉」の源流に共通するエッセンスは，社会問題解決への志をもった実践者が，地域に出向いてその実態を把握し，住民のニーズに即してさまざまな資源やサービスを開発・提供することであり，こうして生み出された実践の一部が，戦後の社会福祉・社会保障の基礎を形成することとなる。例えばセツルメントは，その大部分が第二次大戦中に閉鎖に追い込まれたが，一部の民間セツルメントは戦後に福祉施設へと発展を遂げて，今日もなお

地域に根ざした活動を続けている。また方面委員制度は，戦後いったん解散された後，間もなくして地域住民の立場にたって相談・援助を行う「民生委員制度」として再編され，今日に至るまで地域住民の暮らしを支える重要な役割を果たしてきた。さらに，民間福祉活動の連絡調整を担う日本社会事業協会は，1951年に「全国民生委員連盟」「恩賜財団同胞援護会」と合併して「（全国）社会福祉協議会」に再編されると，都道府県ならびに市町村レベルにおいても急速に結成の動きが進んだ。今日，社会福祉協議会は，全国・都道府県・市町村および政令指定都市の区まで法制化され，地域の福祉関係機関・団体の参加を得て各行政エリアにひとつずつ設置されている。

　かくして戦後しばらくの間，「地域福祉」といえば，自治会や民生委員，老人クラブ，障がい者団体などの地域団体が，社会福祉協議会の支援を受けて実施する民間福祉活動のことを意味してきたが，1980年代になると，「ボランティア」という概念が浸透し始めるとともに，高齢化の進展と在宅福祉化の動向のもとで「住民参加型在宅福祉サービス」と呼ばれる会員制の有償ボランティア活動も登場した(4)。さらに，障がい者団体に続いて介護者／介助者の会などの新たな当事者組織も生まれ，「地域がつくる福祉」の主体も多様化の時代を迎えた。1998年に特定非営利活動促進法が制定されると，NPO法人格を取得した団体のなかには，介護保険や障がい者サービスなどの福祉サービスの供給に参画するものも登場し，今日では，ボランタリーな福祉活動とビジネスとの両面的な性格をもち，地域の経済活性化の一翼をも担いうるコミュニティ・ビジネスとしてのあり方も模索されている。

　「地域がつくる福祉」の基盤整備においては，以上のような担い手の育成を進める他にも，それらの活動に必要な財源の確保が不可欠である。特に戦後改革の過程では，GHQの指導で公私分離の原則が導入されたことによって，民間福祉活動のための新たな財源づくりが急がれた。そこでアメリカのクリーブランド市で始められていた取り組みに倣って1947年に制度化されたのが「共同募金」である。「赤い羽根」で知られる共同募金運動は，当初，公私分離改革によって公的資金が途絶え，経営に窮した民間施設を救済する資金として活用されたが，民間施設へのサービス委託を可能にする措置制度が導入されたこと

で施設経営は安定化したため，代わって社会福祉協議会をはじめとする民間団体が担う地域福祉活動に広く分配されるようになった。共同募金運動は，毎年10月1日から12月末日まで行われ，2009年度には総額で約201億円の寄付が寄せられている。[5] しかしながらその総額は，近年の経済不況の影響を受けて1995年の約266億円をピークに年々減少を続けている。

今後もさらに少子高齢化が進み，地域福祉活動の役割も重要性が増そうとするなかで，共同募金のあり方についても，広くコミュニティの形成・再生に活用しうる財源へと転換を図りつつ，寄付文化の発展に向けて運動を活性化することが重要な課題となっている。一方，共同募金だけでは不足しがちな財源を補うため，個々の福祉活動に対して自治体が補助や委託を行う場合があるが，補助金・委託金への安易な依存は，民間福祉活動の生命線ともいうべき自主性や批判性を損なう危険性をはらんでいる。そのため活動の推進に向けては，共同募金運動の強化はもとより，住民会費制の導入や各種助成金の活用，コミュニティ・ビジネスによる収益確保など，多様な自主財源づくりへの創意工夫が求められている。

## ② 住民がつくる福祉
―小地域にねざした住民福祉活動―

**小地域の範囲と活動推進組織**

これまで見たように，「地域がつくる福祉」とは，法や制度に即して福祉サービスを展開する公的部門と，社会福祉協議会や民生委員，ボランティア，NPOといった多様な主体が自発的に活動する民間部門とが，「地域」を基盤に互いに連携しながら織りなす福祉実践の総体といえる。以下ではこの具体的な取り組みのいくつかを紹介するが，本節ではその最も基本といえる小地域に根ざした住民福祉活動に焦点を当て，続く3節ではNPOによる先駆的な実践に焦点を当ててみたい。

住民福祉活動の場としての「小地域」とは，伝統的に小・中学校区や自治会・町内会エリアなどの，住民による意思決定機能をもち，住民が集う拠点や福祉サービス事業所などの資源が一定程度整備されている範囲を意味してきた。

これは住民自治の単位と住民福祉活動の活動範囲とを一致させるためで，都市部では小学校区がその範囲になることが多い。例えば京都市の中心部では，明治時代に「番組」という住民自治組織によって住民センター機能を備えた小学校（番組小学校）づくりが進められた歴史がある。小学校の統廃合が進められた今日でも，かつての小学校区（元学区）が住民自治の単位であり，このエリアに自治会をはじめとする多種多様な地域組織が整備されている。

　市町村社会福祉協議会（市町村社協）は，これらのエリアに，自治会や婦人会・子ども会，地区民生委員協議会や老人クラブ，自主防災組織などの協力を得て「地区社会福祉協議会（地区社協）」や「校区福祉委員会」といった福祉活動の推進を主目的とする「地域福祉推進基礎組織」の結成を奨励している。一方，近年では市町村合併が進むなか，地方自治法が規定する「地域自治組織」が設置されるケースもあるが，小地域レベルにさまざまな機能を包含する住民自治組織がある場合には，その一部として福祉活動のための基礎組織を位置づけることもある。全国社会福祉協議会（全社協）（2010a）によれば，2009年4月1日現在，全国1,700余りの市町村のうち，約半数でこのような福祉活動のための基礎組織の設置が進められており，そのうち，前者の福祉活動を主目的とするタイプが8割と大部分を占めている。

## 主要な活動メニューとその現状
### ふれあい・いきいきサロン

　最近の小地域福祉活動のなかで急速にその数を増やしているのが「ふれあい・いきいきサロン」（サロン）である。公民館や自治会の集会所，時には民家の一室を会場とし，ここに独居高齢者や子育て中の親子，あるいは障がい者などの孤立しがちな住民が定期的に集い，民生委員の有志をはじめ，地区のボランティアの支えによって喫茶や食事，レクレーションなどのプログラムと会話を楽しみながら，地域での居場所づくりや仲間づくりを行う活動である。サロンの開催頻度は，毎日あるいは週に数回というものから年1回に至るまで多様であり，運営主体もまた，地区社協や民生委員，自治会などの地域組織から，ボランティアグループや有志の個人に至るまで多岐にわたる。

表9-1 ふれあい・いきいきサロンの実施状況の推移

| | 実施率 | 設置数 |
|---|---|---|
| 2009年 | 79.1% | 52,633 |
| 2003年 | 46.4% | 37,196 |
| 1997年 | 15.5% | 3,359 |

出所：全国社会福祉協議会，2010b，『NORMA』236より作成

　サロンは，1990年代に全社協の呼びかけで全国に広がり始め，地域の実情に合わせて柔軟な取り組みができることが功を奏して多くの地域で受け入れられるようになっていった。市町村社協による助成によって次第に活動のすそ野を拡大していったが，近年では市町村の介護予防事業（地域支援事業）と連携することでさらに実施率・設置数が増加し，1997年に3,359ヶ所（市町村社協の実施率15.5％）だった全国の設置数は，2009年には5万2,633ヶ所（同79.1％）まで大きく増加している（表9-1）。全社協（2010a）によれば，これらのサロンのうち，平均して週1回以上開催しているものは7.9％と少数派で，また対象者別の割合で見ると，高齢者83.1％，子育て家庭8.6％，複合型6.5％，障がい者1％と，その大部分は高齢者を対象とするものとなっている。

**小地域ネットワーク活動**

　全社協（2010a）によると，小地域ネットワーク活動とは，日常生活圏域（地区社協，小・中学校区，自治会・町内会等）を圏域に，地域の要援助者に対して，近隣住民が個人ないしはチームで，一定の継続性や組織性をもって行われる見守りおよび支援活動のことである。全国1,700余りの市町村社協のうち，2009年4月1日現在で小地域ネットワーク活動を実施しているのはほぼ半数の50.7％であり，見守りネットワーク活動の総数は13万4,696件に及ぶ。その主な対象別の割合は，独居高齢者が最多の54.3％，以下高齢者のみ世帯21.1％，要介護高齢者5.4％，身体障がい者3.2％であり，見守り活動もこれまでと同様に高齢者が大部分を占めている。地域によっては行政や市町村社協が，要援助者の近隣住民から見守り協力員を委嘱する制度を創設したり，新聞や牛乳などの訪問販売店，郵便局や宅配事業者などと協定を結んで，独居高齢者の安否確

認を組織的に行う事例も増加している。また，独居高齢者などの要援助者自身の協力によって，何らかの目印を無事のサインと決めて見守る側に示すことで，要援助者のプライバシーに配慮した活動を実践している地域もある。

小地域ネットワークという直接的な見守り活動の他にも，住民主体で実践されている間接的な見守り活動として「食事サービス」がある。これには「配食型」と呼ばれる弁当を事業者やボランティアが宅配するタイプのものと，「会食型」と呼ばれるサロン形式で対象となる住民や地区の世話人，ボランティアが一堂に会して食事を行うもののふたつがある。「配食型」には，高齢者などに毎日（1食または2食）弁当を届ける食生活支援タイプのものと，週数回から月1～2回ほどの頻度でボランティアが弁当を届ける見守りタイプの2通りが存在している。前者は行政が弁当業者などに委託して実施するケースが多いが，後者の見守りタイプについては，サロンや小地域ネットワーク活動とともに住民が自発的に取り組み，ボランティアの手づくりの弁当を独居高齢者などの対象者に届け，交流の輪を広げながら対象者の変調やSOSを発見する重要な役割を果たしている。

### 相談援助活動

小地域福祉活動のなかでもうひとつの重要な取り組みは，住民に身近な相談援助活動である。特に中心となるのは従来からその役割を担ってきた民生委員であり，住民から生活に関する相談を受け付け，必要に応じて行政サービスや地域福祉活動などの支援につなげる機能を果たしている。地区社協などの地域福祉推進基礎組織が存在する場合は，そのなかで民生委員が中心になって地域の活動拠点に相談窓口を設けることがある。このような小地域での相談援助活動のなかでも優れた実践で全国的にその名が知られ，「平成21年度地域づくり総務大臣表彰」を受賞したのが，千葉県松戸市の常盤平団地地区社協における「まつど孤独死予防センター」の相談援助活動である。以下その取り組みを簡潔に紹介しよう。

昭和40年頃の建設当時は夢のニュータウンと呼ばれ，約5,000戸という巨大な規模を誇った常盤平団地も，近年は高齢化と単身化，さらにはコミュニティ

の崩壊も進み，いわゆる「孤独死」が発生するようになった。しかし一般のイメージと異なり，ここでは特に中高年層でも比較的若い男性が孤立の末に孤独死する傾向が見られた。背景には，リストラや病気など，さまざまなトラブルによる家族関係の崩壊を経て，老朽化で家賃も安くなったこの団地に単身で転居してきたものの，地域でのつながりもなく，社会から孤立してしまうという現実があった。2001年の春には，団地をあげて孤独死問題を考えるきっかけになった事件が発生する。69歳の男性が1DKのキッチンの板の間で亡くなり，死後3年を経て白骨遺体となっていたのが発見されたのである。誰にも看取られずに最期を迎え，なおかつ3年もの長きにわたって周囲の誰もその死に気づかなかったという事実に，古くから団地に住む住民たちは強い衝撃を受けた。

　格差社会の広がりと家族・コミュニティの崩壊の末の孤独な最期。こうした悲劇を繰り返すまいと，団地の地区社協・民生委員・自治会は，互いに協力して立ち上がり，孤独死を考えるシンポジウムの開催などによる啓発活動や非常時に備えて必要な個人情報をカード化する「あんしん登録カード」の活用を推進した。こうして2004年には，団地の一角に常設の活動拠点である「まつど孤独死防止センター」を設けるに至る。センターが住民からの緊急通報を受け付けると，団地を管理する都市再生機構（UR）の管理事務所と警察，民生委員，自治会の関係者が現場に駆け付け，その後の一連の対応を連携して行うこととした。さらにセンターは，「孤独死ゼロ作戦」と銘打ち，孤独死の実態把握や独居高齢者の組織化，見守り・安否確認活動や挨拶運動などを一体的に推進する活動を展開したほか，支援を必要とする住民が気軽に訪問・電話できるよう「よろず相談窓口」を開設し，さらに2007年には出会いと仲間づくりの場として「ふれあい・いきいきサロン」活動を開始した。これらの一連の取り組みはマスコミの注目を集め，その活動が全国に知られるようになると，やがて県や厚生労働省をも動かし，2007年には国のモデル事業として「孤立死防止推進事業」を創設させるに至る。また2010年には，センターにNPO法人「孤独死ゼロ研究会」が設立され，孤独死対策に関する全国的な情報交換のネットワークづくりも進められている。[6]

## ③ NPOがつくる地域の終の棲家
―宮崎県宮崎市の「かあさんの家」―

### 「ケアつき共同住宅」というもうひとつの選択肢

　「国がつくる福祉」の伝統的なスタイルは，特別養護老人ホームなどの福祉施設を中心とする「施設福祉」であった。加えて日本の福祉サービスは，先進福祉国家に比べて全体的に整備が遅れていたため，事実上病院が福祉施設の代役を果たしてきたという側面もあった。その影響は人々が死を迎える場所にも現れており，1950年代初頭までは8割を占めていた自宅死の割合は減少を続け，近年では逆に病院死が8割以上を占めていることは周知の通りである。その後，1980年代になると財政難やノーマライゼーション理念の浸透，地域福祉研究からの問題提起などが重なり，ケアサービスそのものを「在宅福祉」へと転換する動きが始まったが，その際には，医療ケアの必要性の低い高齢者が，さまざまな理由で自宅復帰できずに入院を継続する「社会的入院」が社会問題化した。そのため，1986年に自宅復帰に向けた中間施設として「老人保健施設」が創設されてリハビリテーションの強化が図られ，さらに1990年代には，国のゴールドプランと自治体の高齢者保健福祉計画の推進により，在宅福祉サービスの基盤整備が急ピッチで進められていった。

　2000年に開始された介護保険制度の基本的な考え方も在宅福祉の推進にあったが，制度の開始からすでに10年が経過した今日も，介護施設への入所希望者は跡を絶たず，2009年12月の厚生労働省の発表によれば，特別養護老人ホームの入所待機者は延べ約42万人だという。一方，「社会的入院」の問題も依然として解決していない。ある調査研究によると，一般病床および療養病床に入院継続中の高齢患者のうち約32万人が社会的入院に該当し，退院ができない理由は，「家族の介護困難」や「家族の介護拒否」，「老人保健施設の空きがない」などであるという（印南 2009）。その背景には，家族の介護力の低下やコミュニティの衰退という高齢者の生活環境の変化に対して，現在の介護保険の在宅福祉サービスが十分に対応できていないという矛盾がある。もうひとつの選択肢である有料老人ホームとなると，今度は高額な入居一時金や毎月の諸費用の

ために，多数の高齢者にとっては現実的な選択肢となり得ず，結果として今日もなお，家族の支えの乏しい要介護の高い高齢者を中心に，施設や病院に依存せざるを得ない状況が続いている。

　介護施設の核となる特別養護老人ホームについては，プライバシーが保てないために批判の強かった多人数部屋に代わり，2000年代に入ると国は個室化を強力に推進したが，そもそもどのようなタイプであれ「介護施設」においては，法律や規則に従って介護スタッフから画一的に管理された生活を送らざるを得ないという限界がある。また，立地的にも住み慣れた地域から離れがちで，家族や馴染みの人間関係からも切断されやすい。その結果，よく知られているように，認知症の高齢者の場合は自宅と大きく異なる環境に適応できず，しばしば症状を悪化させてしまうことがある。ゆえに，行き場のない高齢者の最後の受け皿という存在意義を認めつつも，施設という空間はやはり人間本来の生活の場とは異質のものと認識せざるを得ない。しかし，一方では生活環境の変化を受けて，たとえ希望したとしても自宅生活を継続するのが困難なケースも増加しており，その結果，「施設か自宅か」という二者択一のジレンマに悩むケースが増大している。

　では，わたしたちはこの問題とどう向き合うべきなのだろうか。さまざまな先駆的な実践に目を向けた結果，「地域がつくる福祉」の取り組みのなかに，こうしたジレンマを克服する可能性が見出された。それは，自宅でも施設でもない第二の自宅としての「ケアつき共同住宅」であり，また，そこを基盤にした「グループリビング」という暮らし方である。これは介護保険制度の開始以前からも一部先駆的に行われていて，1996年には国のモデル事業も存在していたが，今日もなおあまり知られていない実践である。国によるグループリビングの定義は，「高齢者が身体機能の低下を補うため，互いに生活を共同化，合理化して共同で住まう一定の居住形態」であり，定員は5～9人とされる。[7] 少人数での共同生活という点は「グループホーム」とよく似ているが，それと異なるのは，入居者の自立度が比較的高く想定されているために，ケアスタッフの常駐が必ずしも必要でない点である。

　共同住宅に住みながらも生活の一部を共同化しようとする試みは，阪神・淡

第Ⅲ部　地域をとりもどす

路大震災で大きな被害を受けた神戸市の復興住宅の取り組みがよく知られている。それは、北欧発祥の「コレクティブハウス」の理念を取り入れ、共同住宅内に共有スペースを設けたもので、居住者どうしあるいは地域住民との交流を促進しようというものである（上田 2000）。また最近、若い単身のサラリーマンに、居室以外のキッチンや食堂あるいは風呂などは共用で、食事をしながら入居者どうしの交流が楽しめる「シェアハウス」という生活スタイルも人気を集めつつあるが、これらの発想もまた、「グループリビング」と同一線上にあるといってよい。興味深いのは、「共同住宅」を活用した生活の共同化というコンセプトが、高齢者のみならず若者に至るまで、世代を超えて受容されつつあることである。そうだとすると、「ケアつき共同住宅」は、現在は認知度が低くとも、近い将来、「施設か自宅か」という二者択一構造に対して、もうひとつの有力な選択肢となり得るのではないかと期待されるのである。

　「ケアつき共同住宅」の特徴は、①心身の状況によって自宅で暮らすのが困難な人や、単身で自宅生活を続けるのに不安を感じる人が、小規模なアパートや民家で共同生活を行うことで、住み慣れた地域のなかで限りなく自宅に近い生活条件を維持して暮らせること、②「介護施設」ではなくあくまで「住宅」なので、ここでの生活は専門家の管理に身を委ねるのではなく、本人の自由な意思が尊重されること、③介護が必要になれば介護保険の在宅系のサービスを利用するが、介護保険だけではサービスが不足する場合には、専属のケアスタッフが必要に応じて支援するので、24時間不安のない生活を送ることができること、などである。なお、共同住宅の法律上の位置づけは、厚生労働省が定める介護施設でなくても、高齢者が入居して食事など一定のサービスを受けるものは一律に「有料老人ホーム」と見なされ、都道府県への届け出が必要になる（老人福祉法第29条）。しかし、大規模で豪華という有料老人ホームの一般的なイメージと異なり、既存の民家やアパートなどを活用するため初期投資が少なく、その分入居費用を大幅に安く設定することができる。今後、「施設か自宅か」を超える新たな選択肢としてより多くの人々に認知されれば、コミュニティ・ビジネスのモデルとしての発展も期待できよう。

　では、これまで述べてきたような「ケアつき共同住宅」の具体的な姿はどの

ようであろうか。以下では，宮崎県宮崎市で「介護」のみならずホスピスケアによる「看取り」をも実践し，文字通り「最期まで地域で暮らし続ける」ことを可能にしている先駆的な実践である「かあさんの家」の活動を紹介しよう。

## 「かあさんの家」という実践

　宮崎市の NPO 法人ホームホスピス宮崎（HHM）が経営する「かあさんの家」は，同市内に「曽師」「霧島」「檍」「月見ケ丘」の4軒があり，さらに気軽な集いの場と事務所を兼ねた「ケアサロン恒久」がある。上記4軒の「家」は，どれもごく普通の住宅地内にあって，一見しただけではそれが「ケアつき共同住宅」なのかどうか見分けがつかない。それもそのはずで，いずれの「家」も，元々は普通の民家だったものを借り受け，民間助成団体からの資金援助を受けて必要最小限のバリアフリー化などの改修を施したほかは，あえて元のたたずまいを残しているからである。2004年に「曽師」「霧島」の2軒がオープンした後，2007年に「檍」，そして2010年に「月見ケ丘」が開設されて現在の体制が固まった。最初にオープンした「曽師」は，当時認知症で施設に入所していた家主の家族から HHM に認知症の介護について相談があり，その家族が在宅ホスピスを理念とする「かあさんの家」の構想に共感したことで，家主を自宅に戻してケアをすることが決まった。そして，同時に家財も含めて自宅を丸ごと借り受けて「かあさんの家」とし，他の入居者とともに共同生活が始まった。「曽師」の立ち上げに向けて，HHM は幾度も住民集会を行って理解を広げていくことで，ボランティアとの交流も生まれ，真に地域に支えられる「家」となっていった。最近オープンした「檍」もまた，「曽師」と同様に，入居者の自宅の提供を受けてこれを「かあさんの家」とし，他の入居者とともに共同生活できるようにしたものである。そもそもなぜ民家を使い始めたのか。直接の理由は資金不足のためだったというが，結果としてそれが現在のようなスタイルに導かれていった。

　写真を見てわかる通り，住宅地のなかの普通の民家であるため，「かあさんの家」のなかでは，日常生活の音や匂いが絶え間なく流れてくる。食事時には台所で調理する音と匂いがあり，登下校時には子どもたちの声。車の通る音や

図 9-1 「かあさんの家」第1号の曽師の外観　　図 9-2 リビングの様子も民家そのもの

学校のチャイム。日常生活には普通にあるのに、病院や施設ではなかなか得られなかったものがここにはあり、住み慣れた日本家屋の空間のなかでそれらが入居者に大きな安心感を与えている。こうして入居者とスタッフが自然な形で疑似家族を形成していくのだが、他者を受け入れて共同生活するには入居者が多すぎでもいけない。経営を楽にするためには少しでも入居者数数を多くしたいはずであるが、きめ細かな理想のケアの追求を優先して導いた1軒当たりの入居上限は5名であった。「家」という空間で最大5名という少人数の入居者と向き合うこの距離感は、パンフレットに次のように表現されている。「ここには、ナースコールはありません。気配で分かる空間です」。

では、入居対象者はどのような方々であるのか。HHM のホームページには次のような対象が想定されている。①介護者がいない、いても体力がなく、在宅介護が困難な方。②がんとか認知症とかの枠をはずして、希望されるすべての人に開かれています。③夜が心細い、不安という方が、夕食や風呂をご一緒し、泊まって帰るナイトケアとしての利用もできます。④入居だけでなく、日中だけや短期入所としてご利用できます。病人を残して突然家を留守にしなければならなくなった場合、急な利用にも対応できます。⑤「病院では死にたくない、畳の上で死にたい」という願いをもつ人を援助します。⑥普通の自宅に近い環境で、家族も共に支援します。⑦施設になかなか適応できない方や、医療の適切な支援が常時必要とされ、家族だけでは不安で在宅介護が困難と考えていらっしゃる方などは、看護師のいる家なので安心です——従来の福祉施設が高齢者や障がい者といったカテゴリー別につくられてきたのに対して、「か

あさんの家」は地域のすべての人に開かれた家であり，しかも入居者とその家族の双方への支援を行いながら最期の看取りに至るまでのケアを実践している点は，上記で見たグループホームやグループリビングの機能と一線を画す先駆的な部分であると同時に，今日では8割を超えて誰も疑問すら感じなくなった「病院死」や終末期医療のあり方に対し，再考を促すものだといえよう。

　それぞれの「家」には，5人の入居者に対して，昼間ふたり，夜間ひとりの有資格者のヘルパーが常駐し，24時間365日の介護・看護が行われる。そのための月々の費用は，部屋代3万円，光熱費1万5,000円，食費3万9,000円の計8万4,000円に，介護保険外のヘルパーによる見守り（要介護度により1時間70～90円）と介護保険サービスの1割負担利用料の合計である。平均するとひとり当たりの月額は15～17万円程度とのことで，介護保険を使ってグループホーム（認知症対応型共同生活介護）に入居した場合の利用料や食費などの月の総額と同程度になっている。特別養護老人ホームの多人数部屋と比べると割高ではあるが，ユニットケアの個室に入居する場合と比べると大差はなく，逆に一般的な有料老人ホームの相場からするとかなり低額である。入居者5人対ヘルパーふたり（昼間）という介護施設の職員配置基準（3対1）以上のサービスを提供していながら，介護保険の適用をフルに受けるグループホームを利用した場合と同程度の費用で済んでいるという点はむしろ評価されてよいだろう。民家を安価に借り上げ，その改修費も民間の助成金で賄うなど，さまざまな創意工夫によって初期投資を最小限に抑えてサービスを提供している効果が顕著に現れている。

### 保健医療福祉のネットワーク化

　「かあさんの家」という実践の原点は，在宅ホスピスへの強い関心をもった市民が1996年に自発的に始めたホスピスケア勉強会にあり，翌年の1997年に第1回ホスピスケア市民講座が開催されてから積極的な活動を展開し始める。1998年には任意団体としてHHMを発足させると，同年に宮崎市議会および宮崎市郡医師会に「緩和ケア病棟及び在宅ホスピス支援センター設置についての要望書」を提出し，翌年の1999年には，実際に在宅ホスピス支援センター事

業を開始した。そして2000年になってHHMはNPO法人の認証を受ける。

2001年にはいよいよ，宮崎市郡医師会病院ではHHMの念願だった緩和ケア病棟の運用が開始され，HHMはホスピスボランティアの育成とともに病院の緩和ケア病棟にて園芸ボランティアを開始する。しかし，国の医療政策が，医療費削減のために入院日数の削減を実施し，さらに在宅医療への転換を強力に推進しようとするなか，とりわけ重度の認知症患者や医療ニーズの高い人は，施設から敬遠される一方で自宅で生活することも難しく，結局行き場がない状態にいるという人々が多いことに気づくこととなった。そこでこういう人々に，自宅ではないが限りなく自宅に近い「もうひとつの家」がつくれないか，そしてそこに在宅ホスピスの支援を組み入れられないかと考えたことが，「かあさんの家」というアイデアにつながったのである（「宮崎をホスピスに」プロジェクト 2010）。

しかしながら，ホスピス機能をもった「ケアつき共同住宅」の実践をHHMというひとつのNPOだけが担っても，それは決して成功するはずはない。緩和ケアや看取りを行うホスピスケアは，医師や看護師との密接な連携を核として，保健・福祉などの隣接部門とのネットワークが，「家」を中心に縦横無尽に張りめぐらされていることが必要だからである。そして，その点についてもHHMの実践は非常に手厚いものがある。医師との連携では，在宅療養支援診療所として4医療機関，看護師は訪問看護ステーションが8ヶ所，薬剤師は調剤薬局が1ヶ所，歯科医は訪問歯科が2ヶ所，理学療法士・作業療法士はデイケア・デイサービス事業所が8ヶ所，ケアマネジャーは居宅介護支援事業所が7ヶ所，このほか，入浴サービス2ヶ所，福祉用具事業者3ヶ所，さらに地域包括支援センターといった多職種協働によるチームが構成されており，病院から「かあさんの家」に移って状況が落ち着くまでの過程では，退院前および入居直後（1週間・3週間・その他必要に応じて）の数度にわたってケアカンファレンス（会議）が実施され，かかりつけ医やケアマネジャーをはじめ，保健・医療・福祉にまたがる上記の専門職のなかで必要な者が集まって，ケアの目標を共有するとともに個々の役割分担を明確にする。こうして入居者ひとりひとりに「地域包括ケア」と呼ばれる多職種協働による総合的なネットワークが形成

されるのである。

　ここから考えるべきことは、アパートや民家を活用した「ケアつき共同住宅」は、その構造物の空間特性や入居者の共同性だけに着目していたのでは、介護施設や病院の安上がりの代替物という位置づけに終始してしまい、結果としてケアの質を落としかねないという危険性である。「かあさんの家」の優れた点として、病院や施設に匹敵するケアの質を低コストで実現していることを述べてきたが、それとともに大切なことは、入居者の暮らしを支える上記のような「地域包括ケア」のネットワークを「家」を中心に形成し、それを基盤としながら、生活の記憶が刻み込まれた「民家」という独特の空間特性とそこでの家族的で濃密な人間関係をケアのプラス要素として取り込んでいる点だといえる。これらの総体が、病院や介護施設に匹敵する安心を維持する一方、それらでは得ることのできない固有の価値を生み出しているのであり、決して安上がりの代替物などと呼ぶべきものではないのである。そしてそのネットワーク力の基礎となったものは1996年からのたゆまぬ研究と運動の蓄積に他ならない。

## ケアカンファレンスを核とする尾道市のケアシステム

　「かあさんの家」は、高齢者が入居して食事などの世話を受ける以上、法的には有料老人ホームとみなされるが、それは「施設」ではなくあくまで「家（自宅）」である。自宅である以上入居者は、自らが必要とする介護や医療などの専門サービスを外部から取り入れないといけない。HHMの場合は、訪問介護事業ならびに居宅介護支援事業の指定を受けており、介護保険サービスの一部であれば「かあさんの家」の内部で調達が可能である。しかし、医療やリハビリ、特殊入浴といったサービスは外部から取り入れることになるので、それらのサービスを「家」や移動可能な範囲で必要な時に受けられなければ、在宅生活を継続することは困難になる。そこで重要になるのは、上記で指摘した「地域包括ケア」の体制づくりであるが、「自宅での看取り」を見据えた際に不可欠となるのは、医師を核とする多職種協働のネットワークを形成することである。介護保険制度ではケアプランの作成時に、ケアマネジャーがサービスに関わる専門職を招集してサービス担当者会議を開き、プランの妥当性を検討

することが求められているが，このような場に医師も参加し，保健・医療・福祉の垣根を越えた専門職の連携体制を構築することは現実には非常に難しい。そのような現状があるなかで，診療所との緊密な連携を含めた総合的なネットワークを実現したHHMの取り組みは非常に先駆的であり，高く評価できる。とはいうものの，すべての住民が住み慣れた地域で安心して暮らし続けられるという地域福祉の理念を実現するには，これを一部の個人・事業所の努力に任せるのではなく，今後は普通に自宅で暮らす高齢者も含め，地域全体の「システム」として確立することが必要になる。

　こうした課題にいち早く取り組み，分野を超えた専門職の連携による地域包括ケアシステムを確立したことで知られるのは，広島県尾道市である。「尾道方式」と呼ばれ全国的に名高いこのシステムの概要をここで紹介しておこう。

　小説や映画・ドラマの舞台としてしばしば登場し，旧市街の古びたまちなみが小京都としての佇まいを見せる尾道市は，2005〜06年に北は御調町，南は向島町・因島市・瀬戸田町と合併し，2005年の国勢調査ベースで人口約15万人，高齢化率は27.4％となっている。合併した御調，因島，向島，瀬戸田の高齢化率は軒並み30％以上であり，さらに旧尾道市の市街地域は，狭小な平地と海までせり出した山に張りつくように住宅が密集しており，自動車が入れないほど狭い路地の奥に独居の高齢者が暮らすという光景が日常化している。高齢化の進展とともに高齢者の在宅ケアの必要性が高まっていった（旧）尾道市において，保健・医療・福祉の総合的なネットワークの確立に向けて主導的な役割を果たしたのは，尾道市医師会であった。医師会を率いる片山壽会長によれば，尾道市医師会は1994年から「高齢者医療福祉懇談会」を始め，そこに多数の福祉関係者が参加したことで医療・福祉の連携の土壌が形成され，さらに医師会がケアマネジメントセンターを設けてその具体的な手法を研究したことで，「尾道方式」と呼ばれる医師会が主導するケアカンファレンスの実践方法が生まれた。それは，後述するように，医師を核とする多職種協働のネットワーク体制であり，ひとりの要介護高齢者に対して専門職がチームを組んでケアを行うために，ケアの目標やそれぞれの専門職の役割分担に対する共通理解を進めることを目的として始められたのがケアカンファレンスである。

ではなぜ尾道市では，専門職の連携に消極的なはずの医師が，地域包括ケアシステムの核になったのであろうか。この背景には「尾道市医師会・長期支援ケアマネジメントプログラム」という，医師会が研究の末に導き出した，高齢障がい者の急性期の入院から回復期の在宅復帰プログラムによるリハビリ，および在宅復帰後の地域ケアによる自立支援へと至る一貫した地域医療の実践理論がある。尾道市医師会はこの理論を実現可能にするツールとして「ケアカンファレンス」を位置づけ，病院から老人保健施設や自宅へと至る節目で，退院（退所）前，在宅復帰後などの数度にわたって，高齢障がいの患者と関わる各分野の多数の専門職が一堂に会すカンファレンスを実施することを決定した。こうして介護保険制度の運用が開始された2000年より，要支援・要介護高齢者のほぼ全員に対して，多職種協働によるケアカンファレンスが実施されてきたのである（片山 2010）。

　実際のケアカンファレンスでは，原則として退院前には病院の医療ソーシャルワーカーが，退院後にはケアマネジャーが事前準備と調整を周到に行う一方，カンファレンス自体は要介護者とその家族，そしてケアを担当する専門職集団の顔合わせとしての要素が強く，1件当たり15分以内で終了する。しかしその15分の顔合わせによって，医師をはじめとする専門職は，ケアの共通認識とチーム意識をもち，さらに高齢者や家族にとっては，専門職とともにケアの方向性が確認できることで大きな信頼感を醸成することができるという。特に特徴的なことは，退院前カンファレンスにおいては，病室において患者の目前で病院の主治医・看護師とかかりつけ医・訪問看護師との調整が行われること，退院後のカンファレンスにおいては，独居高齢者など家族の協力が得られないケースでは，その高齢者の生活状況を知る民生委員やボランティアまでもがカンファレンスに参加することである。これには患者の身体状況や生活環境を十分に考慮した患者本位のチーム医療を目指そうとする医師会の強い姿勢を見て取ることができる。そして，以上のような取り組みの結果として，病院への紹介率が顕著に増加するとともに，平均入院日数も短縮化する傾向が現れているとのことである（片山 2008）。医師会の主導で始まったケアカンファレンスの実践は，こうして旧尾道市全体のシステムとして確立されるとともに，市町村

合併後も，御調，因島，向島，瀬戸田の全域にこの方式が拡大し，今日では新尾道市全体の地域包括ケアシステムへと発展している。

### ④ 「地域がつくる福祉」の広がりと今後の展望

　2節では住民が主体となって実践する小地域の住民福祉活動に焦点を当て，続く3節ではNPO法人が取り組むケアつき共同住宅の実践と，多職種協働による地域包括ケアのしくみづくりに焦点を当てて実践事例を紹介した。尾道市の事例を除けば，その実践主体はみなしろうとの「住民」である。HHMの実践は，今日では一定の専門化を果たしているが，元々は一市民による社会運動とボランティア活動がその出発点である。福祉といえば国や自治体が法制度を根拠に提供するサービスという印象が強かったが，実際にはそれだけでなく，さまざまな立場の住民が，地域のさまざまな団体活動に参加し，そして，地域の実態や課題に即して創意工夫しながら多種多様の福祉活動やサービスを展開している。戦前のCOSやセツルメントなどのように，時にそれは既存の福祉制度やサービスのあり方に大きな影響を与え，次の時代を切り拓く先導的な役割を果たすこともある。

　2節で紹介した「ふれあい・いきいきサロン」と3節で紹介した「ケアつき共同住宅」の実践は，まったく別物なのではなく，「サロン」が「住み慣れた地域で暮らし続けるための居場所づくり」の活動であるなら，「ケアつき共同住宅」は「住み慣れた地域で暮らし続けるための住まいづくり」であり，どちらも「住み慣れた地域で暮らし続けたい」という人間の本質的なニーズが生み出したケアの形だといえる。サロンはいまや全国で5万2,000ヶ所を超えるまで増加しており，その勢いは今後もさらに続くものと予想される。一方，「ケアつき共同住宅」には，その類似型として，サロンやデイサービス機能の他に泊りや入居などの機能をもった「宅老所」や，それが介護保険制度の地域密着型サービスとして2006年度より制度化され急速にその数を増やしている「地域密着型小規模多機能居宅介護」といった形態もあり，バラエティに富んでいる。これら介護保険制度の内・外での動向を合わせて考えてみると，今後「ケアつ

き共同住宅」が発展する余地は十二分にあるといえる。

　こうした実践の発展を考える上で課題となるのは，やはり財源をどう確保するかという点であるが，近年はNPOなどが地域住民から出資金を募り，その資金を元手にして共同住宅を整備するというパターンも見られるようになっている。例えば浅川（2008）が紹介している神奈川県伊勢原市の「風の丘」は，主婦たちが始めた介護NPOが，その利用者から戸建て住宅の土地を譲り受け，1階部分をデイサービス・2階部分を入居者の個室とする共同住宅に建て替えたものである。そしてその建て替えの費用約1億円のうち6,500万円は，「風の丘」がある愛甲原団地（約300戸）の住民から1口100万円で借り入れたものなのである。「風の丘」の入居者やデイサービス利用者もみな愛甲原団地の住民であり，それはまさに地域住民による，地域住民のための，住み慣れた地域で暮らし続けるための居場所づくり・住まいづくりであるといってよいだろう。こうした取り組みは現在，介護施設の不足が顕著な都市部において広がりつつあるが，その一方で過疎地域への応用も十分に考えられる。例えば長野県泰阜村では，高齢者協同企業組合泰阜によって，北欧型コレクティブハウスである「高齢者長屋悠々」が設立されている。独居化が顕著に進む過疎地域で，住民自身が出資者となって協同組合を組織し，地域にケアつき共同住宅を建設して自宅生活が困難になった時に備えようという取り組みであるが，それは過疎地域の生活課題の解決にも「ケアつき共同住宅」が大きな役割を果たす可能性を示唆している。国や自治体に比べて住民ひとりひとりの力は小さいが，その知恵と力が「地域」を基盤にして結集できた時，「地域がつくる福祉」は「国がつくる福祉」ではなし得ないような大きな成果を生み出すことができるのである。

注
(1) 1986年の制度改正により，福祉六法のうち生活保護法以外の事務の取扱いが機関委任事務から団体委任事務に変更された。機関委任事務は，自治体が実施する業務であっても，あくまで国の仕事を自治体が代理執行するという中央集権的な考発想に立つものであったが，団体委任事務はこれとは異なり，地方議会の関与も可能に

なるなど，自治体の裁量で福祉サービスを運営する余地が広がるものであった。その後，1990年代に地方分権改革が推進され，1999年の地方分権一括法の制定とともに機関委任事務は廃止され，現在は法定受託事務と自治事務の区分に再編されている。法定受託事務とは，自治体が実施している事務のうち，本来は国が果たすべきものであって，適正な処理が図られるよう，法令によりその処理が義務付けられるものである。是正の指示や代執行など一定の範囲で国の強い関与が認められているが，それ以外ではできるだけ関与がないように配慮されている。一方，自治事務とは，自治体が実施している事務のうち，法定受託事務を除くすべてが該当する。自治事務に対する国の関与は，原則として是正の要求までとされ，自治体の自主的な運営に委ねられる。福祉六法を例にすると，生活保護法の保護費の給付にかかる事務のみ法定受託事務とされ，同法の自立助長にかかる事務や他の五法にかかる事務はすべて自治事務となっている。

(2) 本改正では「老人福祉法等の一部を改正する法律」により，生活保護法を除く福祉五法と老人保健法，社会福祉・医療事業団法，そして社会福祉事業法（現社会福祉法）が改正され，本文中の①，②の改革のほか，在宅福祉サービスを「第二種社会福祉事業」として法的位置づけを明確化するなどのさまざまな制度改正が実施された。

(3) 社会福祉基礎構造改革の正式名称は，「社会福祉の増進のための社会福祉事業法等の一部を改正する等の法律」といい，「措置から契約へ」，「地域福祉の推進」のほか，サービスに対する自己第三者評価の導入や情報公開の徹底等による「サービスの質の向上」，そして社会福祉事業の範囲の拡大や社会福祉法人の設立要件や運営の弾力化等による「社会福祉事業の充実・活性化」という4つの柱による改革が行われた。またこれと同時に「社会福祉事業法」は「社会福祉法」に改称されている。

(4) 住民参加型在宅福祉サービス団体全国連絡会（2006）によると，1987年に138だった団体数は2004年には2,203団体と約16倍に増加し，その主体も社会福祉協議会を通じて活動を実施する「社協型」をはじめ「生協型」，「農協型」，メンバー全員で出資し労働にも携わる「ワーカーズコレクティブ型」，NPOなどが地域住民から広く会員を募って活動を展開する「住民互助型」など，多様化している。活動内容についても，家事援助や相談，話し相手，外出時の付添，配食サービスなどの訪問系サービスに加えて，日中の居場所づくりであるサロン活動など，会員・利用者の多様なニーズに柔軟に対応できるものとなっている。またこれらの団体のなかには，介護保険制度や障害者福祉サービスの指定事業者となって公的なサービスを実施するものも登場している。

(5) 共同募金会，2010，「昭和22年度〜平成21年度一般募金・歳末たすけあい募金の

目標額と実績額の推移」を参照 (http://www.akaihane.or.jp/about/history/pdf/toukei_rekinen_bokin01.pdf　2010年11月1日)。
(6)　「まつど孤独死防止センター」の設立背景や設置に至る一連の経過に関しては，常盤平団地地区社協が発行している活動記録『常盤平団地「孤独死ゼロ作戦」の取り組み』(2010年)を参照した。またNHKスペシャル取材班らが報道内容を詳しく書き記した『ひとり誰にも看取られず──増加する孤独死とその防止策』(阪急ミュニケーションズ，2007年)も団地地区社協の一連の取り組みを知る上で大変参考になる。
(7)　グループリビングの定義については『社会保障入門2009』(中央法規出版)を参照した。
(8)　コレクティブタイプの共同住宅を建設する際の新しい手法として，事前に入居予定の家族が集まり，出資金を出し合い協同組合を設立して，土地の購入や建物の設計から管理運営までを入居者自身が議論しながら進めていく「コーポラティブハウス」という取り組みも，最近注目されるようになってきている。

**文献**

赤い羽根共同募金，2010，「昭和22年度～平成21年度一般募金・歳末たすけあい募金の目標額と実績額の推移」(http://www.akaihane.or.jp/about/history/pdf/toukei_rekinen_bokin01.pdf, 2010.11.1)

浅川澄一，2008，『あなたが始めるケア付き住宅──新制度を活用したニュー介護ビジネス』雲母書房

市原美穂，2011，『ホームホスピス「かあさんの家」のつくり方』図書出版木星舎

印南一路，2009，『「社会的入院」の研究』東洋経済新報社

上田耕蔵，2000，『地域福祉と住まい・まちづくり──ケア付き住宅とコミュニティケア』学芸出版社

NHKスペシャル取材班・佐々木とく子，2007，『ひとり誰にも看取られず──増加する孤独死とその防止策』阪急ミュニケーションズ

岡村重夫，1974，『地域福祉論』光生館

片山壽，2008，「在宅医療と地域連携のあり方と方向性──主治医機能と地域医療連携が開く明日の在宅医療」佐藤智編『明日の在宅医療第5巻　在宅医療・訪問看護と地域連携』中央法規出版，2-18

片山壽，2010，「医師会主導で医療と介護の連携構築──CGA理論導入とカンファレンスの徹底で成功」『クリニックマガジン』37(4)：9-13

社会保障入門編集委員会，2009，『社会保障入門2009』中央法規出版

住民参加型在宅福祉サービス団体全国連絡会，2006，『住民参加型在宅福祉サービス』

第Ⅲ部　地域をとりもどす

全国社会福祉協議会，2010a,『NORMA』235
全国社会福祉協議会，2010b,「NORMA」236
常盤平団地地区社会福祉協議会，2010,『常盤平団体「孤独死ゼロ作戦」の取り組み⑨・⑩』常盤平団地地区社会福祉協議会
ホームホスピス宮崎，2010,「かあさんの家」(http://www.npo-hhm.jp/mother/index.htm, 2010.11.1)
「宮崎をホスピスに」プロジェクト編，2010,『病院から家に帰る時読む本——宮崎ホスピスガイドブック』木星舎

## Column

あなたの行動がまちを変える

住田済三郎

　わたしがまちづくりをしなければと思ったのは，郊外に大型店が次々と出店し，中心商店街にあるわたしたちの商店街も次々と閉店し，シャッター通りに変貌してきたからである。このまま何もしなければ，まちで生活している高齢者は交通手段もなく大変不便なことになる。しかし行政にはこの問題を解決する手段も方法もない。ならば地域の住民が新しい発想と智恵を出し合ってまちを変えていかねばならない。

　それにはまず地域の人が集まって話し合いのできる場所が必要と思い，空き店舗を借り，1983年にこのまちのシンボルとして建立した咲い地蔵の名にあやかり，温かく笑顔を大切に！と，1999年に無料休憩所兼集会所「笑い庵」を住民の手づくりでオープンし，笑い通り協議会を発足させた。この集会所に集まり，この地域のあるべき姿について議論を重ねた結果，ここにしかないものに光を当て，もう一度輝かそうということになった。それがこの地域にあるお地蔵さんとこのまちを流れる加茂川，そして古い商家であった。こうして，まちづくりのコンセプトを「人に優しい心と心が触れあうまちづくり」と決めると，まず加茂川沿いにある23体の地蔵の絵を作成してアーケードの柱に貼り，各地蔵のアピールをした。地蔵マップを作成し，地域の人々や観光客に地蔵めぐりをしながらまち歩きを楽しんでもらうようにした。加茂川，中海遊覧の乗船者にこの地域の歴史や文化を知ってもらい，さらに中海では雄大な大山をはじめ自然の景観を見てもうらうようにした。

　わたしたちのまちづくりのコンセプトに共感された福祉関係の方から，この商店街に福祉施設をつくりたいとの申し出があった。ここから商業者と福祉関係者が一緒になってまちづくりを始めることになった。まちなかの賑わいを取り戻し，高齢者をはじめすべての人に暮らしやすいまちになることを信じて，まちづくりの構築が始まり，市民の手で地域社会の問題を解決する仕組みができた。その第1号が「田園プロジェクト」である。

　このことが人と人のつながりを強くし，「旧笑い庵」は「地域交流センター笑い庵」として2010年9月に拡張オープンした。壱番館には障害者家族会が運営するコミュニティカフェと産直野菜のまちなか販売所，「くらしカルチャー笑い庵」，地元の菓子店「丸共庵」，貳番館には築120年の蔵を生かして，しゃぶしゃぶ店とバーが入店した。両館の中央には「出現地蔵」が鎮座し，たくさんのお参りがある。

　このようにまちづくりは人と人とが信頼し合いつながりをもつことが必要であると同時に，困難な壁を越えるには，しなやかな精神の持ち主であることが必要ではないだろうか（図終-4）。

| 第10章 | 地域が学校をとりもどす |

渡部昭男

## 1 子育て・教育は地域でどう営まれてきたのか

### 「学校」のない社会

　「学校」が制度として整備された現代に住んでいると，学校が子ども期からの教育を一手に引き受けるしくみが当たり前に見える。しかし，人類史においては学校など無かった時代が圧倒的に長い。

　原始社会においては，見よう見真似でも可能な採集の類は「殊更に〈教える〉必要はなく，在りのままの日常生活がそのまま教育であり子育てであった」一方で，技の伝授を要する狩猟の類は「〈作為の教育〉または〈きびしい教育〉としてほどこされていた」であろうと推測されている（上 1991：32-33）。農耕社会に入ると，農耕技術の継承のための〈教育〉が比重を増していったと思われる。

　一方，古代ギリシア・ローマ時代には市民の子女養成機関が生まれたとされるが，子ども期の教育機関としてあまねく学校制度が整備されるのは，近代になってからである（吉本 1990）。それ以前に，確かに日本でも，綜芸種智院（10世紀 [平安時代]），足利学校（15世紀 [室町時代]），昌平坂学問所（17世紀 [江戸時代]）などの教学施設は存在するが，宗教者や支配層の養成・教育に主眼があった。これらは，子どもというよりは青年・成人を対象とした養成機関・学術機関と見た方が理解しやすい。

第 10 章　地域が学校をとりもどす

## 奈良・平安時代の子ども観

　子ども観を表した作品としてよく引用されるのが,『万葉集』(7〜8世紀 [奈良時代]) にある山上憶良の子を思う歌である。特に有名なのが,「銀（しろがね）も金（くがね）も玉も何せむにまされる宝子にしかめやも」(万葉集巻 5-802) である。

　そして, 筆者が「子どもの発達」を講ずる際には, 清少納言『枕草子』(10〜11世紀 [平安時代]) にある「うつくしきもの」の段をよく使う (国語教科書に載ることもある)。

　　うつくしきもの　瓜に描きたる児（ちご）の顔（かほ）。雀（すずめ）の子の, 鼠鳴（ねずな）きするに, 踊り来（をどりく）る。二（ふた）つ三（み）つばかりなる児（ちご）の, 急（いそ）ぎて這ひ来る道（みち）に, いと小（ちい）さき塵（ちり）のありけるを目（め）ざとに見（み）つけて, いとをかしげなる指（および）にとらへて, 大人（おとな）などに見（み）せたる, いとうつくし。(清少納言 2001：174-175)

　冒頭のみを示したが, リズミカルな文の心地よさも相まって,「ウリに描いた子供の顔」「スズメの子がチュッチュッというと跳ねて来る」(坂口 2001：173／ルビは省略, 以下同じ) 様など,「かわいらしいもの (うつくしきもの)」が具体的に脳裏に浮かんでくる。

　ところで,「二つ三つばかりなる児」について授業で受講生に尋ねると, ほとんどが「2〜3歳の子ども」という。「まだ歩いていないのだろうか？」と問うと,「平安時代は着物が重くて, 這っていたのではないだろうか」という迷回答もある。

　古典を読む時は, 太陰暦の暦や年齢の数え方に留意しないと混乱する。数え年はまず生まれて1歳, そして誕生日に関係なく皆が正月ごとに年齢を重ねる。「数えで2〜3歳」は満年齢でいえば「0〜2歳」であるが, 発達心理学の研究成果 (田中 1985) を踏まえれば, この稚児は「11ヶ月前後」とほぼ特定できる。

　ポイントは,「いと小さき塵」「目ざとに見つけ」「いとをかしげなる指にとらへ」「大人などに見せたる」である。この描写は, まず乳児期の把握の発達でいえば,「熊手状把握 (わしづかみ)」「挟み状把握」ではなく,「釘抜き状把

握」（11ヶ月頃）と推定される。上空からタカやワシが獲物を狙うごとく，小さな屑さえ目ざとく見つけて腕をサッと伸ばし，親指と人差し指で上手にとらえて（釘抜きのような把握），「あっ！あっ！」などと発声をともないながら大人ごとに見せているのである。この「子ども（人）-モノ-大人（人）」といった三項関係が成立するのもこの月齢あたりである。また，「急ぎて這い来る」という躍動感は，「ずり這い」ではなく，勢いのある「四つ這い」ないし，膝を浮かせて腰をもたげた「高這い」であろう。「把握＆三項関係＆移動の発達」を総合的に考慮した上での「結論」である。

　ここで注目したいのは，西欧ルネッサンスにおける「子どもの発見」とまではいいすぎであるが，「うつくし」＝「小さくて幼い様子がかわいらしい」とか，「らうたし」＝「弱いものがいじらしい」（坂口 2001：176）といったまなざしが，子どもに寄せられていることである。

　この段には，他に「おかっぱ頭の子供が，目に前髪がかかるのをかき上げないで，ちょっと頭をかしげてものを見たりしているしぐさ」「それほど大きくはない公卿の子息が，美しい衣装を着せられて歩く姿」「きれいな赤ん坊が，ちょっと抱いてあやしてかわいがっているうちに，抱きついて寝てしまったようす」（坂口 2001：173）が，「かわいらしい」「いじらしい」と記されている。さらに，「八つか九つ，十くらいの少年が，子供っぽい高い声で本を読んでいるのも」（坂口 2001：174）とあり，数えで8〜10歳あたりが「小ささ・幼さ」を感じさせる上限と思われる。

## 江戸の子産み・子育て・学び・教育

　近代以前は乳幼児死亡率が高く（鎌田他 1990），「間引き」「子返し」が一般的であった（千葉・大津 1983，太田 2007）時代であり，山上憶良の子を思う心情や清少納言が乳幼児に向けたまなざしは，生活にゆとりのあった一部の支配階級・上流階層だけのものであったかもしれないが，江戸時代に入ると庶民にまで広がったといわれている。

　『江戸の躾と子育て』という本の扉に添えられた言葉は，次の通りである（中江 2007）。

## 第 10 章 地域が学校をとりもどす

　江戸の人びとは「子は宝」といい，その誕生は親ばかりか，地域ぐるみで喜び，祝い，子を大切に育てようとした。また，生まれてくる前からの「胎教」にも熱心だった。……江戸の若い母親たちは，子どもにさまざまなことをしつけようとした。遊びや食事，排泄，睡眠など基本的なことから教育まで，厳しくしつけた。また，江戸の育児は母親だけでなく，まわりの人びとが参加することが多かった。長屋暮らしでは，隣近所の人びとがなにくれとなく世話を焼く。活き活きとした江戸時代に，とっぷり浸ってください。

　また，『江戸子ども百景』という本の帯には「江戸時代の子どもは幸せだった！」とあり，地域ぐるみの子育てについて，「浮世絵に見られる子育て習俗の発展は，江戸時代に家の継続が重視され，子どもが子宝として大事に育てられたあかしである。子育てが地域ぐるみで行われたのも特色で，誕生した瞬間から，両親が望めば地域の有力者が拾い親や名付け親になり，成長を手助けした。生後30日ほどで……姑に抱かれて氏神への宮参りを行い，氏子として地域の仲間に入り，七五三の祝いも地域の氏神・産土神でおこなった」「六，七歳になると吉日を選んで近所の寺子屋（手習所）に寺入（入門）する。この日は母子とも正装して師匠を訪問，三々九度の盃を交わし末長い子弟の縁を固めた」「正月，五節供などの式日には，まず寺子屋やけいこ事のお師匠さんに親子で御挨拶する習慣だった」（小林監修 2008：94）という。
　また『図説　江戸の学び』の帯には「今こそ寺子屋に学べ！教育爆発の時代（後略）」とあり，「寺子屋の普及がもたらした文字を駆使した文化の成熟が，『学び』を楽しむ多くの人々によって支えられていたという事実は，この時代の文化の特質を語るうえで重要な特徴である」（市川・石山 2006：5）と，「おおらかな学び」の存在が語られている。
　他にも「ひらがなに限れば江戸市内の人間はほとんど読めた。しかし黙読という習慣がなかったので，声に出して読んだ。高札でお触れが出ると集まった人々がそれぞれ声を出すので輪唱のようになったという」とか，「風呂上りに絵入りの黄表紙を読む。按摩の小僧さんもつい聞き入る」「植木屋今右衛門が

作った百種の菊を咲かせた一本物。『薄化粧』『竜田川』『金孔雀』とそれぞれの名を口々に読む声のかしましいこと」（藤原 2007：37-38）という浮世絵の解説文からは，本当にその声まで聞こえてきそうである。

ただし一方では，「寺子屋における『学び』とは異質の，強制力をともなった勉強の芽が，武士たちの社会と庶民のなかに胚胎しつつあった」（市川・石山 2006：6）という指摘もある。

## 近代化過程における国民教育体制の構築

明治に入って，国民国家「日本」の建設と西欧列強に並びうる近代化が目指され，学校教育制度の整備が進められた。その際，注目すべきことに，国民皆学を謳った1872（明治5）年の学制の発布以前にすでに，地域で学校をつくる試みがあった。例えば，京都の番組小学校である。

京都では，「町組」という自治組織（通し番号をつけたことから「番組」とも呼ばれた）を基盤に，1869（明治2）年に64校の学区制小学校が設置されたという。2009年には京都市学校歴史博物館において「開校140周年記念『町衆のエネルギー！京都・番組小学校展』」が開催されたが，番組小学校の意義を明治政府に先んじて小学校を創設したことに加えて，次のように述べている。

  しかも，学校の設立を町に住む人々の手で行ったという点もまた，日本の教育文化を考える上で非常に大きなものがあるといえます。／建物の建設費用や運営費用などは，地域の有志からの寄付金も多く充てられていました。／また，小学校は教育機関としてだけでなく，地域の人々の憩いの場である町会所や，府の出先機関としての役割も担っていました。／小学校は地域の人々をつなぐ中心的な存在になっていたといえるでしょう。／実際，現在でも当時の学区が「元学区」として社会福祉や地域行政などのエリア単位として機能しています。（京都市学校歴史博物館 2009）

自治組織は同時に統治機構の末端でもあり，番組小学校はやがて全国同様の小学校制度に取り込まれていく。とはいえ，学校が地域センターの機能を果た

していたことはまことに興味深い。

　怠学などのサボタージュや学校焼き討ち事件といった抵抗が多少はあったものの，就学義務制が次第に強化され，やがて日本国民を教育する学校制度は完成されていく。戦時期に皇国民の練成を掲げて発布された国民学校令（1941［昭和16］年）は，「保護者貧窮」を不就学事由から削除した。ここに，ごく一部の例外（障害児・病弱児など）を除いて，国民教育体制が完成した。

**日本国憲法と就学義務制**

　そして，1979（昭和54）年には残されていた養護学校もついに義務教育機関となった。番組小学校が設立されてから110年を経て，日本国籍を有するすべての学齢児を就学対象とした義務教育制度が国家的に構築されるに至ったのである。

　なお，日本で最初に特別支援学校が設置されたのも京都である。養護学校教育義務化の一世紀前にあたる1878（明治11）年，下級武士古河太四郎の手によって京都盲啞院が開設されるが，資産家だけでなく，京都の町衆もこれに資金援助したという。京都盲啞院はいまでいうスクールバスとして，障がい児の通学保障のために人力車を走らせた（盲聾教育開学百周年記念事業実行委員会 1978）。

　日本国憲法（1947年施行）の下では教育は国民の権利に位置づけられ，義務教育も子どもの有する「教育を受ける権利」（26条1項）を保障するための「権利としての義務教育」となった。国民主権に立ち，地方自治を採りいれ，アメリカを模した教育委員会制度も導入した。しかし，国民教育の貫徹のために国家が教育を主宰していることに変わりはなく，国家統制に転化する可能性がなくなった訳ではない。

　ところで，日本国憲法は「普通教育を受けさせる義務」（26条2項），すなわち「教育義務」を保護者に課しているのであり，学校に通わずとも家庭で学ぶホームエデュケーションによる普通教育を容認しているかに見える。しかし，学校教育法は第1条に定める学校への「就学させる義務」（17条）を定めており，就学義務の猶予・免除（18条）を願い出るか，罰金（144条）を払って就学

義務違反を押し通す以外に，国家的教育から逃れる術はない。実態として不登校は相当数に上るが，「不登校の権利」ないし「通学しない権利」「就学しない権利」（渡部 2009）は理論上ありえても，公に承認されている訳ではない。

そうであれば，公教育から自己防衛的・緊急避難的に逃れるというよりは，何らかの方法で公教育に発言・関与・介入・コントロールし，協働的に運営していく方策を模索することが重要であろう。本章では幾つかの試みを紹介し，「地域が学校を取り戻す」営みとして再評価したい。

## 2 地域が学校をとりもどす

### 基礎自治体に取り戻す──埼玉県志木市

21世紀を目前にした2000（平成12）年，地方分権一括法が施行された。従来の中央集権的で垂直的な関係から転じて，「基礎的な地方政府（市町村／基礎自治体）─広域的な地方政府（都道府県／広域自治体）─中央政府（国）」という相補的で水平的な政府間関係を新たにつくろうとの趣旨からであった。それまで機関委任事務（国の所掌事務を国から地方機関に委任して実施させる）として全国一律に実施されてきた学級編制も，地方公共団体の自治事務になり，地方自治体による独自の判断（裁量）が可能となった。そのなかで，「小学校低学年の25人程度学級の実現」で名を馳せたのが，埼玉県志木市である。

志木市は，面積 9 km$^2$，人口 7 万人弱，池袋から私鉄で約20分という小さな郊外都市である。筆者らは，2003年から 2 年間にわたり「志木教育政策研究会」を結成して，志木市の教育改革・教育政策をつぶさに観察し参与する機会を得た（渡部ほか 2006）。

独自の少人数学級編制を提起したのは，当時の市長穂坂邦夫である。2001年から 1 期 4 年務めて，勇退後には NPO 法人地方自治政策研究所を主宰し（2005年～），また日本自治創造学会の理事長を務める（2010年～）など，地方自治に早くから格別の思い入れがあった人物である。氏の信条は「市民が創る市民の志木市」「オーナーは市民，市長はシティーマネジャー」というもので，就任 3 ヶ月で「市民本位の自治の実現を図ることを目的」とした市政運営基本

条例を制定し，公募制の市民委員会，行政評価条例，市民との協働による行政運営推進条例，地方自立計画・行政パートナー制度，市長等政治倫理条例，志木市ローカルマニュフェストなど，市民本位の新施策を次々に実施していった。

　かつての機関委任事務の時代における学級編制のしくみ（公立校）は，まず国が法令で全国的な「標準」を示し（公立義務教育諸学校の学級編制及び教職員定数の標準に関する法律［以下，義務標準法］／公立高等学校の設置，適正配置及び教職員定数の標準等に関する法律［現在は，公立高等学校の適正配置及び教職員定数の標準等に関する法律］），それに基づいて都道府県教育委員会が都道府県の「基準」を定め，そして小中学校の設置義務をもつ市町村は都道府県教育委員会の「認可」の下に学級編制を行わねばならなかった。仮に市町村が独自に少人数学級編制を行うとしても，「教育の機会均等」を乱すとの理由で都道府県から認可されず，「40人学級」編制が全国一律に求められた。

　ところが，2000年に学級編制が自治事務化されて以降，市町村が独自に判断できる余地が広がった。これをチャンスととらえた穂坂市長は，小学校低学年を思い切って25人程度学級へ少人数化しようと考えたのである。義務標準法も改正されて，手続きは「認可」制から「事前協議・同意」制（義務標準法5条「あらかじめ，都道府県の教育委員会に協議し，その同意を得なければならない」）に変わっていたが，大胆すぎる提案に埼玉県教委もすぐには同意してくれなかった。

　穂坂市長は，「25人程度学級のとき，埼玉県教育委員会には，『許可が下りなくても志木市は独自に突き進むので，その場合のペナルティを示してほしい』とまで話し，結果的には県教委の同意を得て実現することができました」（渡部ほか 2006：36）と述懐している。志木市議会の全会一致も含めた要望書を受けた県の同意は，「かかる費用は市費で負担のこと」「教職員配当数の範囲内で実施のこと」という条件つきであった（同：59）。当時，これまた「教育の機会均等」の観点から，学級担任は都道府県が採用した教員（県費負担教員）にしか任せてはならなかったのである。つまり小学校1・2年生を少人数学級にすればクラス数が増え，各学年1名・計2名の県費負担教員が不足することになる。これに対して，志木市教委にはひとつの作戦があった。すなわち，県から

第Ⅲ部　地域をとりもどす

## 平成16年度　志木市の教育施策実施

小学校8校，中学校4校　（市立保育園6，私立幼稚園7，県立高校1，私立高校2）
　児童生徒数　5,252人（小学生3,615人，中学生1,637人）
　教職員数　　352人（小・県費184人，市費44人）（中・県費103人，市費21人）

志木市立学校教育の視点
　　○ "発達段階"に即して　　○ "地域立学校"をめざして

幼・小連携教育
5・6歳児接続カリキュラム

学校計画案内（シラバス）全保護者配布
年間の学習計画を学年・教科ごとに解説した案内書を年度当初に配布

小学校
1・2年　1・2年生の25人程度学級編制（ハタザクラプラン）
　　　　20～29人の編制にし義務教育入り口の集団教育に
　　　　きめ細かな教育指導を実践，市費常勤講師採用
3年　　3年生に28人程度学級編制（ハタザクラぷらすプラン）
4年　　いろはカッパ応援団事業（泳力向上支援策）
　　　　25M泳げるようにインストラクターを派遣
　　　　逆上がり等「一度できたら一生もの」事業
5・6年　特別支援教育プログラム
　　　　「派遣・通級・研修」を通して
　　　　軽度発達障害児に個別支援体制

福祉・飼育・樹木他アドバイザー制

中学校区「1学区」制段階的導入
　第1段階　転校の自由性を保障（H16）
　第2段階　学校自由選択制計画（H17～）

さわやか相談・子どもと親の相談事業（県）
中学校区の相談ごとに専門相談員で対応

中学校
1年　中1社会体験チャレンジ事業（県）
　　　市内の企業等に3日間の職業体験学習
2年　部活動技術指導補助制度
　　　部活動の技術指導に民間人のコーチ役を派遣
3年　中3チューター制度（義務教育出口での個の確立）
　　　3年生の放課後，個別の進路指導（学習講座や将来の
　　　夢講座など）に教育ボランティアを派遣

ジュニアシンクタンク（子ども文教委員会）

学校予算"学校魅力化推進事業"校長裁量拡大策

教科学習指導法改善策・ふれあいサポート・複数指導&少人数指導

ラーニングサポート・ふれあいサポート・プラン

長期欠席児童生徒の在宅学習支援策
ホームスタディ制度

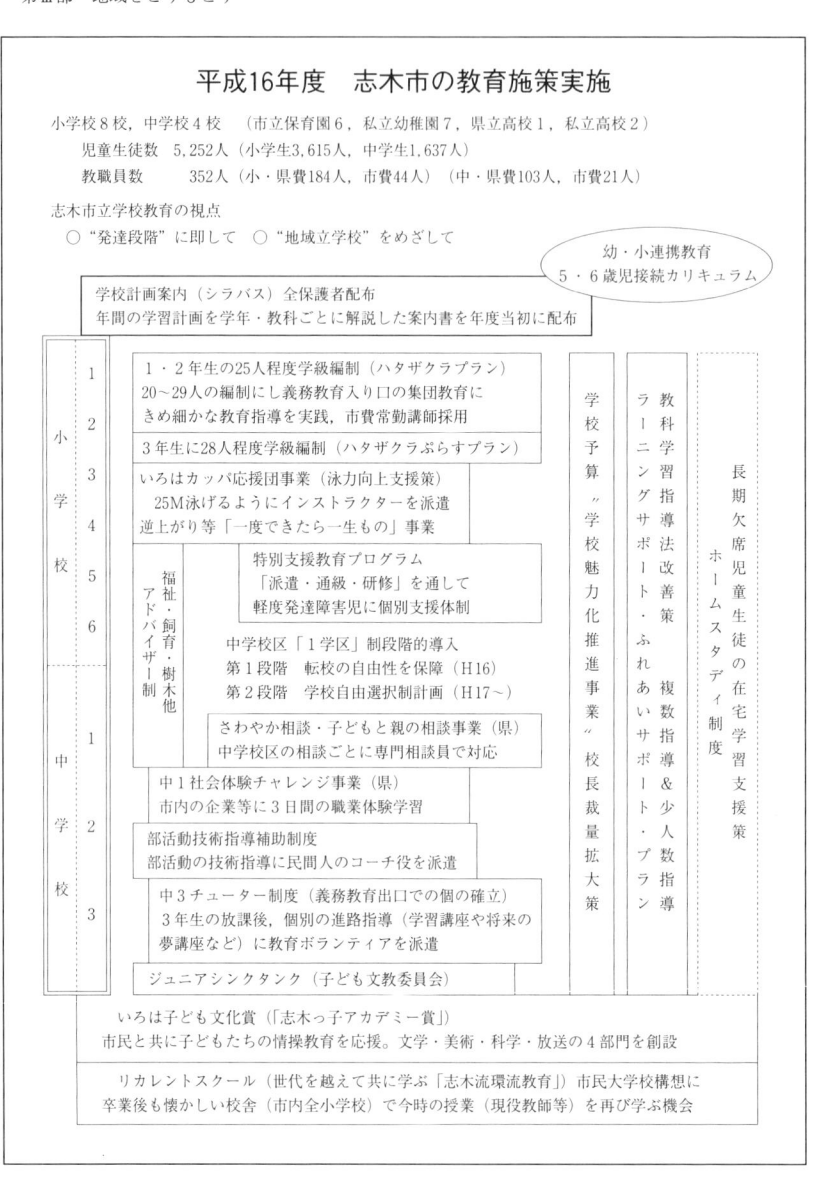

いろは子ども文化賞（「志木っ子アカデミー賞」）
市民と共に子どもたちの情操教育を応援。文学・美術・科学・放送の4部門を創設

リカレントスクール（世代を越えて共に学ぶ「志木流環流教育」）市民大学校構想に
卒業後も懐かしい校舎（市内全小学校）で今時の授業（現役教師等）を再び学ぶ機会

図10-1　2004（平成16）年度　志木市の教育施策実施
出所：渡部他（2006：17）より作成

配当された理科と音楽科の専科教員を学級担任に回し，代わりに理科・音楽科の非常勤講師を市で独自選考・採用するという工夫である。市の天然記念物の名を冠した「志木っ子ハタザクラプラン」と命名されたこの独自施策は，2002年度から実施に移された。2005年度からは，教育特区制度も活用して，小学校3年生を28人程度学級にする「ハタザクラぷらすプラン」へと拡充された。こうした志木市の先導的な取り組みが全国に波及し，全都道府県での少人数学級施策の実現につながり，ついには文部科学省が，2011年度予算編成にあたり「35人学級編制（将来的には小学校低学年の30人学級編制）」への改善計画案を提出するに至った。

　穂坂氏は，少人数学級を報道したあるテレビ番組において，「もっと自由にすぐやれるような教育体制を，早くつくるべきだと思います。これは採用から何から全部含めて……。最低決めてもらえばいいですよ，国は……」と述べている（JNN報道特集2002）。彼は『教育委員会廃止論』という刺激的なタイトルの著作まで著しており（穂坂2005），「首長の強いリーダーシップによって教育改革が進展した一例」（小川2010：161）とも評価されるが，実際には，首長部局とは相対的に独立した専門組織である教育委員会を信頼して細部を委ね，むしろ自らは都道府県や国への防波堤になる役割を自覚的に果たした。志木市の試みは，基礎自治体に教育を取り戻す営みのひとつと見ることができよう。

　なお，志木市における市民本位の教育改革は，少人数学級編制のみに終わらず，「教育改革の宝庫」といってもよいほどにアイディアに富んだ施策群となっている（図10-1を参照）。志木市教委の関係者が国の学校教育法制を熟知した上で，その枠組みの下でも基礎自治体が子どもたちのために取り組み可能な事項を吟味している。不登校の子どもたちへの独自の教育支援策「ホームスタディ制度」の創設はその代表例である。詳細は『市民と創る教育改革』（渡部他2006）に譲るが，やる気次第では基礎自治体が元気に取り組める好例として着目したい。

## 学区にとりもどす——鳥取県南部町

　地方分権化の流れとは別に，学校改革を促すために学校運営に学外者を参画

させるしくみが導入されている。「学校評議員」(2000年～)と「学校運営協議会」(2004年～)である。

「学校評議員」とは，学校設置者(教育委員会，学校法人，国立大学法人)の定めるところにより，幼稚園・小学校・中学校・高等学校・中等教育学校・特別支援学校に置くことができるもので，「校長の求めに応じ，学校運営に関し意見を述べることができる」とされ，「教育に関する理解及び識見を有するもののうちから，校長の推薦により」，当該の学校設置者が委嘱する(学校教育法施行規則49条)。「学校評議員」制度は，個々の評議員が求めに応じて意見を述べるに留まるもので，会として運営することを求めてはおらず，同意や承認，議決などを行うものでもない。文部科学省の調査によれば，2006年8月時点での設置状況は，公立校で82.3％に上る(文部科学省 2007)。

一方，「学校運営協議会」とは，「地方教育行政の組織及び運営に関する法律」(47条の3／以下，地教行法)に規定されるもので，日本版コミュニティ・スクール(地域運営学校)とも呼ばれる。「学校運営協議会」は，「指定する学校の運営に関して協議する機関」であり，その権限を要約すると，「①校長が作成した教育方針や教育課程を承認すること」「②学校運営に関して教育委員会や校長に意見を述べること」「③教職員の任用に関して任命権者に意見を述べること」とされる(佐藤編 2010：9-10)。「学校運営協議会」は教育委員会規則の定めるところにより，指定学校ごとに置くことができるが，市町村教委に関しては都道府県教委と事前に協議しなければならない。委員には，「当該指定学校の所在する地域の住民，当該指定学校に在籍する生徒，児童又は幼児の保護者その他教育委員会が必要と認める者」が教育委員会から任命される。なお，「学校運営協議会の運営が著しく適正を欠くことにより，当該指定学校の運営に現に著しい支障が生じ，又は生ずるおそれがあると認められる場合」には，指定の取り消しがなされる。

鳥取県西伯郡南部町は，2004年10月，西伯町と会見町が合併して誕生した。中国地方最高峰の大山(1,729m)を望む鳥取県の西端に位置し，水田と果樹園が多く，面積114km$^2$，人口約1万2,000人，約3,700世帯，高齢化率27％の町である(合併当時)。

この町にある会見小学校(2010年度の在籍児童は211名)は,新町誕生ならびに「学校運営協議会」法制化の翌2005年度,文部科学省によるコミュニティ・スクール推進事業の指定を受けるが,名称は地教行法にある「地域運営学校」ではなく,「地域協働学校」を一貫して使用している。合い言葉は「一人一役,1000人の瞳で育む会見小学校の子」とし,校区にある約1,000戸のすべての世帯が子どもたちを見守り育むことを目指している。「地域協働学校運営協議会」の会長を務める岡田昌孫氏は,定年前の6年間,郷里の会見小学校の校長を務めた経歴を持つ。在任中に旨とした「立郷教育」(岡田 1989),つまり「郷土社会に立脚した学校教育」の理念を,新しく発足した「地域協働学校」にも込めている。

 その特徴は,機構図からもうかがえる(図10-2)(杉本 2010)。会見小学校と校区町民をつなぐ3つの組織,すなわち「地域協働学校運営協議会」「あいみ学校応援隊」「地域振興協議会」が一体となって,「協働」を築こうというのである。なかでも,「あいみ学校応援隊」のねらいは,「①教員が学力向上に専念できる条件を整える」こと,「②先人としての豊かな知恵や技術を生かし,子ども達に本物体験をさせること」,「③すべての住民がすべての子ども達の全人教育(全人格の育成)に関わる壮大なボランティア活動の先頭に立つこと」とされる(杉本 2010)。特に,共働きで忙しい両親に代わる,PTAの祖父母版「GTA (Grandparents-Teacher Association)」の活躍が大きいという。米・蕎麦・大豆・さつま芋・野菜づくりなどの農業体験学習,蕎麦打ち・豆腐づくり・干し柿づくり,環境整備・安全パトロール,特別支援学級との交流などが主な活動である。孫の小学校入学とともに祖父母も任意に加入するが,孫が卒業しても活動を継続する者が大多数であり,現在は70余名が活動中という(京正 2009)。「豊かな知恵や技術を伝える貴重な機会」「子ども達をとにかくよく褒めてくれる」「GTAが高齢の方の生きがいにもなっている」等と,南部町教育委員会指導主事の杉本由香里氏は語っている(杉本 2010)。ここには,地域における伝承,世代を越えた関係づくりの営み,地域が家庭と学校を包容する姿が見える。

 文部科学省が作成した「コミュニティ・スクール」パンフレットの旧版

第Ⅲ部　地域をとりもどす

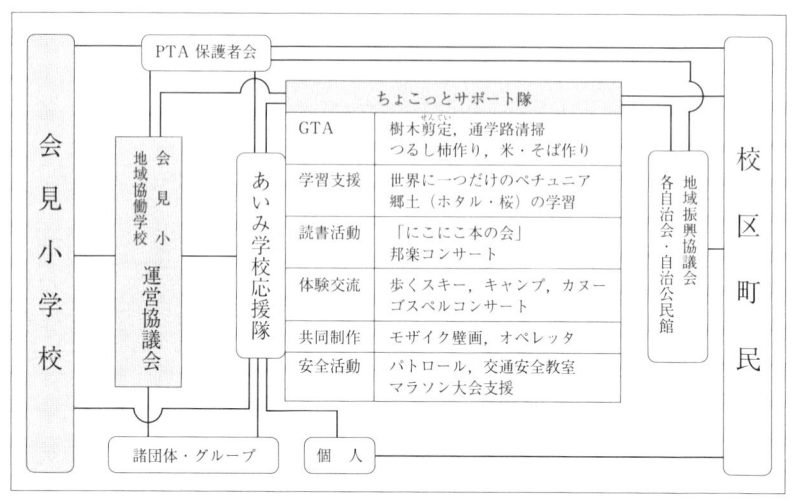

| 会見小学校 | 会見小地域協働学校運営協議会 | PTA保護者会 | | | 各自治会・自治公民館地域振興協議会 | 校区町民 |
|---|---|---|---|---|---|---|
| | | あいみ学校応援隊 | ちょこっとサポート隊 | | | |
| | | | GTA | 樹木剪定，通学路清掃つるし柿作り，米・そば作り | | |
| | | | 学習支援 | 世界に一つだけのペチュニア郷土（ホタル・桜）の学習 | | |
| | | | 読書活動 | 「にこにこ本の会」邦楽コンサート | | |
| | | | 体験交流 | 歩くスキー，キャンプ，カヌーゴスペルコンサート | | |
| | | | 共同制作 | モザイク壁画，オペレッタ | | |
| | | | 安全活動 | パトロール，交通安全教室マラソン大会支援 | | |
| | | 諸団体・グループ | 個　人 | | | |

図10-2　会見小コミュニティ・スクール機構図

出所：杉本（2010）

（2006年）のキャッチコピーは「新学校宣言！／聞えてくるよ。みんなの声。／つくろうよ。みんなの学校」，新版（2010年）は「コミュニティと一体となった学校づくり」である。「学校運営協議会」は地域や学校に応じた多様な形態の設置が可能であり，設置状況は2006年10月の103校から2010年4月の629校へと広がっている（文部科学省 2006, 2010）。指定学校は幼稚園，高校，特別支援学校のケースもあるが，義務教育段階の小中学校が圧倒的に多い（小学校428校［68％］，中学校157校［25％］／文部科学省 2010）。それは，公立の小中学校が学区制を採っていることと大きく関係している。すなわち，「地域運営学校」という場合の「地域」は指定学校の通学区域のことを指し，「『学区』運営学校」とも言い換えることができる。京都の町衆の手によって140年前に誕生した番組小学校を，21世紀において志のある学区に再生する営み，とみるのは大袈裟に過ぎるであろうか。なお，学校教育を学区にとりもどすには，「学校運営協議会」制度以外にも手掛かりはある。南部町でも町立の4小学校2中学校のうち，児童13名という小規模の会見第二小学校は「学校運営協議会」ではない「二小の子どもを育てる会」の形態を採っているし，他の5校における「学

校運営協議会」の成り立ちも実際もさまざまである。また，志木市（8小学校4中学校）は，「学校評議員」制度を活用して「地域立学校経営協議会」を展開している（渡部ほか 2006）。

### 離島にとりもどす——島根県隠岐の島

　山陰沖の日本海にある隠岐島は主に4つの島から成り，本土に近い方から島前(ぜん)（中ノ島，西ノ島，知夫里島），島後(どうご)と呼ばれている。そのうち中ノ島にあたる島根県隠岐郡海士(あま)町は，面積33.5 km$^2$，人口約2,500人，高齢化率37.6％（2005年国勢調査）の町である。歴史的には後鳥羽上皇配流の島として，また現在は2002年に就任した山内道雄町長のリーダーシップの下に，「財政破綻前夜，生き残りに向けて立ち上がった離島の町」（山内 2007：新書の帯）として有名である。

　山内氏は，「協働で共生の島づくり」と題した2010年の年頭所感で次のように述べている。

　　本町は，覚悟の「単独町制」を決断した直後の「三位一体改革」によって財政再建団体へ転落する寸前まで危機に瀕していたところを，「単独を貫く」という思いを職員，議会，住民が共有し，皆様の深いご理解とご協力，ご支援によって「自立促進プラン」に基づく《守り》の戦略すなわち徹底した行財政改革でピンチを切り抜け，今では基金を積むまでに財政事情は改善に向かっています。／そして，《攻め》の戦略である島の地域資源を活かした「一点突破型」の産業振興策は，岩がき「春香」や「隠岐牛」，そして CAS 商品などのブランド化で着実に伸びており，この5年間で115名の雇用創出と120世帯，202名のIターンの方々が定住されるなど，実績と効果を生み出しています。（山内 2010a）

　海士町における「島づくり」の特徴のひとつは，「モノづくり」に加えて「島の将来を支えてくれる『海士人』」（山内 2007：158）を育てる「人づくり」を重視している点である。山内氏の著書から拾ってみると，「海士町すこやか

子育て支援」［乳幼児］（同：137），「修学旅行で東京に行き，一橋大学で講義」［中学生］（同：158），「アドベンチャーキャンプ in 海士」［小学校高学年〜中学生］（同：160），「若者島体験塾（AMA ワゴン）」［青年］（同：160），「外国人学生との交流」［中学生〜高齢者］（同：162），「商品開発研修生」［青年〜］（同：164）などである。他にも，小学6年生が町政について質問する「子ども議会」，中学生自身が考えて提案した「中学校のエコ改修」，島の学校・公民館・診療所などの蔵書をネットワーク化した「島まるごと図書館」，「共に育て共に育つ」の理念に基づく「地域共育課」の設置，島の魅力再発見につながる「海士町ふるさと検定」の開始なども取り組まれている（山内 2010b）。

　なかでも注目すべきは，「島前高校魅力化構想」であろう。ご存知のように高等学校は都道府県立が大多数であり，基礎自治体である市町村が中学生まで手篤く育んでも，高校生になれば都道府県に子どもたちを奪われる事態が当たり前となっている。御多分に洩れず，志木市や南部町も同様である。これに対して，海士町は高校生を地域に取り戻そうというのである。

　海士町のある中ノ島には島根県立隠岐島前高校があるが，生徒数が減り，統廃合問題が浮上していた。高校がなくなれば子どもたちは本土に進学し，その分の家計負担も当然かさむ。なかには家族で島外に移ったり，またUターンIターンが減ることも考えられる。「隠岐島前高校は島根県立の学校ですから，これは私たち海士町だけでどうこうできる問題ではありません。しかし，ことの重大さを鑑みれば，とても県の教育委員会だけに任せておけることではありません。……ほかのどの高校でも受けられない教育が，隠岐島前高校で受けられる。そんな価値をこれから作っていかなければなりません。／そして，そのために使える時間は，多いとはとてもいえないのです。」（山内 2007：190）と，山内氏は危機意識を表明していた。

　2008年には島前の3町村（海士町・西ノ島町・知夫村）が連携して高校改革構想を作成し，町職員の応援派遣，島外生徒の受け容れ支援体制づくり（寮費無償化，食費8,000円／月，里帰り費用補助），「地域創造コース」「特別進学コース」立ち上げの提案，公営塾「隠岐国学習センター」の創設などを進め，2010年度にはコースの開設，特色ある教育プログラムの提供，島外を含む入学者の増加，

第 10 章　地域が学校をとりもどす

図10-3　2010年度入学生募集のチラシ（裏面）

物理教員の加配，きめ細かい指導による希望進路の実現，観光甲子園グランプリ受賞などの成果を上げている（山内 2010b，岩本 2010，島根県立島前高等学校 2010）（本書 岩本悠氏コラム参照）。2010年度入学生募集のチラシには「君が主役になれる島（表面）／島根県立隠岐島前高等学校は，一人ひとりの夢の実現に向け全力でサポートします（裏面）」のメッセージがあり（図10-3），学校案内には「どきどき／きらきら／島留学」のコピーが躍る。

　ところで，1948年，戦後教育改革の一環として，総合制・男女共学制・小学区制という「高校三原則」の下に新制高校は発足した（国民教育研究所 1973）。

245

小学区制とはひとつの校区に総合制高校一校を設けることであり、当該校区の進学希望者を一手に引き受けることによって、小中学校と同様に各校区に責任を負い、各々の地域に根差した教育が志向された。しかし、進学希望者が増えてきた1950年代から小学区制は崩れ始め、1970年代には京都府のみとなった小学区制も今日ではすでに無くなっている。小学区制は「一高校⊇幾つかの中学校⊇相当数の小学校⊇就学前の諸機関」という高校校区内の「子育て・教育ネットワーク」を築くひとつの手掛かりであり、島前高校の試みは高校校区内の離島3町村が連携して高校教育を地域にとりもどすとともに、教育プログラムの魅力によって島外からも入学希望者を募ろうとする斬新なアイディアと言えよう。

### 3 「地域教育学」から見えてくること

#### 「地域教育学」の構想

「地域教育学」を構想しているわたしの研究仲間のひとり山根俊喜は、「近代国家における近代学校運営のための官房学」という性格を与えられた従来の学校教育学を乗り越える意図から、教育史や社会史の先行研究にも依拠しながら、「地域教育学」について図10-4、10-5、10-6のように説明している（山根2010）。

まず図10-4の「教育と学校教育」に示すように、本来的な「教育 education」には、「産 educere」（ひきだす）、「育 educare」（養い太らせる）、「訓 institution」（しつける・訓育する）、「教 instruction」（教える・教授する）を合わせた4つの機能が位置づく。しかし、現在では「教」「訓」のみが「学校的営みの世界」すなわち「学校教育 schooling」機能とみなされ、それとは別に「産」「育」という「養護・養育・保育 care, nursing」機能が存在するかのように考えられている。

そこで、「産」「育」「訓」「教」という4つの機能をトータルに含んだ「人間形成 Menschenbildung, character formation」という概念に着目して「人間の形成作用の広がり」を横軸にとり、縦軸に「誕生」から「往生」までの一生涯

第 10 章　地域が学校をとりもどす

> 私たちは生き始めると同時に学び始める。私たちの最初の教師は乳母だ。だから「教育」という言葉は，古代においては（中略）「養うこと」を意味していた。「産婆はひきだし，乳母は養い，師傅はしつけ，教師は教える」とワローは言っている。このように養うこと，しつけること，教えることの三つは，養育者，師傅（パイタゴーゴス），教師が違うように，それぞれ違う目的をもっていた。しかしこの区別はよい区別とは言えない。よく導かれるためには子どもはただ一人の指導者に従うべきだ。
> 　　　　　　　　　（J. J. ルソー『エミール』1762，岩波文庫，1962，上巻，p. 32）

　　　　　産　　　　育　　　　訓　　　　教
　　　　educere　　educare　　institution　instruction
　　　　ひきだす　　養い太らせる　しつける（訓練する）　教える（教授する）
　　　　　　　education
　　　　　　　教育
　　　　　　　　　　　　　　　　　　　学校的営みの世界
　　現在では　　care, nursing
　　　　　　　養護・養育・保育　　　　　　　education
　　　　　　　　　　　　　　　　　　　　　　教育

図 10-4　教育（education）と学校教育（schooling）
出所：寺崎弘昭，1995，「近代学校の歴史的特異質と〈教育〉」堀尾輝久他編『講座学校 1』柏書房；森重雄，1993，『モダンのアンスタンス』ハーベスト社より作成。

　　　　　　　　人間の形成作用の広がり　→

　　　　　　　産　　　育　　　訓　　　教

誕生　　　　　　　発達福祉
　　　　　　（養育・保育・養護等の側面）　　学校的営み

時
間　　　　　　　　　　　　　　　　　　　生涯学習
軸

　　　　①地域における人間形成を
　　　　　トータルに把握する
　　　　②地域における人間形成を
　　　　　計画・実践・評価する。

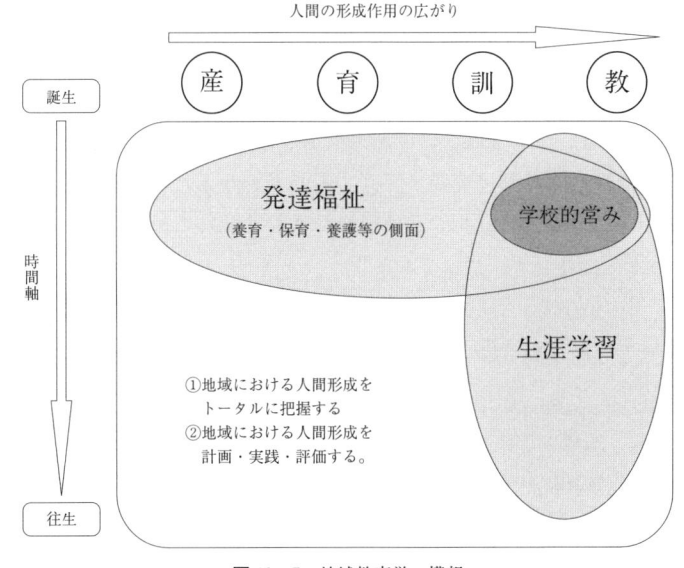

往生

図 10-5　地域教育学の構想

第Ⅲ部　地域をとりもどす

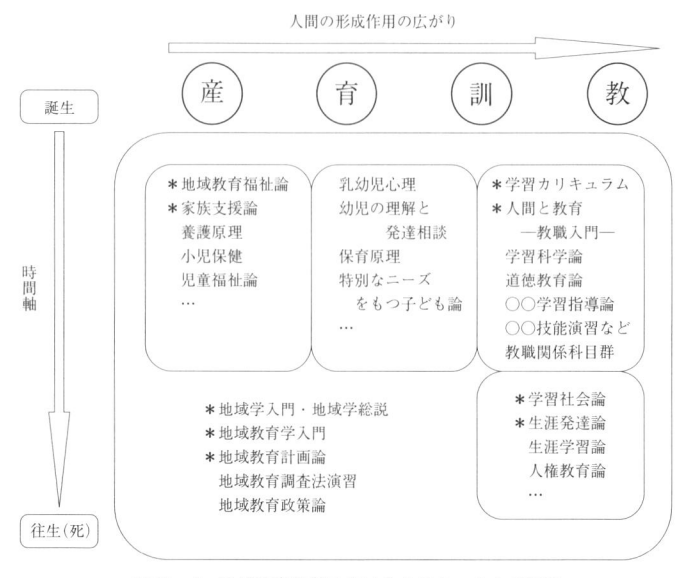

図10-6　地域教育学科におけるカリキュラムの構造

人間の形成作用の広がり　産・育・訓・教

時間軸　誕生→往生（死）

＊地域教育福祉論
＊家族支援論
　養護原理
　小児保健
　児童福祉論
　…

　乳幼児心理
　幼児の理解と
　　発達相談
　保育原理
　特別なニーズ
　　をもつ子ども論
　…

＊学習カリキュラム
＊人間と教育
　―教職入門―
　学習科学論
　道徳教育論
　○○学習指導論
　○○技能演習など
　教職関係科目群

＊地域学入門・地域学総説
＊地域教育学入門
＊地域教育計画論
　地域教育調査法演習
　地域教育政策論

＊学習社会論
＊生涯発達論
　生涯学習論
　人権教育論
　…

注：＊は必修科目。
出所：山根（2010）

を置いたのが図10-5の模式図「地域教育学の構想」である。この「地域教育学の構想」の下に、「①地域における人間形成をトータルに把握する」「②地域における人間形成を計画・実践・評価する」というふたつの作業を精力的に進めようというのである。そして、地域教育学科におけるカリキュラムの構造は図10-6のようになっている。

　筆者は、山根のいう「人間の形成作用の広がり（産・育・訓・教）」を「①機能の広がり」、「時間軸（誕生から往生まで）」を「②ライフステージのつながり」と押さえ直した上で、さらに「③空間としての地域の重なり（地域・空間の重層性）」（例えば、家庭、町内会、小学校区・中学校区、市区町村［基礎自治体］、広域連合・事業組合、都道府県［広域自治体］、中央政府［国］、アジア、世界……といった重なり）、「④地域教育をめぐる多様な人々のかかわり（主体・アクターの関係性）」（例えば、子ども、保護者、家族・親族、住民、学校教職員・学校長、教育長・教育委員会職員、教育委員長・教育委員、首長、議会議員、文部科学大臣・文部科学省職員

……といった関係性）を追加して，4つの軸から成る「地域教育学」を構想している（渡部 2007）。

**地域の幸福**

「地域教育」をタイトルに掲げる書物は，まだ多くはない（三上・湯田編 2010）。2008年には放送大学テキスト『地域教育の創造と展開——地域教育社会学』が，『現代社会と教育——人間の成長・発達の課題』(1995年度)，『地域社会と教育』(1991年度，1996年度改訂)，『家庭・学校と地域社会』(2000年度，2004年度改訂) の延長上に刊行された（岡崎他 2008）。いわく，「表題として『地域教育』といった新しい概念（用語）を用いたのは，これまで自明とされていた地域社会のもつ人間形成能力（教育力）が弱体化したために，様々な教育をめぐる問題が発生している，といった認識に基づく」「人間の成長・発達といった，社会的な作用（教育）を中心的ににないう家庭と学校が，人間の共同生活の場としての『地域社会』とどのように関連しているかを明らかにすることが大切である」「最近は，学校，家庭，地域の『連携・融合』の必要性が叫ばれているが，これは子どもだけではなくおとなを含め，人間形成に果たす地域社会の力が極端に弱体化した，というよりも，地域社会そのものが成立しなくなったことを示している」「本科目が地域教育の『創造』に力点を置いたのは，地域社会の存在を前提とせず，学校と家庭がそれぞれの役割（教育・養育）を問い直し，地域社会をになう人材を送り出すことが，地域社会の創造につながると考えたからである」（岡崎他 2008：3-4）。

「地域社会のもつ人間形成力（教育力）」に着目する点は，わたしたちの「地域教育学」の構想とも共通している。しかし，「地域社会そのものが成立しなくなった」「地域社会の存在を前提とせず」という岡崎らの認識・姿勢に関して，直ちには同意できない。

本章では，「学校教育 schooling」すなわち図10-4 の「学校的営み」にあたる部分を特に扱った。現代日本の学校システムには，国民教育体制としての「教化」，資本主義教育体制としての「競争・選別」の機能も重ねられている。個々人の成長・発達を保障し，地域社会の維持・発展にも寄与すると標榜しな

がら，学校教育が個人や地域を疎外する（してきた）ことを，歴史は教えてくれる。その意味で「地域が学校を取り戻す」営みは貴重であり，いま改めて注目しなければならない。確かに，基礎自治体や学区，地域住民の試みが，国家権力や財界の思惑によって簡単に潰されたり，容易に絡めとられることも少なくないだろう。しかし，国家も産業・経済も，地域社会や個人を欠落させては存立しえない。

「海士町ならではのまちづくりのテーマは，**『島の幸福論』**です。そこには住民の**『自分たちの島は自ら築く』**という挑戦の意志と，一人ひとりが足元から小さな幸福を積み上げ**『海士らしい笑顔の追求』**をしようという想いが込められています」（太字は原文／山内 2010a）

地域社会がどうあるべきか，地域社会をどうつくるのか，そしてどう幸せに生きるのかについて，地域社会の構成員が集団的に考え，決断することが尊重されねばならない。そのなかには当然，子育てや教育（学校教育を含む）も，テーマとして含まれるのである。


文献
市川寛明・石山秀和，2006，『図説　江戸の学び』河出書房新社
岩本悠，2010，「島前高校魅力化構想」（鳥取大学地域学部における講演会配布資料，2010.3.17.）
太田素子，2007，『子宝と子返し——近世農村の家族生活と子育て』藤原書店
岡田昌孫，1989，『立郷教育』（私家版）
岡崎友典・高島秀樹・夏秋英房，2008，『地域教育の創造と展開——地域教育社会学』放送大学教育振興会
小川正人，2010，『教育改革のゆくえ——国から地方へ』筑摩書房
鎌田久子・宮里和子・菅沼ひろ子・古川裕子・坂倉啓夫，1990，『日本人の子産み・子育て——いま・むかし』勁草書房
上笙一郎，1991，『日本子育て物語——育児の社会史』筑摩書房
京都市学校歴史博物館，2009，「開校140周年記念『町衆のエネルギー！京都・番組小学校展』」（http://www.kyotodeasobo.com/art/exhibitions/choshu-no-energy-kyoto-bangumi-shogakukou/，2010.9.30.）
京正裕之，2009，「住民1000人と『地域協働学校』第25回時事通信社『教育奨励賞』

推薦校の実践③　鳥取県南部町立会見小学校」『内外教育』（2009.8.21.）
国民教育研究所編，1973，「高校三原則」『国民教育小事典』草土文化，182-184
小林忠監修・中城正堯編，2008，『公文浮世絵コレクション――江戸子ども百景』河出書房新社
佐藤春雄編，2010，『コミュニティ・スクールの研究――学校運営協議会の成果と課題』風間書房
JNN報道特集，2002，「全国初！20人学級　挑戦の軌跡」（30分企画，録画ビデオ，2002.7.21.）
島根県立島前高等学校，2010，「学校案内2010　どきどききらきら島留学」
杉本由香里，2010，「コミュニティ・スクールの取り組み」（鳥取大学地域学部「地域学入門」特別講義資料，2010.6.30.）
清少納言，角川書店（坂口由美子）編，2001『枕草子』（ビギナーズ・クラシックス日本の古典シリーズ）角川書店
田中昌人，1985，『乳児の発達診断入門』大月書店
千葉徳爾・大津忠男，1983，『間引きと水子』農産漁村文化協会
中江克己，2007，『江戸の躾と子育て』祥伝社
南部町立会見小学校，2010，『平成22年度　学校要覧』
日本離島センター，2010，「離島Q＆A」（http://www.nijinet.or.jp/qa/index.html，2010.10.10.）
藤原千恵子編，2007，『図説　江戸っ子のたしなみ』河出書房新社
穂坂邦夫，2005，『教育委員会廃止論』弘文堂
三上和夫・湯田拓史編著，2010，『地域教育の構想』同時代社
盲聾教育開学百周年記念事業実行委員会編集部会，1978，『京都府盲聾教育百年史』盲聾教育開学百周年記念事業実行委員会
文部科学省，2006，「コミュニティ・スクール」（パンフレット）
―――，2007，「学校評議員制度等及び学校運営協議会設置状況（平成18年8月1日現在調査結果）」（http://www.mext.go.jp/b_menu/houdou/19/03/07032712.htm，2010.10.8.）
―――，2010，「コミュニティ・スクール」（ネット版，http://www.mext.go.jp/a_menu/shotou/community/_icsFiles/afieldfile/2010/08/24/1230668_01.pdf，2010.10.10.）。
山内道雄，2007，『離島発　生き残るための10の戦略』日本放送出版協会
―――，2010a，「年頭所感　協働で共生の島づくり」（http://www.town.ama.shimane.jp/about/，2010.10.10.）
―――，2010b，「離島発！地域再生への挑戦――最後尾から最先端へ（改訂版）」

第Ⅲ部　地域をとりもどす

　　（鳥取大学地域学部「地域学入門」特別講義資料，2010.6.23.）
山根俊喜，2010，「学校教育から地域教育学へ」(地域学研究会例会配付資料，
　　2010.11.18.)
吉本二郎，1990，「学校」『新教育学大事典』第一法規，487-491
渡部昭男・金山康博・小川正人編，志木教育政策研究会著，2006，『市民と創る教育
　　政策　検証：志木市の教育政策』日本標準
渡部昭男，2007，「『学校教育学』から『地域教育学』『地域教育福祉学』への道程」
　　『地域の教育福祉諸機関の連携に関する総合的研究——新しい専門性の形成をめ
　　ざして』(2006年度科研［基盤研究B　課題番号17330167　研究代表者・田丸敏
　　高］中間報告②)，1-18
―――――，2009，「子どものニーズと就学義務制」平原春好編『概説　教育行政学』
　　東京大学出版会，133-151

## Column

島の宝さがし

岩本　悠

　2010年，隠岐島前高校で島の新しい観光企画づくりを行った。まずはこの島の魅力を再発見しようと，生徒たちは授業や放課後，休日に島を歩き廻った。しかし，島でずっと生まれ育った生徒たちにとっては当たり前の風景やモノばかりで，なかなかおもしろい地域の宝を発見できずにいた。ところが，そこに大阪の学校から隠岐島前高校へ入学してきた生徒が加わると状況は一変。「何これっ」「すごいッ」と，島の子たちが見過ごしていたものたちに，次々とスポットライトが当たっていく。また，「はじめて島に来たとき，出逢った大人たちが熱かったから，この島の高校に来ようと思った」という話や，「落ち込んでいたときに，近くの商店のおばちゃんが，『まぁ，人生いろいろあるから』とパンを何個もかごに入れてくれた。あれですごく元気をもらった」というような話なども登場。議論も盛り上がっていく。そして，彼らが出した結論は，「この島の一番の魅力は人だ！」「人こそ最高の観光資源だ！」というものだった。「自然が少ない都会では，'自然体験'ツアーが人気になるんだから，人とのつながりもうすい都会の人には，自然体験ならぬ，'人間体験'をするツアーも絶対喜ばれるはず」と考えた彼らは，たくさんの地域の人たちに相談し，多くのアドバイスをもらいながら，「島の人たちと出逢い，交流し，人とのつながりをお土産に持って帰る」観光ツアーをつくりあげた。この「ヒトツナギ」という旅の企画は，観光プランを競いあう全国大会「観光甲子園」で初代グランプリ（文部科学大臣賞）を受賞した（図終 - 3 ）。

　観光甲子園を終え，生徒たちが島へ戻ると，横断幕とともに町長をはじめたくさんの地域の人たちが港へ迎えに集結していた。集まった人たちの前で生徒が「僕は今までの17年間で'一番'になったことが一度もありませんでした。今回，人生で初めてもらった一等賞が，'日本一'でした。皆さんのおかげです。本当にありがとうございました」と挨拶すると大きな拍手が沸いた。

　その後も彼らが「この企画を実現させて，地域に恩返ししたい」との想いで動きはじめると，島の大人たちがまるで自分の子どもか孫のことのように，喜んでどんどん協力してくれる。半年後，生徒たちの手でこのツアーは実現した。ツアー参加者の船を見送った後，生徒が涙ながらにこういった。「これは地域の大人たちの協力なしには絶対できませんでした。今回の挑戦を通して，島の人と島の魅力を本当の意味で体験できました。本当にありがとうございました」。こうして島の人たちに育まれた彼らが，また島の未来の宝になっていくのだろう。

# 第11章　アートが地域を再生する

野田邦弘

## 1　なぜ地域か，なぜアートか

**ナショナルガバナンスの時代からローカルガバナンスの時代へ**

　最近世界各地で，産業の空洞化などにより衰退した都市・地域が芸術・文化への戦略的な取り組みにより，観光客の増加などの地域活性化やその結果としての市民のアイデンティティ強化を実現し，都市・地域再生を成功させた事例が数多く報告されている。「創造都市」と表現されるこのような傾向は日本においても各地で見受けられる。本章では，このような芸術・文化への国内外の取り組み事例を紹介しながら，文明論的な時代認識に立ちつつ，そのメカニズムを分析することにより，芸術や文化を活用した都市・地域再生に必要な条件とは何かについて考察し，衰退に悩む各地の地域政策にヒントを提示しようと思う。

　本論に入る前になぜ「地域」単位で物事を考えるべきかについて筆者の考えを述べておきたい。国家の役割は，今世紀に入り弱まっている。国内的には，これまで国民経済の基盤として機能してきた官僚制的中央集権国家が，その非効率や財政上の理由から解体・再編され，それにかわるポスト福祉国家としての分権型社会への模索が先進諸国で始まった（ローカルガバナンスへの転換）。また，国際的には，グローバル経済問題や地球環境問題といった国家の枠を超えて対応すべき課題が増加するなかで，EU，G20などのグローバルガバナンスの試みが始まっている。つまり，これまで国家が果たしてきた役割が相対的に

第 11 章　アートが地域を再生する

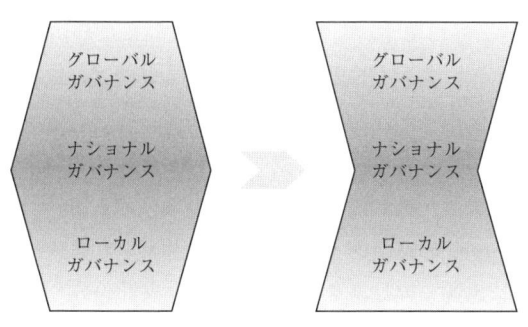

図 11 - 1　ガバナンスの変化

低下し，一方では分権化の推進による地域主権化と他方での国家を超えたグローバルな取り組みの重要性が増してきたのである（図11‐1）。

しかし，各国とも三十年戦争の講和条約として締結されたウエストファリア条約（1648年）以来の「国民国家」的発想から脱却できないため，いまだに「国家」という桎梏にとらわれている。20世紀が国家の時代だったとすれば，21世紀は都市・地域の時代である。そこでは，都市・地域は，いちいち中央政府を媒介させることなく直接世界につながっていく。

日本では，2000年に地方分権一括法が施行され[1]，今後いっそう地域主権の推進が図られようとしていることも，このような世界的な時代変化に即したものである。こうした文脈から，都市・地域再生は，これまでのように中央省庁の補助金頼みではなく，地域住民や地方自治体が主体となって取り組むことが求められている。

## なぜアートなのか

このようにこれからの都市・地域再生は，地域が主体的に取り組む必要があるが，それではなぜアートが都市・地域再生に有功なのかについて，地域における公共政策の観点から考える。

地域における公共政策としてのアートとは，自治体文化政策の問題として立ち現れてくる領域である。文化政策とは，ユネスコの定義によれば，「文化的必要（cultural needs）を満たすべく意識的・意図的に処理を行うことの総体」

であり,「文化的発展に関する基準は個性の完成および経済的・社会的発展によって明確にされるべき」ものとされる。ユネスコのこの定義でも明らかなように,文化政策は元来「個性の感性」と「経済的・社会的発展」というふたつの目的をもっているのである。しかし,従来はどちらかといえば前者に焦点があてられることが多く,後者の視点は弱かったといえる。

ところが近年,文化の経済的・社会的機能が注目され始めた。文化は,その固有価値が人々に感動や充足感を与える一方で,文化施設や文化事業の地域にもたらす経済効果や地域社会におけるソーシャル・キャピタル=「社会的ネットワークとそこから生じる互酬性と信頼性の規範」(Putnum 2000=2006:14) の形成といった社会的効果に注目が集まってきたのである。

日本における文化の経済効果に関する研究としては,国立民族学博物館の建設による経済波及効果を調べた梅棹忠夫らの研究が嚆矢とされる (梅棹監修 1983)。一方,文化活動が地域にソーシャル・キャピタルを形成し地域を活性化することに関する研究はそれほど多いとはいえないが,大地の芸術祭を事例として取り上げ,地域へのソーシャル・キャピタルの形成を論じた松本文子らの研究などが発表され始めている (松本他 2005:157-162)。

しかし,なぜアートなのか。アートが地域に与える影響について考察してみる。

グローバル経済を背景として,一切の無駄を排除し,効率化を生活のあらゆる面で極度に推し進めてきた先進国においては,生活の潤いやゆとりが失われるだけではなく,人々の想像力や創造力が育つ土壌が弱まっている。想像力や創造力は,一見無駄に見えるものや遊びのなかから育ってくる。創造性は計画したり,管理したりできないからだ。これは,発明家に発明のアイデアがひらめく瞬間を考えるとわかりやすい。日頃突き詰めて考えている論理の道筋とはずれたところ,一見無関係なことから思わぬアイデアやひらめきが生まれ,一気に発明へと到達するのである。このプロセスは,アーティストが作品のアイデアを練るときと類似している。

一見非効率で無意味なアートだからこそ,現代のような無駄を極度にそぎ落とした世界のなかでわたしたちに新たな発想や価値観を想起させるきっかけを

第11章　アートが地域を再生する

与えることができる。新潟県で2000年から始まり，着実に地域に定着し，評価を高めてきた「大地の芸術祭越後妻有アートトリエンナーレ」のディレクター北川フラムはいう。「もし，アートが役に立つもの，効率的なものだったら，うまくいかなかったでしょう。赤ん坊は，突然生まれてきて，何もできないから，周りの人たちが『大変だ，大変だ』といいながら構います。そう言っている内に，構っている人間同士が仲良くなっていきます」。一般には世の中で役に立たないと思われているアートだからこそ地域住民の間のコミュニケーションを促進し，地域のソーシャル・キャピタル形成を進める触媒として働くことを指摘している（北川 2007）。あるいは，平安時代末期に編まれた歌謡集『梁塵秘抄』では「遊びをせんとや生まれけむ，戯れせんとや生まれけん」と人が本来遊ぶために生まれてきたとうたわれているし，ホイジンガは人間の本質を「遊戯」とし「ホモ・ルーデンス」論を展開した。このように，アートの社会にとって一見無駄であるというそのあり方が，ひるがえって，現代において社会の絆を強化する触媒として重要な意味を帯びるのである。

**文化政策の変容とアートの領域拡大**

　ここまでは近年アートが都市・地域再生のツールとして注目を浴び始めている背景について述べてきたが，そのことはアートの側から見るとどうなっているのだろう。実は，そこには現代におけるアートの変容という重要な問題点が指摘される。

　第一は，アートの内容が従来のハイアートからサブカルチャーまで拡張したことである。20世紀前半までの欧米各国政府の文化政策は，オペラや絵画といったハイアート（高級芸術）を対象としてきたが，1960年代の世界的な学園紛争などのカウンターカルチャー運動，アジア，アフリカ，カリブ諸国からのヨーロッパ移民二世世代が自らの文化的アイデンティティを主張し始めたことなどにより[3]，これまでのハイアート一辺倒の文化政策が見直され，それまではサブカルチャーとされていた，エスニックアートやポップカルチャーまで政府の文化政策の対象が拡充した[4]。

　第二は，20世紀後半に訪れ文化事象全般を席巻したポストモダン時代におけ

る芸術観の変容である。アーサー・ダントは，80年代以降の芸術を「ポストヒストリー時代における客観的多元主義」と定義し，芸術の歴史的発展史観を否定した上で，現代はどのような表現も許される時代をむかえたという（Danto 1996=1995）。ダントの議論は，冷戦終結により例えば資本主義対社会主義といった人類史上の「大きな物語」の時代は終焉をむかえ，これからは細々とした「小さな物語」の時代をむかえる，というフランシス・フクヤマの議論をふまえた議論である（Fukuyama 1992=1992）。このように，伝統的な芸術表現の手法はすべて一端ご破算となったため，どのような表現手法も許される時代をむかえたのである。

　第三は，アートの表現手法の変容としてのワークインプログレスおよびサイト・スペシフィシティへの志向である。ダントの客観的多元主義により芸術表現のあらゆるタブーが解き放たれたいま，一部のアーティストは，従来の狭量なコギトを捨て状況のなかに漂うようなスタイルを意識的に取り始めている。地域住民と一緒に作品を制作するワークインプログレスであったり，特定のトポスにこだわり続けるサイト・スペシフィックな作品づくりと呼ばれる表現がそれである。

　このように前世紀後半以降，美術をはじめとする現代芸術は，その存在意義や表現のあり方を大きく変化させてきた。近代的な「芸術」観が終焉をむかえ，ポストモダン時代以降の新たな「芸術」観あるいは「芸術の終焉」の段階に突入したのである。

## 2　アートによる都市・地域再生(1)
―海外の事例―

### グラスゴー

　ここからは，海外における文化による都市・地域再生の事例を紹介する。

　「創造都市（Creative City）」とは，産業構造の転換によりいち早く製造業が衰退したヨーロッパ諸都市のなかから生まれてきた都市・地域再生のマジックワードである。その意味で，世界に先駆けて18世紀に産業革命に突入したイギリスにおいていち早く創造都市がたちあがってきたのも頷ける。ここでは，こ

第11章　アートが地域を再生する

のようなヨーロッパを中心とする創造都市のドラスティックな都市・地域再生事例を紹介する。

　産業革命以降のイギリス工業を牽引した主力都市のひとつがグラスゴーである。鉄鋼生産や造船業で栄えるが，1960年代以降は製造拠点を海外に奪われ，それまでの主力産業は壊滅する。1971年から1983年までに製造業従事者は45％減少した（Booth and Boil 1994）。このような都市の危機的状況を打開するきっかけとなったのは，1980年代のグラスゴーアクションという官民合同組織によるマーチャントシティの再開発であった。このプロジェクトでは，荒廃した倉庫街に小劇場を集積させ，あわせて美術館を建設した。また，コンテンポラリーダンスなどの文化事業を積極的に展開することにより，マーチャントシティを若者が集うスポットとして再生させることに成功したのである。このような成功体験を背景に1990年には欧州文化首都に指定された[5]。

　このような文化政策は，例えば，1991年～1997年のグラスゴーへの旅行者を88％増加させるといった驚異的な成果を生み，世界に「グラスゴーシンドローム」としてその名をはせることになった（宮内 2003）。

エムシャーパーク

　ドイツの重工業を牽引してきたルール地方は，エムシャー川沿いに広がる17の自治体からなる地域で，約 800 km$^2$ の地域に約200万人の人口をかかえる広大な地域である。かつては石炭業や鉄工業で栄えたが，産業構造の転換により多くの工場が操業を停止していた。1990年代に60万人の雇用を喪失し，大幅な人口減少が起きるなど地域の衰退はすさまじかった。このような状況のなかで，ルール地方の自治体のなかには，雇用確保の観点から，ヨーロッパの産業廃棄物処理場を誘致して，雇用を確保しようといった意見すら出されていた（永松編著 2003）。

　このようななか，ルール地方が帰属するノルトライン・ウエストファーレン州は，10年間（1989～1999年）の時限的有限会社として「IBA エムシャーパーク公社」を設立し，国際建築展覧会（IBA）による都市再生事業に取り組んだ。そこでは10年間にわたって100以上のプロジェクトが実施されたが，次のよう

な理念があったという（春日井 1999）。

①良い建物や手本となるまちづくりを実践し，まちづくりに対する世間の意識を高め，よいまちづくりへの美意識を植え付ける
②ひとつひとつの作品は地域のストックとなってまちの改善につながる
③展覧会場は郊外ではなく，既成市街地のあちこちに展示し，波及効果をねらう
④まちづくりの過程を見せることで，まちが少しずつ良くなっていく過程・方法を住民が学習する。

　この国際建築展覧会は，予算も完成予想図も無く，域内の自治体の参加・不参加も自由という非常に風変わりなやり方をとった。これは従来型の都市開発が，計画を重視するあまり社会経済の環境変化に柔軟に対応できなかったという反省にたった新しい都市計画コンセプトである。環境問題など地域の総合的な課題解決に対して，人材確保などの点で既存の行政組織では柔軟な対応ができない。そこで，州も従来の融資や規制といった手法をやめ，改革を担う総合プロデューサーとしての役割を果たすように制度変更した。この背景には，構造改革にとって最も大事な資本は，アイデアや提案をもった地元の市民だという考えがある（永松編著 2003：39-43）。
　この展覧会は，7つのテーマに沿ってさまざまなプロジェクトが実施されたが，なかでも「産業施設を文化の媒体に」転換するプロジェクトは興味深い。例えばエッセン市に残る産業遺産である関税同盟第12立抗はビジターセンター，工房，オフィス，デザイン博物館などに生まれ変わった。この事例のようにルール地方の多くの産業遺産が文化施設等に転用された。また，プロジェクトの過程では地域のなかで行政間の協働や行政と企業，行政と住民の協働が進んだ。このような取り組みの結果として，国際建築展覧会という独特の水準を求める方法から新しいブランド価値が生まれ，ルール地域が国際的に有名になり，地域への観光客数が1990年から2003年にかけて30％増加した。その結果，自信喪失していた地域の住民や組織が自信と誇りを回復させた。このような意欲的

第 11 章　アートが地域を再生する

な取り組みが評価されて，エッセン市は2010年の欧州文化首都に選ばれた。

ナント

　フランス第五の都市ナントは，造船業で栄えるが，1970年代以降日本や韓国に敗れ，造船業の衰退や失業者の増大に見舞われた。そんななか1989年に40歳代の若さで当選したエロー市長は，民間から文化局長を抜擢し，市予算の11％を文化にあてるなど文化政策の重点化を実施した。ブルターニュ公城の修復や観光コースの設定と夜間のライトアップといった観光政策とあわせて，若手アーティストの作品をパブリックアートとして屋外設置した。また，かつてビスケット工場であった「リュ・ユニック」をコンバージョン（改装）し，演劇や音楽などのアートセンターとして再生，年間30万人の来場者がやってくる文化観光スポットとして育て上げた。また，誰でも気軽にクラシック音楽に親しめることを目的とした開かれた音楽フェスティバル「ラ・フォル・ジュルネ（熱狂の日）」は，このナントで始まり，リスボン，ビルバオに続き2005年からは東京国際フォーラムでも開催され，膨大な数の観客動員を実現している（野田 2003）。

　しかし，特筆すべきは大道芸人集団「ロワイヤル・デュ・リュクス（Royal de Luxe)」である。彼らは，巨大な動物模型や人体模型を製作し，自分たちで操作しながらまちなかで数日間にわたって街頭劇を演じる。これまで，世界各地で公演を行ってきたが，2009年にはアジア初の公演が横浜で行われた。ロワイヤル・デュ・リュクスから派生した「ラ・マシン（la Machine)」が横浜の都心部で3日間にわたり巨大クモによるパフォーマンスを行った（図11-2）。

　ここで，注目したい点は，ロワイヤル・デュ・リュクスは，単に世界各地でパフォーマンスを実施するだけではなく，ナント市が進めるナント島の再開発プロジェクトにおいて中心的な役割を果たしているということである。つまり，ナント島の各所に彼らの工房を設置し，巨大な動くオブジェをつくりつづけるというアートプロジェクトがナント島開発の基軸に位置づけられているのである。大道芸人集団を都市開発の中心的プロジェクトの柱として位置づけていることは驚きである。ナント市の文化を重視したまちづくりの取り組みは功を奏

第Ⅲ部　地域をとりもどす

図11‐2　横浜でのラ・マシン公演（筆者撮影）

し，週刊誌『ル・ポアン』の調査ではフランスで住みやすい都市第一位となるなど都市の評価を高めた。

サンタフェ

　アメリカニューメキシコ州の州都サンタフェ（人口7万4,000人，2009年時点）は，1610年に創設されたアメリカ最古の都市のひとつで，独特の文化伝統を誇るユニークな都市である。紀元前1万年頃から遊牧系の原始インディアンが居住し始め，11世紀中頃からはチワ族に属するプエブロインディアン[6]がアドビ[7]でつくった住居に定住を開始する。1610年にスペイン人により Santa Fe de Nuevo Mexico と名づけられて市が創設される（2010年サンタフェは市政400周年を祝った）。

　1929年ニューメキシコが州に昇格する頃，無秩序な都市計画が実施され，このままいくとサンタフェの伝統的景観が失われて，平凡なまちなみになってしまうという危惧が生まれた。そこで市は，1958年の条例で歴史地区内では建物の新築・改築は，スペイン植民地時代かプエブロ風のものにするよう定めた。

　19世紀後半にはサンタフェの歴史や文化に魅せられたアーティストたちが生活費の安さも手伝って，このまちにやってきていた。当初は，印象派のアーティストたちが移住してきたが，20世紀初頭になってからは現代アートの作家たちが押し寄せ，サンタフェは次第にアーティストコロニーへと変貌していく。同時に夏の避暑，冬のスキーとアメリカ人にとってのリゾート地としての地歩

第 11 章 アートが地域を再生する

も固めていった。[(8)]

　なかでも1929年にニューヨークから G. オキーフがサンタフェ近郊に引っ越してきたことは，全米の画商がサンタフェにギャラリーを建設することを加速させたといわれている。まず，ダウンタウンの歴史地区にギャラリーが集積し，やがて中心市街地から少し離れたキャニオンロードにギャラリーが集積した。第二次大戦中は，サンタフェから 50 km 離れたロスアラモス政府研究機関の[(9)]研究者は知的なレジャー活動をサンタフェに求めた。1970年代以降は現代アート系のギャラリーが急激に増大し，デニス・ホッパー，ジョン・ウエイン，ボブ・ディラン，ピーター・フォンダ，ジャック・ニコルソンなど有名人がしばしばサンタフェを訪れ地域ブランドを高めた（Olsen 2008：12-23）。

　人口7万4,000人のサンタフェ市には，現在8つの美術館・博物館，約200のギャラリーが点在する。サンタフェの労働人口のうち8％がアーティストであり，美術品の取引額は，年間2億ドルで全米第3位となっている。また市内には 57 ものホテルがある。

　人口14万人（2002年時点）のサンタフェ郡に拡張してみると，2002年の時点では芸術・文化産業と文化観光は，その市場規模10億ドル，就業人口の17.5％を雇い，全産業の収入の78％が郡外からのものとなっている。このような現状から R. フロリダは，同規模サイズの都市のなかでサンタフェを芸術・文化産業が地域経済に占める割合でトップにランクしている（Mitchel and Reynis 2004：1-2）。

## 上海――創意産業園区

　文化による都市再生の取り組みは，今世紀に入ってアジアでも急速に進み始めた。ここでは，福岡県上海事務所が調査研究した資料（鹿毛 2010）をもとに上海市の創造都市への取り組みを紹介する。

　上海市では，2004年末頃からその産業構造の転換が図られており，「2020年までに上海市の国際金融センター・国際航運センター化を実現」するとしている（2009年3月の国務院意見）。それによれば，製造業を市外に移転させ，市内には汚染が少なく施設内で作業が可能なサービス業や都市型工業を集中させる。

排煙や廃水をともなう従来型工場の跡地の利用策として創意産業（創造産業）の振興を図っている。

そして市は，創意産業企業や芸術家や商店が集積する「創意産業園区」開発を推進している。2010年現在市内には81の創意産業園区があり，その総建築面積は250万 m²，入居企業は4,000社を超え，8万人の雇用を創出している。2009年上海市において，創意産業がもたらしたGDPは約4兆200億円を超え，前年比25％で，上海市GDPの7％以上を占めており，主要な新興産業になっている。

例えば，上海駅近くの「M50」創意産業園区は，1930年代以降につくられた4万1,000 m²の旧紡績工場跡をコンバージョンしたアトリエ，ギャラリー，スタジオ等約130ものアート関連施設が集積し，海外からも多くのアーティストが入居している。絵画展も開催されるなど，多くの欧米人観光客が集まる観光地となっている。

また「1933老場坊」園区は，旧屠殺場だった施設をコンバージョンし，社団法人上海創意産業中心（04年設立）が入居している。上海創意産業中心は，創意産業園区の創設，創意産業に関するトレンド・マーケティングなどの調査，創意産業関連人材の交流，人材教育を担う上海における創意産業推進の中心的な機関である。

## 3　アートによる都市・地域再生(2)
—日本の事例—

### 利賀村

次に，日本における事例を紹介する。富山県旧東砺波郡利賀村（2004年の市町村合併で南砺市となった）は，岐阜県飛騨市との県境に位置し，庄川の支流である利賀川，神通川の支流である百瀬川が縦断する山村である。村の人口は800人，世界遺産である五箇山の合掌造りと同じ造りの集落が特徴の地域である。豪雪地帯で冬の生活は困難を極める。

利賀村は，1970年に過疎対策として「自然休養村整備事業」を開始，合掌造りの空き家を1ヶ月2万円で賃貸する事業を始める。73年には合掌造りの保護

第11章　アートが地域を再生する

と芸術文化の交流の場として「利賀村合掌文化村」が開設され，即興人形劇場を主宰する水田外史（がいし）が合掌造りの家屋にて文化活動を開始する。74年には日本地理学会が利賀村で開催され，そこで，芸術家に空き家を貸すというアイデアが提出された。

　そんな折，鈴木忠志が主催する劇団「早稲田小劇場」（現SCOT）は，それまで拠点としていた早稲田大学近くの喫茶店の2階が手狭となり，転居先を探していた。そしてたまたま出会った利賀村の合掌家屋「利賀山房」に拠点を移し演劇活動を開始することになった（1976年）。村と劇団の契約は5年間というものであった。早稲田小劇場は，1976年から5年間，毎年夏に行う演劇公演5年分の前売りチケットを販売することで，全国に会員を募集した結果，1,000万円近い資金が集まり，それを財源として利賀山房の改造工事を実施した。1976年8月の第1回公演には600人の観客が主に村外から集まった。これだけの人が一度に集まるのは村始まって以来のことであった。この年，4月〜11月の間に4万人が来村したという（梅棹監修 1983）。

　ところが，劇団が越してきて3年たった1979年になると，早稲田小劇場は村との契約通り5年間で村を出て行くと主張した。経営上の課題が主な理由であった。これに対して，村は動揺し，議論が続いた。劇団の離村を食い止めるため，利賀山房の拡張，宿泊棟の整備に村は2億1,000万円の支出を決定（村の年間予算は十数億円）。翌年の議会は紛糾するが，旧自治省による「過疎地域対策緊急措置法」から過疎債を3,000万円導入し，予算案は可決した。こうして施設建設に村が資金提供することになったため，劇団の離村は回避された。

　1981年には，日本初の国際演劇祭として，アメリカ，イギリス，ポーランド，ブータン，インド，日本の6ヶ国から世界のトップレベルの劇団がやってきて公演を行い，1万3,000人の観客を集めた（第1回世界演劇祭）。1986年にはカリフォルニア大学との共同事業として村内に芸術図書館（現利賀スタジオ）などが完成，88年にはカリフォルニア大学サンディエゴ校から夏に学生を迎えるサマースクールがスタートした。

　早稲田小劇場の取り組みは村を大きく変えた。1982年には離村者はそれまでの半分に減少し，村外から嫁いできた女性や民宿経営希望者37人が入村した。

1976年に4万人前後だった観光客は，1982年には13万人へ増加し，このうち4割が村の民宿に宿泊している。このように早稲田小劇場の活動抜きには利賀村の歴史は語れない。第1回世界演劇祭のプログラム表紙には次の言葉がしるされている。「世界は日本だけではない　日本は東京だけではない　この利賀村で世界に出会う」。早稲田小劇場の利賀村移転から30年後，鳥取市鹿野町に里帰りし廃校を拠点に演劇活動を開始したのが，中島諒人が主宰する「鳥の劇場」である。鳥の劇場は利賀村における早稲田小劇場の活動と同様の活動を鳥取で開始している（本書コラム参照）。

## 直島

　直島は，1周16 km，面積8 km$^2$，人口3,500人の香川県の離島である。島北部に位置する三菱マテリアル直島製錬所で銅の製錬を行っており，これが島の基幹産業である。江戸時代には，幕府の天領（直轄地）となり，瀬戸内海の海上交通の要衝を占め，海運業や製塩業の島として栄えた。[11]

　1985年旧福武書店（現ベネッセコーポレーション）の創業者福武哲彦と当時の直島の三宅親連村長が会談し，両者協力して島の開発に取り組むことで合意した。哲彦氏の急死により跡を引き継いだ福武總一郎氏は，1992年美術館とホテルが一体となった「ベネッセハウス」をオープンさせた。同時に，ここを拠点に「直島コンテンポラリーアートミュージアム」という島全体を舞台としたアート活動が始まる。直島における取り組みの特徴は，サイトスペシフィック・ワークという点にある。アーティストは作品制作の前に島を訪れ，島民から島の歴史や文化を学びながら作品の構想を練り，島内で作品を制作する。制作過程にも住民が関わることもある。このように，住民との協働により作品を現地で制作し，その場に常設展示するのである。最初にこのスタイルで作品制作したのは，ヤニス・クネリスであった。彼は直島の海岸に漂着したさまざまな流木やごみを拾い集め，それらをブリキでくるんでたくさん積み重ねた作品を制作した。

　1997年には本村地区で空き家を再生する「家プロジェクト」が始まる。空き家空間をひとりのアーティストに委ねて作品を作ってもらうプロジェクトで，

第11章 アートが地域を再生する

図11-3 瀬戸内国際芸術祭の会場のひとつ
＝犬島の旧製錬所

現在8ヶ所に設置されており，観光客のまちあるきスポットとなっている。その後2度にわたるスタンダード展（美術展）の開催，地中美術館オープン（2004年），李禹煥（リー・ウー・ファン）美術館オープン（2010年）などが続く。

直島には現在全国から若者を中心とした観光客が押しかけるようになっている。また海外の旅行雑誌などにも紹介されたことがあり，観光客の2割は外国人だといわれている。1989年に約2万人だった観光客は，2006年は約20万人に増加した。また，まだ数は少ないものの若者のIターンも増加している。

観光客の増加は島に経済効果をもたらすだけでなく，島民の意識を変えつつあることに注目したい。ボランティアガイドの結成，トイレボランティア，屋号プロジェクト，のれんプロジェクトといった自発的な活動が生まれたのである（秋元他 2006）。20年間にわたる直島の取り組みを基盤としたベネッセの活動は，直島以外の瀬戸内海の離島にも飛び火している。2010年7月19日（海の日）から始まった第1回瀬戸内国際芸術祭「アートと海を巡る百日間の冒険」は，直島，豊島，女木島，男木島，小豆島，大島，犬島，高松港周辺を会場に，18の国と地域から75組のアーティスト，プロジェクト，16のイベントが参加して開催され，予定参加人員の3倍の100万人近い観客を集め大成功を収めた。今後定期的に開催される予定である（図11-3）。

## 横浜

横浜市は，人口368万人の大都市であるが，東京の衛星都市としての側面も

あり，都市の自立性は必ずしも高くない。そうした横浜市の長年の懸案であった新しい都心形成プロジェクトが「みなとみらい21」である。横浜駅から桜木町駅までの海側186 haの土地に人口1万人，就業者19万人の新たな都心を形成するという計画で1983年に着工された。みなとみらい21が完成に近づくにつれて，都市機能が次第にみなとみらい21地区に集積し始めた。その結果，旧市街地であった関内地区の衰退が始まった。関内地区は，横浜市の原点というべき横浜港を築港した場所であり，元町商店街や中華街，外人墓地といった横浜の観光名所の起点として重要な地域である。洋館や倉庫など横浜らしい景観も残っていた。しかし，関内地区は，次第にみなとみらい21にビジネスゾーンとしての地位を譲り始めていたため，オフィスの空洞化が進んだのである。また一方では，地価が下げ止まっていたこともあってマンション開発が加速し，横浜のアイデンティティともいうべき歴史的建築物や倉庫も取り壊され始めていた。

　このような危機感から2002年外部有識者で構成する「文化芸術と観光振興による都心部活性化検討委員会」が設置され検討が開始された(14)。委員会は，2004年に「文化芸術創造都市——クリエイティブシティ・ヨコハマの形成に向けて」を市長に提出し，このなかで，横浜市は文化芸術創造都市を目指すべきとした上で，次の4つの目標を示した。

①アーティスト・クリエーターが住みたくなる創造環境の実現
②創造的産業クラスターの形成による経済活性化
③魅力ある地域資源の活用
④市民が主導する文化芸術創造都市づくり

　また，これらの目標を実現するため「重点的に取り組むプロジェクト」として次の3つが提言された。

①クリエイティブ・コアー創造界隈の形成（文化政策）
②映像文化都市（経済政策）

第 11 章 アートが地域を再生する

図 11 - 4　BankART NTK
出所：横浜市提供

③ （仮称）ナショナルアートパーク（空間計画政策）

　この提言の特徴は，文化政策，経済政策，都市計画といった本来なら複数の部署にまたがる課題に総合的に取り組むことを強調した点である。そしてそれを実現するための強力な権限をもつ部局横断組織として「文化芸術都市創造事業本部」が2004年4月に設立された。ここでは紙幅の制約から創造界隈の形成事業に絞って紹介する（野田 2008）。

　創造界隈形成事業のリーディングプロジェクトとして取り組まれたのが「歴史的建築物文化芸術活用実験事業」BankART1929 である。みなとみらい線馬車道駅近辺に立地する旧第一銀行，旧富士銀行というふたつの歴史的建築物を使ってアート活動を行い，地域の活性化に貢献するというプロジェクトで，公募により選ばれた団体（YCCC プロジェクトと ST スポット横浜）により事業が実行された。歴史的建築物の空間を活かした，美術展示，演劇公演，コンサート，レクチャーなど多彩なプログラムが実施される一方で，施設内にはカフェ＆パブが設置され，広く市民にも開放された。BankART1929 の取り組みは成功し，ふたつの歴史的建築物は多くの人々が集う場所として再生した。この結果，周辺の倉庫ビルやオフィスビルのオーナーたちが積極的にアーティストやクリエーターにスペースを提供するようになり，馬車道周辺はアートのまちに変貌

269

した（図11-4）。

　こうした創造都市政策は，新たな地域づくりにも応用されている。例えば，神奈川県警は，2005年首都圏でも最大級の非合法売春地帯であった黄金町から非合法営業店舗を一掃した（バイバイ作戦）。もぬけの殻になった同地区でどのようなまちづくりを行っていくべきなのか，現在さまざまな模索が続けられるなかで，黄金町が位置する横浜市中区は，BankART1929と組んで同地域でアートによるまちづくりの実験を開始した（BankART桜荘2006年度〜2009年度）。これが誘因となって翌2007年には横浜市立大学のサテライトキャンパス「KoganeX Lab」がスタート，学生が地域住民といっしょになって黄金町のまちづくりに取り組んでいる。

## ４　創造都市論

### 創造都市論の背景

　本章ではここまで「創造都市」という語を用いてきたが，現在世界中でこの創造都市に対する関心が高まっている。佐々木雅幸は創造都市を「人間の創造活動の自由な発揮に基づいて，文化と産業における創造性に富み，同時に，脱大量生産の革新的で柔軟な都市経済システムを備え」「21世紀に人類が直面するグローバルな環境問題やローカルな地域社会の課題に対して，創造的問題解決を行えるような『創造の場』に富んだ都市である」と定義している（佐々木2001：40）。佐々木の定義のように，創造都市とは，創造的なアイデアで都市問題を解決することを含意する用語であり，体系的都市論を構築している概念ではない。また，「都市の創造性にとって大切なのは，研究，文化，組織，金融のあらゆる分野における創造的問題解決とその連鎖反応が次々と起きて，既存のシステムを変化させる流動性である」（Ebert, Gnad and Kunzmann 1994）といわれるように，創造都市という考え方は，市民の多様なアイデアを十分引き出し，それらを交流させ，新たなシステムを開発して地域や社会にイノベーションを誘発するということを目指している。そこにおいてアートの果たす役割が重要となってくるのである。

第11章 アートが地域を再生する

　アートがもつ潜在力が有効だと考えられるようになる背景として，知識社会の進展という現象がある。ドラッカーが知識が最も重要な個人や経済活動の中心的な資源となったといっている（Drucker 1983=1993）ように，先進国においては，産業構造の変化により知的財産の開発と活用により生み出される付加価値の重要性が高まっている。知的財産権には，産業財産権，著作権，その他の権利があるが，狭義のアートは著作権に含まれると考えられる。近年，日本をはじめとする先進国において，特許や著作権ビジネスなどの知的財産の開発や活用が重要な経済活動になってきたことが創造都市ブームの背景にあると考えられる。

　EUでは，1985年以降「欧州文化首都」（European Cultural Capital）という取り組みが行われ，2010年はエムシャーパーク事業の中心都市であるエッセン（ドイツ）のほか，ペーチ（ハンガリー），イスタンブール（トルコ）でさまざまなイベントが実施された。2011年は，トゥルク（フィンランド）とタリン（エストニア）で開催される。実は，創造都市というコンセプトは，この欧州文化首都の総括の議論のなかから生まれてきたのである。

**創造産業，創造階級**

　創造都市を形成するのは，創造産業の集積であり，それを担うのが創造階級である。「創造産業（Creative Industries）」を政策として最初に取り上げたのはイギリスのブレア元首相である。イギリス政府の定義によると創造産業とは「個人の創造性，技術，才能に根ざした産業」「知的財産の開発と活用を通じて富と雇用を生み出す」産業群であり，具体的には「広告，映画・ビデオ，建築，音楽，美術・工芸市場，舞台芸術，コンピュータ・ビデオゲーム，出版，工芸，ソフトウエア，デザイン，テレビ・ラジオ，デザイナーズファッション」であり，こうした創造産業は高い成長を遂げており，これからのイギリス経済を牽引するとされている。

　ジョン・ホーキンズは，創造産業について次のように述べている。「原材料は人間である。新しくて独創的なアイデアをもっていて，それを経済資本や商品に転化できる才能をもった人である。伝統的な経済では不可欠な生産のため

の資源は創造経済においては重要ではない。……創造経済において最も重要なのは資金ではなく，アイデアと知的財産である。これらは目に見えないと同時に非常に移動しやすい」(Hawkins 2001：213)。このような創造産業／創造経済のもとでは創造性のマネジメントが重要になるとホーキンズは書いている。

　アメリカの都市経済学者 R. フロリダによれば，先進国の経済は，製造業から「人間の才能と想像力の限界のみが制約である創造経済」へと移行しつつあるが，創造経済を牽引するのが「創造階級（Creative Class）」である。創造階級とは，科学者，エンジニア，大学教授，詩人，小説家，エンターテイナー，俳優，デザイナー，建築家，ノンフクションライター，編集者，シンクタンク研究者，評論家，その他の世論形成者で構成される「スーパー・クリエイティブ・コア（super creative core）」とハイテク分野従事者，金融サービス，法律家，医師，経営者で構成される「クリエイティブ・プロフェッショナルズ（creative professionals）」からなり，全米では約4,000万人で全就業者の30％を占めるという（Florida 2002=2008）。

　創造階級は，「『創造センター』に集まり，チームを組みながらお互いを滋養源としながら活動する傾向がある」と地域的に偏在するという特質をもっている。フロリダはアメリカの都市間比較を行い，どの都市に多くの創造階級が住んでいるかを調べた。その際に用いたのが有名な指標3Tである。3Tとは，technology（技術），talent（才能），tolerance（寛容性）であり，この指標を使ってアメリカのなかで創造階級が多く住む都市を調べた結果，サンフランシスコ，オースティン，ボストンなどの都市が高く評価された。

　こうしたフロリダの創造階級論は世界中の政策決定者に大きな影響を与えた。それまでの都市・地域政策で主流であった企業誘致政策から人材誘致政策へと根本的な視点を転換させたからである。日本においても，創造階級の誘致が今後の都市・地域間競争における比較優位を決定する重要な政策となりつつある。

## 創造都市へむけた政策

　それでは，一体創造都市を目指した取り組みはどのようなものか。それにはまず，創造階級を誘引する都市・地域インフラの整備が求められる。創造階級

第 11 章　アートが地域を再生する

が求めるのは，創造活動に打ち込める環境，他の分野のクリエーターとの交流，ナイトライフを楽しめる文化娯楽環境である。これらを整備することが創造都市を目指す地域政策の要となるだろう。

　第一に，アーティストたちが思う存分創造活動に専念できる空間の整備である。しかし，これは単に無機質的な空間であればよいというものではなく，横浜市のように人々にインスピレーションを与えるような歴史的建築物の活用も重要な要素である。J. ジェイコブズは，「新しい建物の中からは古い考えしか出てこないが，古い建物の中からはときどき新しい考えが出てくる」と指摘している（Jacobs 1961=1977）。第二に，アーティストたちへの支援システムである。これは，資金面，生活上のサポート面，公共料金の支払い免除などの，さまざまなインセンティブが考えられる。第三には，制作された作品などを社会に紹介し，プロモートすることへの援助である。展示会や交流会の実施など，アーティストが創作活動の成果を問う場をさまざまな場面で用意することである。第四には，これらの施策を推進するために行政のイノベーションを追求しなくてはならない。アーティストの創作環境を保証し援助するためには，行政側も部局を超えて協力し，柔軟な行政運営を行う必要があるが，そのためには既存の行政の組織のあり方や仕事のやり方の大胆な見直しを行う必要があるだろう。

## 創造都市が目指すもの

　2004年ユネスコは，「創造都市ネットワーク（Creative Cities Network）」を発足させた。これは，文化の画一化がグローバルな規模で起きつつあることに対する対応策として2002年に締結されたユネスコ「文化多様性条約」に基づき創設された制度である。その目的は，「先進国および発展途上国の都市の社会的，経済的，文化的な発展」を目指すことにある。ユネスコに認定された「加盟都市は，『クリエイティブ・ツーリズム』という理念に基づく活動で有名な世界的なプラットホームのもとで，自都市および加盟他都市のために経験を共有し，新たな機会を創出することができる」とされている。2010年現在の加盟都市は次の27都市（7分野）である。

【文学】エジンバラ（イギリス），メルボルン（オーストラリア），アイオワシティ（アメリカ），ダブリン（アイルランド）
【映画】ブラッドフォード（イギリス），シドニー（オーストラリア）
【音楽】ボローニャ（イタリア），セビリア（スペイン），グラスゴー（イギリス），ゲント（ベルギー）
【工芸・民衆芸術】サンタフェ（アメリカ），アスワン（エジプト），金沢（日本），利川（韓国）
【デザイン】ベルリン（ドイツ），ブエノスアイレス（アルゼンチン），モントリオール（カナダ），名古屋（日本），神戸（日本），深圳（中国），上海（中国），サンテエティエンヌ（フランス），ソウル（韓国）
【メディアアート】リヨン（フランス）
【食文化】ポパヤン（コロンビア），成都（中国），エステルスンド（スウェーデン）

　このプログラムは，加盟都市間のネットワーク強化を目的としているが，重要な点は，都市の発展を牽引する創造性を生み出すための具体的な政策を次のように明示していることである。「最も重要な点は，ニューエコノミーで重要な役割を果たす小企業の持つ起業性や創造的潜在性を誘発する官民協働を創出することである。それら小企業の発展を支えるために創造的な小企業には創造的人材が必要である。ゆえに，コンテンポラリーアート，ファッション，工芸，音楽，デザインなどの学校を有する都市が栄えるのである。」[17]

　日本においても，2007年度から文化庁長官表彰に文化芸術創造都市部門が創設され，毎年4都市ずつ表彰されている。また，文化庁は，平成23年度概算要求として「クリエイティブ・ニッポン発信プロジェクト」事業の予算要求を行っている（5億5,000万円）。

　このように創造都市形成にむけた取り組みは今世紀に入って国際レベル，国家レベルで加速しているが，創造都市形成を主体的に担うのはあくまで都市や地域自身であることを確認しておきたい。それぞれの都市・地域が自らの固有の歴史や文化をふまえて独自の創造的地域づくりを行うことが基本である。

　本章の最後に創造都市の最終的目標を確認しておく。アートのもつ創造性を

第11章　アートが地域を再生する

地域づくりに活かすことで，地域を文化的，経済的，社会的に発展させることである。そして，この過程を通して，都市・地域住民が自分の地域に誇りと愛着を育むこと，すなわちシビックプライドを形成することである。

注
(1) 正式名称は「地方分権の推進を図るための関係法律の整備等に関する法律」。
(2) ユネスコホームページ。
(3) ジャマイカのボブ・マーリーから始まるレゲエ音楽の流行などはこのような歴史的文脈に位置づけられる。
(4) 例えば，このようなコンテクストのなかで，1980年代フランス文化省主導でオーガナイズされ，世界的ブームとなったのが「ワールドミュージック」であった。
(5) 欧州文化首都とは，ギリシャの元文化大臣のメリナ・メリクーリによって提唱された文化による都市再生プログラムで，毎年1都市から2都市が指名され，年間を通して文化イベントをくり広げるというものである。
(6) メキシコ北部とアメリカ南西部，特にニューメキシコ州やアリゾナ州に残るインディアンの伝統的な共同体，集落およびそこに住むインディアン。
(7) 砂，粘土，肥料，わらなどの有機素材で作るレンガ。
(8) 標高2,100mの内陸性気候のため，緯度が低い割にサンタフェは寒冷地である。
(9) 原爆の研究開発で有名である。
(10) 住民の要望により，「利賀村」という名称は自治体の名称としてではなく，地域名として残されることになった。
(11) 直島町ホームページによる。
(12) 直島町資料による。
(13) 2007年12月4日「ツーリズムサミット2007『芸術文化とツーリズム――創造都市と地域振興』」における加賀山弘（（財）直島福武美術財団　地中美術館事務局長）の講演による。
(14) 筆者は，横浜市都市経営局政策課職員として，この委員会運営および政策立案の実務を担当し，翌年設立される文化芸術都市創造事業本部創造都市推進課に異動した。
(15) イギリス文化メディアスポーツ省ホームページによる。
(16) 例えばアーティストに対して，電車，バスなどの公共交通の無料パスを発行するなど。
(17) ユネスコホームページより。

275

第Ⅲ部　地域をとりもどす

## 文献

秋元雄司・安藤忠雄他, 2006,『直島瀬戸内アートの楽園』新潮社
梅棹忠夫監修・総合研究開発機構編, 1983,『文化経済学事始め——文化施設の経済効果と自治体の施設づくり』学陽書房
岡部明子, 2003,『サステイナブルシティ——EU の地域・環境戦略』学芸出版社
春日井道彦, 1999,『人と街を大切にする——ドイツのまちづくり』学芸出版社
北川フラム, 2007,「直島を中心とした環瀬戸内海活性化の取り組みについて」日本経済研究所『日経研月報』10月号, 7
佐々木雅幸, 2001,『創造都市への挑戦』岩波書店
鹿毛久史, 2010,「アートと産業の融合 上海創意産業の今!」福岡県上海事務所『BUSINESS SUPPORT FUKUOKA』6月号
永松栄編著・澤田誠二監修, 2003,『IBA エムシャーパークの地域再生』水曜社
野田邦弘, 2003,「クリエイティブシティへの道——ナント市と横浜市の取り組みをとおして考える」企業メセナ協議会『メセナノート』26
———, 2008,『創造都市・横浜の戦略——クリエイティブシティへの挑戦』学芸出版社
松本文子・市田信行・吉川郷主・水野啓・小林槙太郎, 2005,「アートプロジェクトを用いた地域づくり活動を通したソーシャル・キャピタルの形成」環境情報科学センター『環境情報科学』19
宮内宏美, 2003,「文化による都市再生」(財) 日本地域開発センター『地域開発』4月号
吉本光宏, 2004,「ビルバオ市における都市再生のチャレンジ」国際交流基金編『文化による都市再生』
Booth, Peter and Boil, Robin, 1994, "See Glasgow, see culture," Franco Bianchini and Michael Parkinson eds., *Cultural Policy and Urban Regeneration : The West European Experience*, Manchester and New York : Manchester University Press, 21-47.
Ebert, Ralph, Gnad, Fritz and Kunzmann, Klaus, 1994, *The Creative City*, London : Comedia.
Danto, Arther C., 1996, *After the End of the Art : Comtemporary Art and the Pale of History*, Princeton University Press.（アーサー・ダント「芸術の終焉の後の芸術」『中央公論』1995年4月号.)
Drucker, Peter F., 1993, *Post-Capitalist Society*, Harper Collins.（=1993, 上田惇生他訳『ポスト資本主義社会——21世紀の組織と人間はどう変わるか』ダイヤモンド社.)

Florida, Richard, 2002, *The Rise of the Creative Class*, New York : Basic Books.（= 2008, 井口典夫訳『クリエイティブ資本論――新たな経済階級の台頭』ダイヤモンド社.）

Fukuyama, Francis, 1992, *The End of History and Last Man.*（=1992, 渡部昇一訳『歴史の終わり（上・下）』三笠書房.）

Hawkins, John, 2001, *Creative Economy : How people make money from ideas*, Penguin Books.

Jacobs, Jane, 1961, *The Death and Life of American Great Cities*, New York : Random House.（=1977, 黒川紀章訳『アメリカ大都市の死と生』鹿島出版会.）

Mitchel, Jeffrey and Reynis, Lee, 2004, *The Economic Importance of the Arts and Cultural Industries in Santa Fe County*, University of New Mexico.

Olsen, Amanda K., 2008, *Art Colony to Art Economy : The Santa Fe Art Market from the Dealer Perspective.*

Putnam, Robert, 2000, *Bowling Alone : The Collapse and Revival of American Social Community*, Simon and Schuster.（=2006, 柴内康文訳『孤独なボウリング』柏書房.）

## Column

劇場にできること

中島諒人

　わたしの専門は演劇だ。鳥取市鹿野町の廃校になった小学校と幼稚園を劇場に変えて，十数人の俳優，スタッフとフルタイムで演劇を軸にした劇場運営を行っている。「鳥の劇場」というのがその名前で，芸術集団の名でもあり，場の名前でもある。わたしたちの活動は，ふたつの点に特徴がある（図終-9）。

　民間の芸術団体が，自分の場をもち，そこを拠点に「公共の場」としての劇場をつくろうとしている点。稽古場をもっている劇団は多いが，わたしたちの劇場は，そこで作品をつくり上演をする。海外も含めて他の芸術団体の作品も招く。美術，建築など他芸術分野の事業もやる。ワークショップも多く行う。公立の場ではなく，「公共の場」。演劇愛好家というせまいサークルを越えて，広く一般の市民に舞台芸術の魅力を発信し，「いま」，「ここ」で生きていく上での多様な問題に対峙し，芸術の力を社会変革に向けて動員しようとしている。

　もうひとつは，活動が地域に根ざしている点。従来，地域と芸術という言葉が結びつくと，それはアマチュア，趣味的という意味だった。プロ，一流は東京という図式。日本では，芸術は商品としての価値，消費的価値しかもたなかった。演劇をただの商品として売るなら，お客がたくさんいる場所でしか生きられない。けれど，いまこそ地域の生活の場に一流の芸術が必要だ。演劇が歴史的に蓄積した力は，娯楽的側面だけではない。情報技術の発達は，生活を便利に効率的にしたが，そればかりで人間は幸福になれない。自分の，他者の「からだ」と向き合うことが必要で，演劇はその入り口になる。そして，芸術表現は日常の生活を支配する価値観を見直すきっかけをくれる。政治，経済，文化の東京への一極集中のなかで築かれた近代化の歴史によるゆがみが，現在，地域で一気に吹き出している。既成の価値観を相対化してとらえることが大切だ。

　地域での新しい動きということでいえば，Ｊリーグもある。地域におけるプロスポーツのあり方のモデルを示し，かなり広く認知されている。歓迎すべきことだ。商業，行政の力に主導された一時の流行に終わらせてはならない。人が幸福に生きていくために必要なことは，商品的価値，市場的価値をもつもの以外にもたくさんあって，しかしわたしたちはそれが何かすらよくわからなくなってしまった。それを発見し，育てなければならない。スポーツも劇場も，そのことを忘れてはならない。実践において乗り越えなければならない障害は多いが，日常のなかで理念を維持し磨くことこそ最も大切だ。

| 第12章 | 地域に向き合う大学 |
|---|---|
| | 藤井　正 |

## １　近代化から地域への注目へ

　近年の社会科学や環境哲学では，普遍性とは西欧起源の近代のグローバル化の延長ではなく，ローカルの積み上げ（広井 2009）から求められるべきもので，それは新たな豊かさや生き方を生み出すものとなるという議論が展開されている（内山 2005）。西欧起源の普遍性も，そのひとつとして位置づけられよう。内山節はさらに「自然と人間の最良の関係」には「〈風土〉に適したローカルな思想」が必要であるとし，それによって世界はひとつの方向に向かうのではなく多元的で重層的なものとして構成されると述べる。こうしたなかで大学には，ここまでの各章が論じてきたように，いままさにローカルな知の拠点としての役割が求められている。従来の大学教育の普遍性と地域における生活の知との間に相互交流が求められるのである（宮口他 2010：236-237）。藤井（2009）において整理をした景観概念なども，このようなローカルからの積み上げにとって重要なものとして提示されている。

　「景観が重要な意味を持つのは，日々の暮らしのなかで，どんなところに暮らしているのか，どんな街並みの中で生活しているのかということが，人々の『幸福のかたち』に直結するからである」（桑子 2005：ⅰ）。

　桑子俊雄は空間にはそれと関わった人々と切り離せない「履歴」があり，その「空間の履歴」のなかに人間と周辺の自然環境との深い関わりの証明だけでなく，地域の人々の歴史および文化，そして空間の価値が蓄積されているとす

る(桑子 2005：38-39)。これは,後藤(2007)などが主張する「場所の力」や「社会的記憶」とも共通する議論といえよう。桑子はここでは景観という言葉を使っているが,元来景観とは地域と同義で生活の空間的なまとまりを示す言葉である(藤井 2009)。本書の各章で示された地域に関する論点と同じように,ここでも普遍性に通じる客観的・構造的な視点と生活の視点とは直結している。大学のあり方についても以下に論じるように,大学はその研究成果によって一方的に地域の発展に貢献するだけではなくなりつつある。教育において学生もまた地域に接することで大きな成長をみせ(仲野 2010),それは研究にも反映されるものとなる。教育研究の場を契機として,地域は大学に対しても大きな力を示すのである。

　それは桑子が風景や景観について論じているのと同様に,地域が,従来の客観的アプローチと生活を通した主観としてのわたしが交わる場であるからだと考えられる。桑子は「風景とは,ひとりひとりの人間のおかれた位置,つまり身体が位置するところで知覚された空間の姿である。……風景が,ローカルであることの基礎にある。これに対し,グローバルであることは,そのような身体の配置から思考によって離れて,どれほど全地球的な規模でものを考えることができるか」(桑子 1999：5)であるとする。さらに風景は主観的なものでも客観的なものでもなく,主観と客観が成立するその場,根拠だという(桑子 2005：229-231)。また人間は身体が組み込まれている空間の文脈から自由になって,それを一般的な枠組みのもとに位置づけることができるとする。「自己の身体が地域性の原点であるが,他方,地域性は客観的な記述として機能する」(桑子 2005：233-234)のである。

　これまでの大学もまた他の社会システム同様,近代の価値観のもとで国家の発展や経済の成長に寄与する人材養成や研究をすすめてきた。例えば専門分化した近代科学の研究教育体制によって科学技術各分野の発展がもたらされ,地域開発による効率的な経済成長を支えてきたのである。しかしながら,近代の社会システムからの大きな転換期にある現在,大学もまたこの基盤の地殻変動に揺れている。研究面では,環境問題への対応のように専門を超えた研究が求められているのと同時に,上記の環境哲学や風土論における議論をはじめとす

る客観と主観の2分法から脱する視点が求められている。教育面ではフィールドワークがあるとはいえ，大学のなかだけに位置づけられる教育システムから，例えば学生が主体的に地域づくりに関わることを含めた地域と協働する大学教育，あるいは大学の新たな地域活動のシステムという方向での試行錯誤が展開しつつある。さらに学生自身においても，価値観が多様化し，多彩なライフスタイルが志向され生き方が模索されている。やはり国家ベースやグローバル化の絶対性が崩れ，これらも含めた多様な方向が現れてきているのである。そうした社会・大学・学生それぞれにおける新たな展開を可能にするひとつの視角として，やはり地域が着目されつつある。

　地域という枠組みは，従来の近代科学では非本質的なものとされてきた。しかしそれを本質的とする考え方も後述のように提示されている。それは多様な地域の存在の再評価であり，そこでは地域という枠組みによる研究の総合化や学際的な研究視点がまず求められる。さらに，この方向性を教育をはじめとする大学の他の活動面でいかに展開するかも，現在大学に求められたかなり根源的な課題となっているのである。実際，地域学部をはじめとする地域との関係を重視した学部や大学が最近次々と設置され，派生的な地域貢献ではなく，研究教育の両面で大学も正面から地域に向き合おうとしている。これまでの章で論じられた地域に関わる研究視角の展開に対して本章では，動き出した地域に関わる学生教育という考え方とその方法論について，空間的側面を中心に整理・検討してみたい。

## 2　ローカルからの逆照射

　西欧起源である近代の普遍性を絶対化する主張は，グローバルな展開を求め，ヨーロッパ以外では伝統的な「空間の履歴」を抹消・断絶し，空間（地域）の平板化をもたらした（藤井 1993：桑子 1999）。その結果，いまさまざまな形での転換が模索されている（藤井 2009）。この状況について桑子は，グローバルは必ずしも普遍性を意味しないと考えている。「多様な地域の独自性を一種の普遍性のもとに包摂しようという意図……このような普遍的な原理の意義が問

われなければならない」(桑子 1999：104-106)。

　同様の視点は，地域福祉を基礎として広井 (2009) も説いている。これまでは時間（拡大や成長）が問題を解決してきたが，これからは空間において解決法を考えなければならない。また，環境・福祉・経済を統合した新たな社会モデルを構築することこそが必要である。そこで広井は，「グローバル定常型社会」という新しい世界像を提示するとともに，ローカルなレベルからの実現の方途を示す。拡大の時代には，発展段階説に典型的に示されるような時間的多様性に基礎を置く考え方が主流となり，空間的多様性は重視されなくなる。先進国を追いかける途上国が順次離陸して産業化をすすめる。近代化が世界を，都市化が農村部を席巻し各地域は発展していくと整理されるのである。広井はまた近代の普遍化指向の起源についても多方面から考察している。しかし，近代化や市場経済の成長・拡大には，その「外側」の存在が不可欠であり，拡大は限りなく続くわけではない。定常化の到来とともに，時間的多様性よりも，空間的多様性や「環境・風土的な多様性」の方が重要となってくるというのである。この定常型社会では，コミュニティが基礎となり，地域の多様性がローカルからグローバルまで各空間スケールで基礎となる。豊かさの基準については，グローバルに展開される普遍的な基準ではなく，地域性に応じた多様な基準があると考える。

　そこでは，普遍化指向ではなくローカルを積み上げたグローバルという新たな枠組みが求められるのである。このようなローカルからの見方は，近代においては非本質的なものと扱われてきた。しかし，いまや人間の本質に関わる重要な問題として浮上しているとして桑子は次のように説く。

　「空間の再編は，人間の行う行為のなかでもっとも重要なもののひとつである。それは，ある意味で，人びとの思想，信条を変えることよりも根源的である。いったん再編した空間の構造は，そこで生を営む人間や他の生物の生存のかたちを規制しつづけるからである」(桑子 2005：208)。「空間再編を支える理論の構築は，人間の存在のあり方そのものを問う作業となる」。したがって，「空間再編の哲学的研究は，……人間の本質を問う研究であると答えることができる。……再編行為の構造を理解することで，人間はみずからの行為の構造

を知り，よりよい選択に向けた思想的基盤を構築することができるからである。……したがって，この研究は……わたしたちの生きる世界の構造を改善するための研究である」(桑子 2005：223-224)。

これは社会と空間の関係や地域概念をめぐって地理学・社会学において展開されてきた議論（藤井 2008）と通底するものといえよう。物理的な地域構造は価値観の空間イメージに基づいて社会がつくるが，できあがった地域構造は社会的な行動や行為を規定し制約する。

また，風景や景観，「空間の履歴」に関する桑子の考え方と同様の大学の実践が，建築・都市計画分野（後藤ほか 2005）や地理学（寺本 2001）で取り組まれ，民間の地元学（第4章参照）では，地図や古い写真などを使って社会的な記憶を探る地域づくりの方法として展開している。これは，従来の日本の都市計画が，近代の理念の実現プロセスとして欧米をモデルとする市街地を建設してきたのとは異なり，ローカルからの活動の展開だといえる。大学においても同様の方向に舵を切ろうとする動きが見られるのである。

## ③ 近代の学歴社会と近年の若者の志向

こうした近年における近代の考え方や社会システムに関する転換の動きを目にする時，従来の大学の役割，また若者の動向についてまず確認しておく必要があろう。第4章で論じている研究面における官学アカデミズムの確立と並行して，従来の近代的教育システムは，地方の優秀な人材を，各地の学校から地方拠点都市の旧制高校，そして帝国大学へ吸収していくシステムとして形成されてきた。

1886年（明治19），「帝国大学令」の公布により明治10年創設の東京大学が帝国大学となり国家の教育・研究の機関に位置づけられた。同じ年に高等中学校の制度も成立し第一高等中学校が東京に，第三高等中学校が京都に，また山口高等中学校も設けられている。翌1887年には，第二高等中学校（仙台）・第四高等中学校（金沢）・第五高等中学校（熊本）・鹿児島高等中学造士館が設けられ，帝国大学へ進学する者の基礎教育機関となっていった。そして1899（明治

32)年には最終的に岡山に設置される第六高等中学校の誘致合戦が起きたように，地元に学校をもつことの有利さが認識されるようになる。身分制を基礎とする近世社会から，「合理性，業績本位，普遍主義等の価値を追求する近代化の当然の結果」として「学歴主義の勝利」がみられたとされる（天野 1992：25）。こうして中等学校を卒業し専門学校あるいは高等中学校そして帝国大学へという進学ルートが制度化され学歴社会の成立をみることとなり（天野 1989：250-251），明治の終わりには官立学校が実業学校を中心に地方分散していったのである。そしてこのルートにのる社会階層では，学歴取得のための経済力が求められた。それに対応して社会集団としても，明治の旧士族だけでなく，大正期頃から地方の商家層が，さらにその後を追って農家層も学歴志向を強めていくことが，女性と学歴の関わりを含めて，兵庫県丹波篠山という地域における詳細な事例研究でも明らかにされている（天野編 1991）。

　第二次大戦後には，教育改革や社会経済改革の結果に立身出世を志向する学歴主義的な社会の価値観や成績による学校や学科の序列化が加わり，大都市の大学から官庁や一流企業へという志向が広く展開した。そのような動向は，近代国家のエリート教育だけでなく，上記の天野（1991）の戦前戦後通じての事例研究のように，地域社会にも深く浸透していったのである[1]。

　一方で，近年，学生や若者の地元志向や人口移動をめぐる転換が注目され，教育社会学や地理学で研究が展開している。吉川徹（2001）の研究では，旧来の志向と共通する学歴志向を通じたものとはいえ，地方から大都市への単線的な進学移動とは違った進路が提示されている。これは「学歴社会のローカルトラック」と呼ばれ，進路選択の場で社会文化的な要因として作用しているという。ここには「地方のエリート」として地元で進学する「県内周流」型の大学生に加え，大学進学のために一度県外に移動し，その後再び地元に帰ってくる「Ｊターン型」もまた，広い意味でこの「県内周流」型のローカルトラックに含まれている。しかし，学歴上昇志向の最終段階として90年代以降地方でも増加してきた大学（伊藤 2007）は，少子化・人口減少の流れのなかで県内からの進学者だけでは縮小再生産となろう。いまこの地方からの人口移動の流れを検討し考え直すべき時期にある（吉川 2001：233）。そこでは個性的な地域に関す

第 12 章　地域に向き合う大学

る教育を構築することと，地域間の相互交流も必要と考えられる。なお，吉川の事例は島根県の高校の卒業生であるが，こうした若者のライフコースの地域とジェンダーによる差異については，中澤ら（2005）による横浜と金沢の進学高校出身者に関する社会地理学からの比較研究もある。

　また中川（2005）は，地理学的な人口移動分析の視角から次のような研究結果を提示している。高度経済成長期には，三大都市圏への工業労働力を中心とする大規模な人口移動と並行して，大学の地方分散と地方の進学率上昇により高学歴者がそれまでの東京集中から緩和する状況となる。1980年代以降になると，サービス経済化と東京一極集中により専門職雇用が増加し，それと対応して高学歴者が東京に集中する状況にシフトする。そして90年代後半以降には，東京圏における製造業空洞化の本格化によってこの傾向が強まり，「普通の人々」は出身地域にとどまり，東京に雇用機会が集中している一部の人々のみがますます選択的に東京圏に移動するようになり，とりわけ女性で東京圏に選択的に移動する傾向が顕著となったとする。このような東京への若者の移動と地元志向に関する高度経済成長期以降の動向を中川は明らかにしている。

　同様に若者の最近の「地元志向」については，地方の大学卒業生の事例を中心に社会学で研究が行われている。そこでは地方や郊外から若者は東京（中心部）に行こうとしなくなってきているといわれ，経済的な要因に加え存在論的な志向性を加えた整理も示されている。轡田竜蔵（2009）は，若者の「地元志向」を地域社会の人間関係における「存在論的な戦略」の強弱，「経済的な戦略」の強弱をクロスさせて次のような4類型に分類する。

　まず経済的にも存在論的にもポジティブな「安定志向」の若者類型で，経済的な安定を第一とし，なおかつ地域社会のなかで相対的に評価の高い企業・職種に就く志向を示す。これは上述のローカルトラックで描かれた進路像とも重複する。大都市の競争社会を避け，家族や地元の友人たちとの付き合いを大切に地域社会に根を張って堅実に生きるというライフスタイルである。次に経済的にはポジティブだが，存在論的にはネガティブな志向で，地方の安価な消費生活環境のなかにいる地元志向の堅実な若者で，地方を「お金がかからずにそこそこの生活できる場」と考え，実家のサポートも受けて経済的にも合理性の

ある選択をしている。

　一方，経済的にはネガティブでも，存在論的にポジティブな志向として地方を選択する若者は，「地元つながり」型の若者といえよう。自分の存在を認めてくれる地元の友人たちとのつながりを大切にするために地元を選択する。そのためなら自らのキャリア・アップを断念することもいとわないという点で，経済的には非合理な選択ともなる。そして，最後の類型が経済的にも存在論的にもネガティブな地方の選択である。積極的に地元に残ろうとしたというよりも，「とりあえず」あるいは「やむを得ず」地元にいる，あるいは地元に戻らざるを得なかったという状況にある若者である。厳しい社会経済の状況に対して実家というセーフティネットに頼らざるを得ない選択でもある。

　このような多様性をもつ地元志向の若者の自己実現の回路として，そして地域を支えるキーパーソンとして彼らや彼女らを育てるため，またさらに大都市に対するオルタナティブとしての地域でのライフスタイルをポジティブに志向する若者を引きつけるためにも，新たな地域の価値づけを生み育てる教育研究を展開していくことが，地域間交流の機会となり視野や世界を広げることと同様に，地域における大学の役割として現在求められていると考える。そのような教育研究のなかで，上述のローカルからの思考の展開も基礎として位置づけられていくものとなろう。

## ４　大学の地域への着目と連携

　本書が取り上げてきたさまざまな側面からの地域への着目や本章で概説したような社会科学を中心とする地域への注目とともに，大学再編のなかで地域学系の学部の開設などが続いている。地域学系の学部は1996年に岐阜大学に地域科学部が設置されたのが国立大学では最初であり，同年には公立大学でも高崎経済大学に地域政策学部が設置されている。その後，2004年に鳥取大学で地域学部がスタートしたことを契機として，全国の国立大学の地域学系大学・学部等連携協議会[2]が設置され毎年情報交換などが行われてきた。また2006年に経済地理学会地域大会として鳥取で開催された「地域をめぐる研究教育体制の新展

開——地域関連学部のチャレンジ」と題するシンポジウムでは，国立大学の他に公立大学からも高崎経済大学地域政策学部と奈良県立大学地域創造学部が参加し報告も得た（藤井ほか 2008）。

ほかにも，東北公益文科大学は「大学まちづくり」を理念として掲げ2001年に設立され（伊藤・小松編 2006），その実践例や他大学の地域との相互関係の形成事例，課題も紹介されている（呉 2006）。その後も北九州市立大学地域創生学群が設置されるなど，こうした動きはさらに広がりつつある。また，環境保全や地域活性化，まちづくりに関する大学と地域との連携やパートナーシップの再構築に関するさまざまな実践については，学生によるまちづくり等も含め建築・都市計画分野と内閣府の都市再生事業等によって取り上げられ，小林他（2008）で整理されている。

このような動きのなかで，地域学系の学部での研究教育は，従来と異なった地域と深く関わる大学のあり方にどのような新たな展開をもたらすことができ，そのためにはどのようなシステム構築が必要なのか。近代国家が求めた教育システムによる大都市の大学への求心的進学移動やそこからのJターンによる地方エリート志向とは異なる，地域から日本の再生を支える教育研究体制と地域間相互移動システムの拠点として，大学にはどのような展開の可能性があるのであろうか。そのひとつが第4章で論じられているように，これまでの官学に加え生活の知を再評価して位置づけることや，岩崎・高野（2010）が「場の教育」として論じているように地域住民の活動に自信と可能性をもたらし，後継者を養成することではなかろうか。具体的には，本書でこれまで論じてきた構造的視点と生活の知との接合のための教育システム，大学における地域協働教育システムの構築が問われる。そのためには地域学系各学部などをはじめ，さまざまな大学で試行されているカリキュラム等が検討されねばならない。そのとき学生が教育プロセスあるいは地域活動として地域に入ることの意義はどのようなものとなるのであろうか。

小林他（2008）でも紹介されているように，すでに研究室単位では建築系を中心に地域づくりへの関与は多くの先例がある。例えば早稲田大学佐藤滋研究室を中心として早稲田大学都市・地域研究所が，自治体や住民など地域と連携

して展開してきた山形県鶴岡市における先進的なまちづくりの事例（鈴木・川原 2011）や同じく早稲田大学後藤春彦研究室の事例（後藤 2007：後藤他 2005），関西学院大学総合政策学部片寄研究室の兵庫県三田市の本町商店街における空家をまちなかラボとして再生活用した事例（片寄 2002）などは代表的なものであろう。また，地域づくりインターンとして学生が地域活動に参加する事業も，緑のふるさと協力隊や国交省の事業（宮口他編 2010）のほか，最近ではまちづくり会社が連携して受け入れる地域密着型インターンシップなどの事例がある。大学でも高知大学では地元企業の NPO と連携し学生が地域に入るインターンシップをスタートさせた（高知大学 2008）。学生企画による地域づくりのコンペを行い大学が予算をつけて支援し地域連携事業を学生主体ですすめる滋賀県立大学の例もある（近江楽座学生委員会編著 2008）。地域との一体化を指向する東北公益文科大学の例も，そこから学生まちづくりサミット（小林他 2008）などへと展開している。

　しかしながら，地域学系の学部では，研究室や学生が前面に立つとはいえ大学としてのこうしたさまざまな形の地域貢献事業にとどまらない，さらに一歩進めたカリキュラムとして地域と連携した教育システムの構築が求められよう。例えば岐阜大学地域科学部では学部設置以来の地域調査実習がまちづくりと連携を生んでいる（富樫他 2007）。金沢大学地域創造学類では，初学生を対象とした地域実践現場でのインターンシップや生活の知との連携をはかるためのシステムとして地域研究員の制度化を行っている。あるいは山形大学では地域教育文化学部を中心に文部科学省の教育に関する特別プロジェクトの事業として，地域での実践授業である「エリアキャンパス事業」を展開している。次節では，こうした多様な学生（教育）と地域との関わり方について検討してみたい。

## ⑤　地域協働教育

　鳥取大学地域学部では，学部生必修の「地域学入門」や「地域学総説」で地域づくりの実践者に講義を依頼している。こうした地域づくり実践者の講義の学生への効果については，本書コラム「教室から気づき」ならびに仲野

(2010) を参照されたい。その他，「地域調査実習」などでも教室での教員による事例紹介といった講義以上の刺激や効果を与えようとしている。授業以外でも，倉吉市中心市街地や鳥取市中心市街地，鳥取市鹿野町などさまざまな地域の活動を学生が住民とともに行っている。そうしたなかで仲野（2010）にも見るように，学生の行動力や説明能力・コミュニケーション能力の向上といった点以外にも，学生の内省や社会的な作法獲得といった成長に地域の力が与える効果は大きい。

　例えば倉吉市中心市街地西部での倉吉淀屋サミットに4年前から鳥取大学地域学部の地域政策学科を中心とする学生が協力してきた。学生企画として次のようなプログラムを展開し，学生がまちなかを歩き回り活動することで住民の関心を集め，参加協力も増してきた。活動としては，町の古い写真や地図を住民から借りてパネル化し，11月に行われる倉吉淀屋サミットのイベント時に町の通りで展示する。これは他の機会での展示や写真についての住民へのヒアリングが卒業論文にまで展開した。また大阪の豪商淀屋の番頭が倉吉に出した店をもとに闕所となった大阪の淀屋を再建するという物語を紙芝居にし毎年のイベント時に加え2010年夏には大阪でも上演した。ほかにも町家を借りて学生カフェを行ったり，地図とクイズを使ったウオークラリーによって地域資源の発見再評価や子どもたちの町への関心を高めたりしている。さらに，2010年には「明倫トーン」というAIR（アートインレジデンス）の事業が，倉吉市の旧明倫小学校の現存では最も古いといわれる円形校舎（1955年完成）を主な舞台として，鳥取大学地域文化学科の学生と地域のNPOが協力して運営している。

　鳥取市中心市街地の智頭街道商店街では，「因幡の手づくりまつり」のイベントを2007年の第11回から商店街組合と協力してここを会場に開催するようになり，地域教育学科などの学生が中心となって運営している。これは職人や商店街の人たちの手づくりの技術を学生が教わり商店街の店の前に設けたブースで一緒に協力して，子どもたちにその技術を伝えるというイベントで，毎年千数百人の参加者がある（本書　土井康作氏コラム参照）。なお，子どもと学生が一緒に地域づくりに加わるという世代間交流の効果については，学生の地域づくりインターンでも展開されている事例がある（宮原好きネット編 2005）。この手

づくりまつりではものづくりというキーワードによってアート関係業種なども多い智頭街道の商店街の個性化や民芸の拠点鳥取の文化発信，ものづくりの素材による地域間（都市農村間）連携をはかることもできよう。このイベントで商店街に集まる子どもに地域や中心市街地への愛着（「鳥取の智頭街道は面白い」）やつながりを育てることにもなろう。県外からきている学生も参加するによって，他地域への情報発信やネットワーク効果も期待される。

　ここまで述べてきたように，すでにいろいろな大学で学生が地域に入ってさまざまな活動が行われている。これらを整理すると次のようになろう。もちろんこれらを組み合わせた活動もある。

　ａ．教育の一環──地域調査などのフィールド実習，現地授業，卒業論文
　ｂ．大学や研究室等と地域が連携したプロジェクト──イベントや地域サテライトでの活動
　ｃ．地域活動のインターンシップ──行政や地域の組織，中間組織などによる紹介・マネジメントなどによる
　ｄ．地域イベントへの協力や参加──祭りの手伝いなど労働力提供のボランティア
　ｅ．その他

　それでは学生が地域と関わることによる学生・地域・大学への効果としては，どのような点が考えられるであろうか。宮口他（2010）では地域づくりインターンの効果についての検討が行われているが，上記の授業なども含めると次のように整理できよう。

　まず地域に学生が入るというプロセスは次のように考えられる。第一段階として学生が地域を歩き回り活動することで，非日常の風景や新しいつながりをつくる「風を起こす」（宮口他 2010：191）段階がある。地域調査実習やイベントへの参加であってもいい。若者が地域で活動すること自体が刺激となり，単なる労働力をこえた刺激を地域に与える。例えば住民が地域の良さを再発見するきっかけが，学生の興味を引く要素があるのかと学生というよそ者の評価に

より与えられるのである。住民が自分たちの地域を見る目を変化させる刺激となって地域づくりの芽ともなる。

　次の段階では，そうした学生と地域住民による活動が恒常化するなかで，住民のつながりを新たに生んだり，再生させるきっかけを与える。あるいは地域の資源や課題などへの住民の関心を一般化する。

　また授業などで学生が地域調査などをすることは，地域の課題や資源，地域づくり活動について，調査報告や卒業論文などの形で整理し再検討する機会となろう。政策立案や地域づくりにつながる基礎的な課題の資料やデータを作成・集積することにもなる。地域調査の現地報告会や報告書作成，卒業論文の報告は，地域への資源や課題などのフィードバックとなるべきものなのである。

　学生の教育機会としての意義も大きい。世代を超えて地域住民と交流し，地域住民の考え方や地域への愛着を学ぶことは，視野を広げることになる。また，文献や教室で知識として得た地域の課題などを現場で実態として学ぶ意義も少なくない。さらに，地域づくりの素材を実践的に探求することを経験し，それら素材を地域づくりに活かすため，地域社会における多様な人たちとのコミュニケーションの難しさや基礎となる人間関係の重要性，地域づくりのための人とのつながりを構築する必要性も学ぶ。これは卒業後に公務員など地域政策などに直接関わる仕事に限らず，キャリア教育としてコミュニケーション能力や課題発見・説明能力などを鍛えることとなる。つまり学生が地域の住民として将来生活する上でも重要な基礎的経験となるのである。学生にも理論的な指向が得意な者やコミュニケーション能力に長けた者，現場の活動が得意な者など，当然得手不得手があるが，地域ではそのような各自の得意なものを持ち寄って何かをつくり上げていくポジティブさが基礎となることを学ぶことができる。

　このように学生の育成面では，地域の現場を経験することで，地域づくりへの学生の関心は増進され，住民との関係づくりによる世代間交流を経験することで地域づくり活動のノウハウを身につけ，卒業後は全国に散っていく。出身地とこの現場を通して，あるいは他地域出身学生との議論を通して学生は地域を比較する目も養う。またこの学生の地域間移動は将来の地域間交流の芽ともなるものである。たとえ卒業後の職業で経験が直接活用できなくても，住民と

して地域づくりのキーパーソンになることが期待される。全員がリーダー（行動のキーパーソン）や発想のキーパーソンでなくても，基礎的知識や理解，経験により理解者や協力者としての意識のキーパーソンは育成できよう。学生自身の意識も，上述のように地元志向へと変化しており，方向性を模索していると思われる。地域住民の生き方を見ることも，多様なライフスタイルとして参考となるものであり，各地での地域づくりインターンの拡大やその後のIターンに見られるように，生き方の選択肢のひとつを与えるものとなっている。

　それでは，このように学生が地域で活動することは，どのようにシステム化し持続的なものとすることができるのであろうか。ひとつは，授業として位置づけることである。例えば夏休みに実習を行うことで，学生が来ることが地域にとっては恒例化する。次にゼミや研究室，学科などで特定地域（住民）と多様な連携を構築していく方法がある。しかしながらゼミ単位で地域連携を持続する上での困難さもある。というのも学生のゼミ志望者数の不安定さや学生が関心をもつ多様なテーマとの調整，さらには指導教員の移動といった問題がある。

　そこで対象学生をひろげるため，自治体や企業でのインターンと同様に地域づくりインターンとして学生を位置づける道が考えられる。地域の側や行政などのリードによる，これまでのこうしたインターンの経緯は，農山村再生若者白書2010編集委員会編（2010）の「緑のふるさと協力隊」に関する紹介や，宮口他（2010）の旧国土庁・国土交通省による地域づくりインターン事業の分析に詳しい。もちろん，これらの選択肢を重複させて連携を厚くしたり，地域の窓口となる組織やキーパーソンに地域研究員といった位置づけを与え，大学と地域の関係を組織化恒常化することも必要となろう。大学や学生と地域をつなぐ組織としては，高知大学が連携するNPOや鳥取の学生人材バンクといった中間組織を例に，その整備や大学組織とのネットワークのあり方も検討していかねばならない。

　このような方向は，いわば「地域協働教育」を目指す取り組みといえよう。大学が教育面で地域に協力を仰ぐ地域連携教育から地域との関係を一歩進め，大学が地域と協働で学生の教育と学生参加の地域づくり活動を行うものである。

## 第 12 章　地域に向き合う大学

　このような地域協働教育は，これまでの大学の地域貢献に本質的な変革をもたらすものとなろう。

　これまでの地域貢献と地域協働教育は，呉（2006）の整理にもあるように，次のようなものであった。従来から大学の地域貢献としてあげられてきた活動は，研究成果の公開授業や生涯学習の機会の提供，あるいは近年急速に展開する科学技術面における産学連携による理系の技術などの提供といった大学内の研究活動の成果（いわゆるシーズ）による地域貢献である。また上で事例をあげた行政や住民によるまちづくりへの研究室などの協力という地域貢献が次に第二の地域貢献としてあげられる。

　そして，ここで述べた地域貢献とは地域協働教育と呼ぶべき新たな段階であり，教育研究プロセス自体が地域貢献となるという，いわば本質的な大学の活動の地域貢献システム化である。

　この地域協働教育とは，生活に根ざして学問的知識や方法論を駆使することを会得した地域づくりの人材を大学と地域が一緒に養成していくことにある。つまり大学にとっては学生教育の一環であり，地域にとっては学生参加の地域づくりと位置づけられるものである。そのための方法論としては，上記の各大学で現在展開されているさまざまな事業が参考となる。地域づくりの実践者を「地域研究員」（金沢大学地域創造学類のシステム）として大学での授業や演習・ワークショップを行う，逆に学生の地域での実習や地域活動への参与観察，インターンシップのコーディネータを地域で活動する人に依頼する（高知大学の社会協働プログラムの地域連携授業）。そして学生教育とともに学生参加で一緒に地域づくりの展開を考える。滋賀県立大の近江楽座のように学生まちづくり企画のコンペと助成を実施する。さらにこれらの活動をレポートや卒論としてまとめ，現地報告会，報告書などで地域に還元することも求められよう。伊藤（2007）や小林他（2008）も述べているように，今後は地域との協働による教育プログラム開発や研究面での地域とのプラットフォーム構築のように，大学の教育研究を本質的な地域貢献とする，包括的な大学と地域による協働のシステム構築が求められる。さらに学生の卒業後についても，すでに地域づくりインターンで展開されているところもあるように，地域間のネットワーク形成の

効果も視野に入れることが必要である。

## 6 地域に向き合う大学

このように社会も若者も立身出世を目指し，あるいは学歴社会のなかで，いわばローカルを離れた国家的・世界的な活躍を目指すことが，近代以降，普遍的に志向されてきた。この近代的理念のひとつの具現化である教育制度の一翼として若者のゴールとなってきたのが大学であった。しかし，近代の限界が見え，若者の価値観や志向も多様化が指摘され，また地域でさまざまな活動が展開することで，地域と教育との関係も変化が見えはじめる（第10章）とともに，大学もまた当然ながら揺れているのが現段階といえよう。

本章では，このような社会的な地殻変動によって動き出した地域に大学がいかに向き合うか，その格闘の状況を描き出したにとどまるともいえる。しかし，多様な生き方，ライフスタイルを確保するためには，多様な個性をもつ地域を維持していかなければならない。そこからグローバルなビジネスとは異なる新しいビジネスも生まれる。桑子俊雄（2005）によるローカルの位置づけのようにグローバルの一部ではなく，グローバルと折り合いをつけ，確固として存在するローカルは，思想の世界だけではないだろう。グローバル経済とは別に地域間の結合による国際化の展開も考えられよう（藤井他編 2008）。これはグローバルな多国籍企業のビジネスマンになるだけが生き方ではないと保証することになり，東京だけが生き残るのではない，地域の多様性からくる豊富な選択肢，将来性や面白さをもった日本社会をつくり，また地域間の国際交流にもつながることになる。そのためにも地域に関心をもち，地域を支える人材を大学は輩出しなければならない。そしてその教育プロセスにおいても，地域と協働することで，学生を地域で学ばせ，よそ者である若者として地域づくりにも貢献するシステムを構築する必要があるといえよう。そのような地域協働教育のシステムを構築した大学こそ，これからの日本において本当に地域の知の拠点として日本社会，そして世界に貢献する大学となろう。

第12章 地域に向き合う大学

注
(1) こうした学歴社会の形成が，例えば「鳥取にはなにもない」といった地方の価値観を刷り込む背景となる。一方で，これに対しローカルな視点が，近代においても皆無であったわけではない。戦後教育の当初に東井義雄（1957）が説いた「村を育てる学力」という考え方・実践教育は「生活の論理」の下に「教科の論理」を位置づけており（田中 2005），地域再生をめぐって最近「場の教育」（岩崎・高野 2010）という主張として取り上げられている考え方にもつながる教育実践といえよう。また，戦前の三澤勝衛による地理教育が現在の地域づくりのなかで着目されている（三澤 2009）ことも同様の流れとして位置づけられよう。そこでは地域によって立つ教育実践が近代の教育システム下でも見られたことが示されている。さらに現在では，地域づくりインターンシップのひとつで，地域への愛着を育てようという九州の宮原好きネット（2008）や総合学習でのまちづくり教育（寺本 2001）とも軌を一にするものとして関連づけられよう。本書第10章にある鳥取県南部町のコミュニティスクールも含め，これらの教育をめぐる近年の議論の方向性も，本書で取り上げ考察している近代科学による地域への構造的な視点を相対化し，生活の知との関連づけを行い両者を含む地域学を構築するという方向と深く関わるものである。
(2) 現在では，北海道教育大学函館校，山形大学地域教育文化学部，宇都宮大学国際学部，岐阜大学地域科学部，金沢大学地域創造学類，徳島大学大学院地域科学専攻と鳥取大学地域学部の7国立大学の地域学系部局で協議会を構成している。
(3) 福山市立大学には地域づくりのカリキュラムをもつ都市経営学部が，私立大学でも愛知大学地域政策学部の開設が2011年4月に予定されている。

**文献**
天野郁夫，1989，『近代日本高等教育研究』玉川大学出版部
―――――，1992，『学歴の社会史』新潮社
天野郁夫編著，1991，『学歴主義の社会史――丹波篠山にみる近代教育と生活世界』有信堂高文社
伊藤眞知子，2007，「地域の課題と大学まちづくり――交流から共創へ」伊藤眞知子他編『大学地域論のフロンティア』論創社，41-63
伊藤眞知子・小松隆二編，2006，『大学地域論』論創社
伊藤眞知子他編，2007，『大学地域論のフロンティア』論創社，41-63
岩崎正弥・高野孝子，2010，『場の教育――「土地に根ざす学び」の水脈』農文協
内山節，2005，『「里」という思想』新潮選書
近江楽座学生委員会編著，2008，『近江楽座のススメ』ラトルズ

第Ⅲ部　地域をとりもどす

片寄俊秀，2002，『商店街は学びのキャンパス』関西学院大学出版会
鎌田剛，2006，「『知識創造』としての大学——地域活動」伊藤眞知子・小松隆二編
　　『大学地域論』論創社，127-143
吉川徹，2001，『学歴社会のローカルトラック——地方からの大学進学』世界思想社
轡田竜蔵，2009，「地元志向と社会的包摂／排除」(http://soc.hosei.ac.jp/kakenhi/
　　ronbun/pdf/2008/kutuwada2009.pdf) 樋口明彦『若者問題の比較分析』(科研報
　　告書) (http://soc.hosei.ac.jp/kakenhi/ronbun/pdf/2008/higuti-hyoshi-2009.pdf)
桑子敏雄，1999，『環境の哲学』講談社学術文庫
———，2005，『風景のなかの環境哲学』東京大学出版会
呉尚浩，2006，「大学と地域」伊藤眞知子・小松隆二編『大学地域論』論創社，45-90
高知大学社会協働教育委員会監修，2008，『学びの意欲にスイッチオン——高知大学
　　社会協働教育の挑戦』南の風社
(高知) ふるさとインターンシップ (http://furusato.hito-chiiki.org/flow，2011年1月
　　16日アクセス)
後藤春彦，2007，『景観まちづくり論』学芸出版社
後藤春彦他，2005，『まちづくりオーラル・ヒストリー』水曜社
小林英嗣・大学連携まちづくり研究会，2008，『地域と大学の共創まちづくり』学芸
　　出版社
鈴木進・川原晋，近刊，「まちづくり市民事業の到達点——山形県鶴岡中心市街地」
　　佐藤滋他編『まちづくり市民事業』学芸出版
田中耕治，2005，「東井義雄と『村を育てる学力』」田中耕治編著『時代を拓いた教師
　　たち——戦後教育実践からのメッセージ』日本標準，75-87
寺本潔，2001，『総合的な学習で町づくり』明治図書
東井義雄，[1957] 1972，「村を育てる学力」『東井義雄著作集1』明治図書，108-110
富樫幸一他，2007，『人口減少時代の地方都市再生——岐阜市にみるサステナブルな
　　まちづくり』古今書院
中川聡史，2005，「東京圏をめぐる近年の人口移動——高学歴者と女性の選択的集中」
　　『国民経済雑誌』191(5)：65-78
中澤高志・神谷浩夫・木下禮子，2005，「ライフコースの地域差・ジェンダー差とそ
　　の要因——金沢市と横浜市の進学高校卒業生を対象に」『人文地理』58(3)：
　　308-326
仲野誠，2010，「地域学教育の当面の成果」『地域学論集』(鳥取大学) 7(2)：197-219
日本建築学会編，2004，『まちづくり教科書1　まちづくりの方法』丸善
農山村再生若者白書2010編集委員会編，2010，『緑のふるさと協力隊——どこにも
　　ない学校　農山村再生・若者白書2010』農山漁村文化協会

広井良典，2009，『グローバル定常型社会』岩波書店
藤井正，1993，「最近の都市への視点について――地域の文脈の解明と主張にむけて」
　　『大阪府立大学紀要（人文・社会科学）』41：25-33
――――，2008，「『地域』という考え方」藤井正他編著『地域政策入門』ミネルヴァ
　　書房，10-20
――――，2009，「都市圏多核化研究とまちづくり――機能地域論・社会ネットワー
　　ク論・景観論との関連を中心に」『地域と環境』8・9合併号：99-108
藤井正他編著，2008，『地域政策 入門』ミネルヴァ書房
藤井正・山下博樹・筒井一伸，2008，『地域をめぐる研究教育体制の新展開――地域
　　関連学部のチャレンジ』鳥取大学地域学部地域政策学科ワーキングペーパー
三澤勝衞，2009，『三澤勝衞著作集4　暮らしと景観／三澤「風土学」私はこう読む』
　　農山漁村文化協会
宮口伺廸他，2010，『若者と地域をつくる』原書房
宮原好きネット編，2005，『まちづくりの伝道師達』第一法規

## Column

地域住民・学生の意識を変化させる"ものづくり"

土井康作

　1960年の高度経済成長期以来，広場や山や川で遊ぶ機会が少なくなり，"子どもの手が虫歯になった"といわれてきた。子どもたちのしなやかで自由な指先が，虫歯のように侵され，自分の思い通りに機能し難くなってきたことへの痛烈な批判であった。皮肉にもこの言葉は，今日でも色あせていない。

　"しなやかな手の回復を"と願い始めた「因幡の手づくりまつり」は，2010年で14回目を迎えた。近年ではその規模は拡大し，施設内で実施していた手づくりまつりを智頭街道商店街振興組合と協議のうえ鳥取市中心市街地の智頭街道商店街の屋外に移し，鳥取大学，鳥取環境大学，鳥取短期大学の学生と教員，地域の職人，地域住民など270余名が，子どもたちや保護者1800人に，ものづくりを教えている。

　商店街に移したねらいはふたつある。ひとつは，ものづくりの日常化，すなわち手づくりまつりが日常生活の中に溶け込むことにある。施設内での実施は，イベントが終了すればそこに何も残らないが，地域に飛び出し，住民とスクラムを組みともに手づくりまつりを実施すると，その地域住民にものづくりの熱気が印象として残る。そのことがものづくりの日常化に繋がると考えた（図終‐5）。

　もうひとつは，鳥取市中心市街地に眠る手業に光を当てることによる，商店街の住民の意識変化である。鳥取市中心市街地は，郊外のショッピングセンターに押され，シャッターが降りている商店が多くある。そこで，地域の人たちや商店街の人たちが，手づくりまつりで自分の手業を発揮し，参加者は手業の凄さに気づく。このような相互の関係が，商店のひとりひとりの意識の活性化に繋がると考えた。

　その後，智頭街道商店街振興組合は，この街道を，"教え，学ぶ"文化づくりの街道と位置づけ，まちづくりをしている。幸いにも同商店街にある五臓円ビルが鳥取市で最も古い鉄筋コンクリートビルと認定されて，国の有形文化財指定になり，現在ビルの改修に着手している。これに地域のシンボルと文化創出のコミュニティーセンター的な役割を担わせる計画である。改修の申請時には，手づくりまつりを大学と協同で実施した活動実績，またビル内に手づくりまつりの日常化を図るための"ものづくり工房"設置などが重要なポイントとなった。

　手づくりまつりにボランティアとして参加した学生は，子どもや保護者にものづくりの機会を提供するだけでなく，地域に出て教えたり，地域住民と会話したりすることを通して地域の文化や歴史などの奥深さを再認識している。さらに地域住民は，手業を出し合うことによって自らが地域の隠された力であることを再認識している。因幡の手づくりまつりは，そのような変化を生み出す装置になっている。

| 終章 | 希望の学としての「地域学」 |

柳原邦光

**終章の課題**

　序章で述べたように，本書が目指しているのは，「なぜいま地域なのか」，「地域に着目するのはどういう知的営為なのか」，「地域に着目することで何がどのように見えてくるのか」という問いかけから，現代の諸課題の根底にある問題性を探り出し，そこから諸課題をとらえ直すことである。それには，さまざまな学問分野で生じている動きを注視し検討しなければならないが，それだけでは十分とはいえない。学問の外で，生活の営まれる現場で，既存の枠組みを問い返し組み立て直すさまざまな動きが立ち上がっている。そこから多くを学ばなければならない。終章では，各章で示された視点や論点を組み込んで，わたしたちの構想する「地域学」にできるだけはっきりとした形を与えたい。それはまた根源的な問いから希望へと至る道筋を見出す試みでもある。

　最初に，第1節で，コラム執筆者の活動を紹介する。地域学として学ぶべき点が随所に見られるからである。第2節では，現代の根源的な問題であるとわたしたちが考えていることを提示する。これらの成果を踏まえて，第3節で地域学の構想を明確にすることを試みる。

## 1　地域に発するさまざまな取り組み

**地域とともに生きる**

　最初に，地域は人にとってどのような意味をもっているのか，地域とともに生きるとはどういうことなのかを考える。

図終 - 1　家族が集まって暮らす具体の場

　経済を絶対の基準としてきた私たちの社会が揺らいでいる。大きいを良しとしてきた価値観が問われている。人は土地を離れて生きていくことはできない。地域とは家族の集まりである。もう一度，同じ地域を生きる人びとと関係を再構築するために，それぞれの地元に隠れている人や資源や知恵や哲学を学び直すこと。そして自分の暮らす場所の未来を他者にゆだねないこと。さらに，自分もまたここを良くしていく一人の当事者になること。その力を合流させ，自分たちと次世代が生きやすい場所に整え直すこと。それが私の地元学である。(結城 2006：71)

　要はこれからの家族の生き方，暮らし方，そして地域のありようを，この土地を生きてきた人びとから学びたいのである。性急に経済による解決を求める人間には，ここには何もないとみえてしまうだろうが，わが地域を楽しく暮らそうとする地元の人々の目には，資源は限りなく豊かに広がっているはずである。(結城 2009：2)

　ふたつの文章は，結城登美雄さん（民俗研究家）の言葉である（p. 28参照）。結城さんは，人の生と土地とが切り離すことのできない関係にあることを認めて，人と人との関係を再構築するために，何よりも地元に学ぼうと提案する。「ここには何もない」わけではない。それどころか，長い歴史のなかで蓄積さ

れてきた有形無形の財産がある。願いと悩みに向き合って培われた知恵と哲学がある。それに学んで地域を自分たちの手で生きやすい場所にしよう。その土地を生きた人々の声に耳を傾けよう，というのである。結城さんの語りには圧倒的な説得力がある。語られる世界には「確かなもの」が存在していると感じずにはいられない。東北地方の農村を訪ね歩いて多くの人々と語り合うなかで身についた「その土地を生きた人びとの声」をわたしたちは聴いているのである。結城さんの言葉をしっかりと受けとめなければならない（図終-1）。

　土地は人の生にとってそれほどまでに重要なものなのだろうか。次に松場登美さんの声を聴いてみよう。『群言堂の根のある暮らし——しあわせな田舎 石見銀山から』（松場 2009）の冒頭には，注目すべき文章がある。

　　山の中腹から眼下を見下ろすと，緑深い山あいに赤茶色の瓦屋根がきらめく集落を一望することができます。四方を山に囲まれた，まるですり鉢の底のような小さな町。この場所に身をおくと，自分が今ここに生きていることをひしひしと感じ，気力が湧いてくるのです。ここが，わたしの居場所。大丈夫，ここでならやっていける——。（松場 2009：2）

　この一節から，松場さんが自分の住んでいる町を，生きている実感のある，自分の居場所だと感じ，力と確信を得ていることがよくわかる。松場さんが暮らしている島根県大田市大森町は人口が500人にも満たない山間の町であるが，歴史は古く，かつては銀を産出した鉱山都市で，最盛期には20万人もの人口を抱えたという史料がある。往時の姿はもはやないが，落ち着きのある古いまちなみがある。

　松場さんには考えさせられる言葉が多い。例えば，「土地の声を聞く」「大地から力をいただいて物をつくっているような気がします」「土地の力に守られて今日まできたような気がします」。また次のような表現も興味深い。「歴史の中で育まれてきたものの上にのっかった見方をすると，新しい見方が出てきます。あの町並みならこういう店になるのではないか，とか。そこから調和したものが生まれるのです」「ここに住むようになって贅沢のものさしが変わりま

した。」「人間らしい，心に素直に響くような生活をしたいのです……こういう生活をしていると，自分の中から人間的な能力が出てくるような気がします」（松場 2007）。こうした言葉は，松場さんが大森町の土地や自然，過去の歴史，いまを生きる生活文化と深い関係を結んで暮らしてきたことを物語っている（p. 49参照）。

　書名の「群言堂」は経営する会社のブランド名で，「みんながわいわい好きなことを発言しながら，ひとつのよい流れをつくっていく」という意味である。「この町で，周囲の人とともに，よい流れをつくっていこう」が「群言堂」の原点なのである。この精神は大森町の「町民カレンダー」にも見ることができる。町民が年に一度集まって撮影した集合写真をカレンダーにしたもので全戸に配布されるが，"We are here"（「わたしたちはここにいます」）の言葉が添えられている。住民たちの表情には，人と人とが結び合う幸せが溢れている。

　松場さんのことを詳しく紹介したのは，土地や過去とつながり，暮らしをともにする人々とつながった生のあり方がいかに幸せなことかがよくわかるからである。松場さんは自分の考えを大事にされる方であるが，同時に「授かった場所」「授かった人生」というように，「授かった」ものを受け容れている。自然や土地や家への畏敬の念もある。風土のなかで育まれてきた生活文化の美しさ豊かさに感じる心がある。ここには，「わたし」と「わたし」が関わるすべてのものとの間に無理のない関係がある（柳原 2010）。

　都市の場合はどうだろうか。東京に暮らす作家の森まゆみさんは，仲間とともに自分の町の生活や歴史を聞き取り調査して，地域雑誌で住民の日常的な体験や記憶，暮らしが刻まれた土地や建物，路地の様子や由来を伝えてきた（p. 101参照）。町の現在を過去の記憶とともに表現したのである。聞き取りをしたのは，公式には語られることのない生活の細部と歴史を掘り起こし，ひとりひとりの生を見えるようにしたかったからだという。人の生が豊かなものになる，地域を自分たちのものにすることができる，と考えたのである。森さんたちは町の記憶を伝える建物を保存する運動もしてきた。歴史のなかで生きていると感じることのできる場が必要だからである。さまざまな活動を進めるなかで見えてきたのは，「のりしろ」の存在である。お寺の縁日，祭，井戸端，お店な

終章　希望の学としての「地域学」

図終-2　1995年1月17日，野田北地区

ど，いまを生きている人と人，いまの人と昔の人，人と過去とをつなぐ場の存在である。こうした場があるからこそ，個人的に生活が難しくなってもつながりを失わず，社会的に滑り落ちないですむのである。人の生の豊かさは生活の細部とさまざまなつながりのなかにある，それをできるだけ見えるようにしたい，ということであろう。

## 地域を立て直す——暮らしと絆

　地域は人の生にとって必要な場であるが，地域を取り巻く状況も地域自体も変化していく。それに対応しなければならない。そうした事例を紹介する。

　最初に河合節二さんのお話である。神戸市長田区の野田北地区は阪神淡路大震災で壊滅的な打撃を受けたために，建物の再建から住民の絆の再生まで多くの困難に直面した。乗り越えるには住民がひとつになって再生に取り組むしかなかった（p. 126参照）。

　住民たちが選択したのは，情報を共有してよく話し合い理解しあって，できるだけしっかりした合意をつくることだった。そのために工夫をした。それが，地域情報誌『わがまち野田北かわらばん』の発行と全戸配布，「野田北ふるさとネット」の創設，「美しいまち宣言」である。『かわらばん』では自治会の行事や情報の他に，住民の個人的な経験や思い，町の歴史などを伝える。「ネット」では地域内の団体や人々をネットワークで結び，ゆるやかな連携を取りな

303

図終 - 3　観光甲子園で優勝した県立隠岐島前高校

がら，定例会で情報交換や企画運営の調整などを行う。「美しいまち宣言」はこの精神を「なんでも一緒にやれる，なんでも言い合える」というスローガンで表現して，まちづくりの最も重要な約束事にしたのである。何でも言い合えるのは貴重な財産であろう。自分の存在を認められたと感じるし，多くの人々の知恵を集めて生活をよくしていけるからである。河合さんはこのような取り組みに深く関わってきたのである。

　つながりをはっきりさせたり，新たにつくって目に見える形にすることは，ハード面からのまちづくりで苦労を重ねるなかで住民がたどり着いた地平であり，苦悩と知恵の結晶であるが，震災前からの住民の思いもあったようである。「生活環境を少しでも改善したい」という住民の切実な願いがあって，協議の場をつくり，広場のリニューアルなどに着手していたという。震災は努力の成果を無にしたが，住民が驚くほど早く動き出し，話し合いながら粘り強く復興を進めることができた背景には，こういう動きがあったのである。震災ですべてを破壊された住民の胸に芽生えたのは，「この地区をいつまでも住み続けられるふるさとにしていきたい」という思いだった（図終 - 2）。

　多くの地域が危機に瀕しているが，その深刻さ，危機感がばねになって活力が生まれた地域もある。島根県隠岐島の海士町がそうである。海士町は莫大な借金を抱えていたが，行財政改革と産業起こしを進め，研修生制度などで町外の人材を募りながら地域づくりをしてきた町である。岩本悠さんは，人と自然

終章　希望の学としての「地域学」

図終-4　「笑い庵」オープニングの日

を大事にして自分たちの手で地域をよいものにしようとする町の人々の熱い思いに動かされて島に移住した人で，県立島前高校の存続問題に取り組んでいる。

　海士町は地域資源を活かしたものづくりから，さらに産業や文化をつくる人づくりによって，「持続可能なまちづくり」を目指している。現在，家族のある人を含めて多くの若者が移住してアイデアと活力をもたらしているが，生徒数が減少して高校がなくなれば，この流れが途絶えて，持続可能なまちづくりは不可能になってしまう。そのため海士町としてはなんとしても人材を確保したい。子どもが卒業して島の外に出ても，さまざまなものを身につけてやがて島に戻ってくるようにしたい。それには「ふるさとで生業や産業を自らつくる」という積極的な精神を小さい頃から育んでいかねばならない。こうして島まるごとで人材の育成に取り組む「地域共育」が始まった。高校でも，大学に進学できる条件を整える一方で，「地域で生きる人間力」が育つしくみをつくった。島まるごと学校だととらえ，島の豊富な人材や地域資源を活用して，高校生が地域の人たちに学ぶことができるようにしたのである。さらに，海外研修や諸外国との交流に力を入れてグローバルな感覚も身につけようとしている。

　この試みは注目に値する。コラムで島の人々と高校生たちとの豊かな関係が紹介されているように（p. 253参照），まさに地域が学校をつくり，学校が地

305

図終 - 5　因幡の手づくりまつり

域をつくるのである（岩本 2009）（図終 - 3）。ここでは地域と学校の関係が根本的にとらえ直されている。

　もうひとつ，住田済三郎さん（鳥取県米子市）の笑い通り協議会の活動を紹介しよう。米子市は商都であるが，中心市街地の衰退問題を抱えている。中心市街地が人の生活が完結する場でなくなっていくことに危機感を覚えた住田さんは，商店街のなかに誰でも集まることのできる「笑い庵」をつくって，ボランティアの人たちと川沿いの植栽や加茂川・中海遊覧のために川の清掃をしている（p. 229参照）。この動きのなかで特に注目したいのは，「田園プロジェクト」（「地域で暮らす会」）である。空き店舗の喫茶店を改装して，1 階を介護保険の認知症デイサービスと障害のある人の仕事場＝喫茶部門に，2 階を高齢者の通える趣味の教室や介護相談の場にしたのである。近くには「田園」に食事等を供給する障害者の授産施設がある。素晴らしいのは，人の暮らしから遠く離れた郊外ではなく，高齢者が住み慣れた自分のまちで最後まで暮らせるようにとの思いから，商店街に誰もが集まることのできる場とシステムをつくって，新たな人の動きを生み出したことである。中心市街地の活性化問題をそこに暮らす人々の生活の充実という観点からとらえるまなざしが斬新な取組みを生んでいるのである。住田さんはいう。小さなことから始めよう。そうすれば次が見えてくる。わがまちのためという誠意と熱意が人を動かし，つながりの連鎖

終章　希望の学としての「地域学」

図終 - 6　土佐の森・救援隊による間伐材の搬出

ができると（図終 - 4）。

### 他者との出会いと新たなつながりの形成

　次に，地域と他者（外部，異質なもの）との関わりを考えてみたい。他者と出会って地域の潜在的な力が引き出され，新たなつながりが生まれるケースである。

　土井康作さんの「因幡の手づくりまつり」（鳥取市）は，土井さんをはじめとする大学の教員と学生が，地元の職人や有志たちとともに商店街の屋外で大勢の子どもや保護者たちと一緒にものづくりをするイベントである。子どもたちの「しなやかな手の回復」を願って始めたこのまつりは，子どもたちがものづくりの技術と楽しさを学ぶ場であると同時に，住民が手業を披露し合って地域の力に気づく機会にもなっている（p. 298参照）。まつりを企画し運営する学生たちは地域にとって「他者」かもしれないが，地域の文化とその奥深さを体感しながら地域に貢献している。このような他者を媒介として成立する場も，地域の文化を意識化し保持していく上で重要な役割を果たすのである（図終 - 5）。

　中嶋健造さんのNPO土佐の森・救援隊の活動は，サラリーマンが放置された人工林に入ってボランティアで間伐することから始まった。身体を使って木を伐る楽しさ，間伐材の売却収入をもとに発行される地域通貨で地場産品を

図終-7 フランス,ポアチェ市への古民家移築のようす

買って一杯やる楽しさ,地域への貢献などが活動の原点であるが,林業の専門家たちと衝突しつつも,この小規模自伐林業はいまや驚くべき展開を見せている。木質バイオマスの推進,森林ツーリズム,森林環境教育,林業研修,薪づくり・薪の直販や高齢者への供給などで,活動には地元の人たちも大勢加わっている。

中嶋さんは,これらの活動の多くはかつて自伐林家が生活まわりで実施していたことであり,小規模で専門家とは異なる発想があったからこそ,このような人々の隠れた欲求と願望を引き出せたのだという。「スモールイズベスト」である(p. 175参照)。

埋もれた地域資源が新たなつながりを生むこともある。成相脩さん(島根県松江市,NPO日本古民家研究会理事長)は,粗大ゴミとして焼却されてきた古民家を「もったいない」精神と「いのちをつなぐ」精神で利活用する活動をしている。よく知られているのは元庄屋の「客殿」をフランスに移築したプロジェクトである(図終-7)。古民家は「美術館」として新たな役割を生きていくが,プロジェクトは松江市で世界のアーティストと子どもたちを集めたワークショップを開催するという副産物をもたらした(p. 199参照)。成相さんの試みは,生活のなかで長い時間を生きてきたものを掘り起こし,新たな状況に適応させて,心地よい場をつくり出し,人と人,異なるものとが出会って新しいつながりが生まれる契機になっている。

終章　希望の学としての「地域学」

図終-8　鳥取でのオペラ「ポラーノの広場」の公演

　芸術は地域にとって他者かもしれないが，重要な役割を果たしている。新倉健さんのオペラ（鳥取市）は，いろいろな職業の人が集まって音楽を創る喜びを与え，そこに行けば誰もがその日一日を元気で過ごすことができるような場を創出しようと試みている（図終-8）（p. 72参照）。中島諒人さん主宰の鳥の劇場（鳥取市鹿野町）もまた，芸術活動の社会的な可能性に期待している（p. 278参照）。住民たちがときに劇場という非日常の世界に身をおいて人生や生活をとらえ返すことで，市民としての主体性や創造性が育まれ，地域に新たな風をもたらすことを願っているのである（図終-9）。

　もうひとつ，演劇を中心とした地域変容の実例を紹介しよう。八雲国際演劇祭は世界からアマチュア劇団を集めて3年ごとに開催されるが，主催者である「劇団あしぶえ」（島根県松江市）は，演劇を通して豊かな感性・想像力・創造性が暮らしのなかで活かされる，そんな地域創造に貢献しようとしている（p. 150参照）。山村なので足りないところは住民や行政や劇団から集まったボランティアが話し合いを重ね，知恵と工夫を発揮して補っている。例えば，海外からやってきた劇団員たちは民家にホームステイするし，レストランも手づくりである。演劇祭の運営に当たるのは数百名ものボランティアである。その苦労は並大抵のことではない。

　会場に足を運ぶと，あたり一帯が明るい雰囲気に満ちている。伸びやかで心地がいい。子どもたちは外国から来た劇団員たちと身振り手振りを交えた片言

図終 - 9 「鳥の劇場」による「セールスマンの死」の上演

の英語で楽しそうに話している。定期公演のときも気持ちのいい空気に包まれている。劇場近くの古民家で田んぼを眺めながら昔ながらの食事をいただいていると，ゆっくりと流れる時間が蘇ってくる。懐かしさとともに演劇の感動が心にしみ込んでいく。芸術監督の園山さんはいう。「こうした11年間の体験が人々の暮らしを確実に変えてきました」。あの心地よさは演劇祭を支える人々の努力と，演劇祭に集う人々や文化との出会いがもたらした結晶なのである（図終 - 10）。

　最後に，コラム執筆者ではないが，重要な事例なので北川フラムさんの「大地の芸術祭」を紹介しよう。この芸術祭は，新潟県の約200の集落の人々と行政職員，500人を超える国内外のアーティスト，1500人の「こへび隊」（ボランティア団体）など，地域も世代もジャンルも越えた人々が里山を舞台に3年ごとに行う祭りで，アーティストを中心にしてみんなで作品をつくり見て楽しむのである。来訪者は50万人を越えるという（北川 2010）。

　北川さんはアートを介した農山村と都市との交流について次のように語っている。農山村も都市も何かが足りない。農山村の場合，人口が減り続けると地域が壊れてしまうので，よそ者でもいいから人に集まってほしい，活気がほしい。それで「大地の芸術祭」を開催することになった。都市の人々の場合，都市は人間性を抑圧しているように感じられる，生きにくい場所になっている。里山のような癒される環境とみながひとつになることのできる祭が必要だ。だ

終章 希望の学としての「地域学」

図終-10 八雲国際演劇祭に集う人々

から「こへび隊」のように芸術祭に熱意をもって関わろうとする。癒されたり，楽しみや活気が生まれたり，さまざまな学びがあったりと，両者の出会いと交流はどちらにとってもプラスになる。アートとアーティストにとっても同様である。地域では協働しないとものごとが成立しないので，アーティストも地域に入っていかざるをえないが，そうすることで作品に何かしら面白さが加わっていく。また，長い時間をかけて無数の人々の労働と生活が刻み込まれた景観のなかにアートとアーティスト，観る者が置かれるとき，美術館では存在しえない何かが生まれる（土地の力，地域の力）。都市では経験できない何かを五感で感じるのだ。

　地域にも変化が生じる。アートは地域の力を引き出し際立たせる。住民も自信を取り戻すが，それだけではない。地域はそこで暮らす人たちだけで成り立ち，ものごとを決めるのではなく，もっと多様な人々の関わりができていく器になるのではないか。アートが地域に入りさまざまな地域や世代や職業の人たちが協働することで「開いていく公共性」が立ち上がるのではないか，と北川さんはいう（北川 2006）。地域の新たな可能性を感じさせる指摘である。

　以上の多彩な取り組みから，まなざしをどこに向けるべきかを確認することができた。地域で暮らす意味，地域の蓄積された力と創造力，他者との出会いから生まれる豊かな可能性を知ることができた。それではわたしたちの地域学

311

の構想を語ることにしよう。

## 2 いま何が問題なのか，何が起こっているのか

わたしたちは，いま，漠とした不安のなかで生きている。経済がどうなるかわからず，暮らしの先行きが見えない。人口減少とともに，農山村では空き家が急増している。何百年にもわたって暮らしを支えてきた農地が放棄され，草木の生い茂る荒地と化しつつある。これまでの生活のしくみを維持することは難しくなった。都市では，働きたくても仕事に就けない，仕事をしても生活ができない人々が増えている。また，「孤独死」や「無縁社会」という言葉を目にするようにもなった。人と人との絆が弱まって，深刻な事態を迎えているのである。いま，わたしたちの暮らしのなかに，生きているという確かな実感はあるのだろうか。

不安の源は複雑でとらえがたく，単一の原因に帰すことはできないが，西欧近代に始まるわたしたちの時代，わたしたちの社会が行き詰まりを迎えているといえるだろう。あるいは，社会の深部で地殻変動が起きているというべきかもしれない。個人・自由・平等・普遍性・合理性・市民・国民国家といった，近代社会の土台ともいうべき諸理念と認識の枠組みにかつての輝きはない。人間の生のあり方，人間と自然との関係，人と人との結びつき，人と国家との関係が根源的に問い直されているのである。このような大きな変化のなかで注目されているもののひとつが，生活の場としての「地域」である[1]。

このような観点から今日の社会が直面している根本的な問題を考えてみると，さまざまな関係やつながりからの「切断」，それらの「回復」や「とりもどし」といった言葉で表現できるだろう。わたしたちの生のあり方には重要な何かが欠けている，何かと誰かと深く関わりつながっているという感じがしない。この危機感が失ってしまったものの「回復」や「とりもどし」という言葉となって表出しているように思うのである。

関係やつながりとして真っ先に思い浮かぶのは，人と人との関係や結びつきであるが，それだけではない。人と自然との関係，土地との関係，過去や死者，

終章　希望の学としての「地域学」

死の世界との関係，未来との関係など，人を取り巻くすべての関係とつながりが重要なのである。これらがすべて集中しているのが「地域」である。

わたしたちは後期近代に生きているが，近代が理想とし制度構築の前提としてきたのは「個人」である。「個人」は生身の人間ではない。さまざまな関係を削ぎ落とした同質的な存在であり，日常の具体的な諸関係から距離をとって考えることのできる人間である。自ら判断し決定し行動する人間，自らの行為に責任を取ることのできる人間（市民）である。近代の学校に期待されている役割のひとつは，このような人間を育てることである。近代社会は「人間の尊厳」や「自由と平等」という理想を示して，豊かな生を描き出した。わたしたちは確かにその恩恵に与っている。

ところが，その一方で，わたしたちは自分の身体や足元の暮らしの場から目を逸らして，まなざしをはるか遠くに向けるようになった。目指すべき対象は遠くにあると思うようになった。ものごとを抽象的に考えるようにもなった。何かを議論しようとすれば，「一般的に」考えて語ろうとするし，無意識のうちに国家の枠組みを前提にして発想したりもする。ときには地球環境問題のようにとてつもなく大きな世界を視野に入れて考えようとする。

しかし，そうすることで，わたしたちは自分を取り巻く世界をはっきりと理解できるようになっただろうか。見えるようになったのだろうか。むしろ逆ではないか。わたしたちは決して見ることも理解することもできない大きなものに翻弄されているように感じることのほうが多いのではないか。あるいは，すべてが他人事にしか感じられないつまらなさ虚しさから，自分のうちに閉じこもって自分のことしか考えなくなっているのではないか。いずれせよ，物質生活が大変化し，国家の諸制度も整ったことで，自分の身体をあまり使わなくても，人と関わらなくても生きていくことができる社会になった。生活のなかでさまざまな関係やつながりを感じることは，難しくなっているのである。

「回復」や「とりもどし」は，それに類する言葉も含めて，さまざまな問題を指摘するときに出てくるが，次のように考えることができるのではないか。まなざしを遠くにばかり向けるのではなく，身近なところにも向けてみよう。そこから生のあり方を見直してみよう。どのような関係とつながりのなかで生

きているのか，それを見つめて，自分の「世界」をはっきりつかみとりたい。この「世界」を生きていると実感できる場にしたい。そういう感覚と身近さをとりもどしたい，ということである。まなざしは身近な世界に向かおうとしている。地域学はこの切実な期待に応えなければならない。

## 3 わたしたちの地域学
―確かなものを求めて―

### わたしたちの生と地域

わたしたちの生にとって地域はどのような意味をもっているのだろうか。まずはこの問題から検討しよう。

わたしたちの視線を「生身の人間」である自分自身に向けてみれば，自分のなかに決して普遍的とはいえない，地域性（地域文化）とでもいうべきものがあることがわかる。例えば，言葉遣いや振る舞い方，ものの考え方や感じ方などであるが，その多くは育っていくなかでいつの間にか身につけたものである。決して自分の判断で選び取ったものではない[(2)]。それだけに人から指摘されたり批判されてはじめて気づくことが多いが，こうした感覚や無意識的な判断基準を生み出す場＝地域が確かに存在していて，そこから人は自己の個性の重要な部分を獲得している。さらにいえば，地域は人の生のあり方や生きているという実感を支える，とても重要な何かをもたらしているかもしれない。地域は「生の充実」や「わたし（たち）の幸福」にとって欠かすことのできない「拠りどころ」だといえるだろう。地域学は誰もがもっているはずの地域性を認め尊重するところからスタートする（第3章）[(3)]。

とはいえ，人と地域（性）との関係は複雑で微妙だといわねばならない。というのは，「人はみな移動する存在」であり，移動とともに新たな地域性を独自の仕方で受容し自己のなかに積み重ねていくからである。人は複数の地域性とともに生きているのである。移動する人々の存在はまた，自明視された既存の何かを揺さぶり，地域に変化をもたらす。こうした人やモノと情報の移動，それにともなう文化的なものの移動によって地域は常に変化にさらされている。地域を閉じた固定したものとしてではなく，変化に対して開かれたものと見る

終章　希望の学としての「地域学」

べきであろう。人も地域も静態的かつ動態的にとらえる必要がある[(4)]（移動の視点，第6章）。

　もうひとつ重要なことがある。人は地域を必ずしも「拠りどころ」だと感じていないかもしれない。それどころか，人を束縛するものとして忌避することさえある。地域には振る舞い方，考え方や感じ方を「制約」するところがあるからだ[(5)]。地域は人の生にとって不可欠なものだという認識に立つならば，地域の多様な側面をしっかりと受けとめて，できるだけ「誰もが生きやすい状態」にしていかなければならない。

　地域の問題として認識され易いのは，雇用問題のように生活の基盤が揺さぶられているときであるが，わたしたちの生活はローカルな場で営まれるとしてもナショナルなものやグローバルなものと分かちがたく結びついている。したがって，地域学は，経済構造のような，生活を枠づけているさまざまな構造を視野に入れて問題を検討しなければならない（第8章）。その一方で，「生きにくさ」「息苦しさ」「物足りなさ」といった「目に見えない問題」もある。「暮らしを楽しみたい」，「こうありたい」という願望もある。人の暮らしや生き方，文化に関わることも，地域学が検討すべき重大な問題である。

　それでは，地域（性）をつくり出しているのは何だろうか。自然環境（自然・環境・地盤・地質）は，地域の「土台」とでもいうべきものである。人の生活はこの「土台」の上で営まれている。生活のあり方も考え方も感じ方も，要するに文化の総体が，程度はともかく，「土台」によって枠づけられている。自然環境は地域を形成する諸要素のなかで最も重要なものなのである。他方で，人間は自然に対して働きかけ，暮らしをつくってきた。地域はこのような人間の活動が刻印され蓄積された歴史的所産でもある。地域とは，自然環境（生態系）と人間の営み（文明系）が交わるところで，両者の相互作用から生まれ，それによって変化していくのである。地域をとらえようというとき，自然と人間の営みとの関係のありようから考察を始めなければならない（客観的・構造的視点，第1，2，7章）。

　次に，地域とはどのような空間なのだろうか。地域は，自然環境や社会環境，人と人との結びつきを含めて，何らかのまとまりをもった，緩やかであいまい

な空間である。行政区分のようにはっきりと線引きできる空間でもあらかじめ大きさを特定できるものでもない。地域，すなわち生活の空間ではなく，検討すべき問題に応じて空間的な広がりが決まるのである（第5章）。地域はまた単独で存在しているわけではない。ひとつの地域の内にも外にも地域がある。地域は諸空間との関係性・重層性のなかにある（内山 2010）。さらに，どのような空間規模で考えるとしても，国家の諸制度や経済システムなどとの関係を考慮しなければならない（第8，9章）。人の暮らしに深く関わっているからである。人の生と地域はこのような目に見えない複雑な構造と関係性のなかにある。

### 地域に向き合う作法

　わたしたちは地域を考えようとするとき，どこを立脚点とすべきなのか。どこにまなざしを向けるべきであろうか。実践者（コラム執筆者）の語りは聴く者の心を揺さぶるが，彼らは生活から遊離したところで問いを立て，考え，実践してきたのではない。自分自身の問いから切り離された営みではない。だからこそ「確かなもの」を感じさせるのだ。まずは自分の足元から，生活の現場から考えるべきである。しかし，なぜ生活の現場なのだろうか。

　この問題に真正面から取り組んだのが，「第4章　生活のなかから生まれる学問――地域学への潮流」である。問題は近代の知のあり方である。西欧から導入されたアカデミズムは，社会で生起する諸現象を自分自身の生き方や問題から切り離して考えること（当事者性を排除して「客観性」を確保すること）を前提としている。このような知を学校や大学で学ぶことで，人は真理や優れたものは自分の生活から離れた別のところにあるという感覚を身につけた。生活から切り離して問いを立て，考えるようになった。この自分自身の問いから切り離された知のあり方は，人々の切実な問いに応えるものではなく，生きていくときの倫理や判断の基準として十分ではない。というのは，生きるとは当事者として暮らしの全体性のなかで考えることだからである。人は日々生起する諸問題に直面し，そのなかで最も適切な解決方法を探し求める。暮らしの現場では，人は問題の外に立つことはできないのだ。問題のなかで，自分に向き合い，自分を問い直しながら，解決しなければならない。

生活で重要なのは，自分のおかれた状況を理解し，そこから問題をつかまえることだ。日々の具体的で複雑な状況のなかで確かな判断ができるようになることだ。それには判断するための目安が必要だが，重視すべきは，まずは自分の身体や生活から得られたものの見方である。すなわち，生活の現場から立ち上がる知，自然のなかで体感・実感とともに獲得される知である。これこそが人々を結びつけ変えていく力となるのである。というのは，日々の生活のなかで自分自身にとって切実な，向き合わざるをえない課題と格闘しながら，人は何かに気づき，他者とつながるからである。自然のなかにあるとき，五感を介して何かを他者と分かち合い深め合って，自分も他者も変わっていくからである。この「気づき」とそれを通して生まれるつながりが，次の行動を促すのである。

　こうした知のとらえ方は学問のとらえ直しを迫る。生活のなかでひとりひとりが日々体験するリアルさ，切実さを直視して，生活の必要と切実さに応える学問が必要だ。それが地域学である。地域学は実践の学であるが，実践性の核はひとりひとりの「内面性の真実」にある。自分自身の生き方を脇において実践はありえない（生活からの視点）。

　それでは，どのようにして地域に向き合えばいいのだろうか。「第5章　生きられる地域のリアリティ――反省の学としての地域学を目指して」では，人は地域の存在も意味もなかなか実感できないと考えて，「わたし」の「いま，ここ」から地域をとらえようとする。本来，人はみな「いま，ここ」（場，地域）で他者との関わりなくしては生きられない。必要なことは，自分がそのなかで生きている関係性やつながりに気づくことだ。あるいは，それらを回復して，生きているという実感のある状態を実現することだ。要するに，「拠りどころ」であるはずの地域を自分の手にとりもどすことである。

　そのために，一見すれば私的なものにみえる「わたし」の「いま，ここ」から，自己の生き方を反省的にとらえつつ考えよう，「わたし」の「いま，ここ」を相対化しようというのである。振る舞い方や規範を生み出す社会的な構造，空間的な関係性，過去から未来へとつながる時間。この3つのなかに「わたし」の「いま，ここ」を位置づけるのである。こうして自ずと「みんなに関わ

ること」，すなわち，「公共的な視点」に至ることができる。それはまた，地域に存在する諸問題に気づき，乗り越えるための知恵を生み出すことにもなるだろう。

　この地域学は，「自分の誇りや生きがい，よろこびを自らの手にとりもどすための態度を醸成する学問」，いわば，「態度や作法としての地域学」だといえるだろう。したがって，重要なのは，自己へと向かう内省的なまなざしである。第4章や第6章でも指摘されているように，それは自分自身をもうひとりの自分が見つめる，そんなまなざしである。このまなざしが「わたし」のなかに見出すのは，他者が幾重にも織り込まれた「わたし」である。「わたし」は他者とつながっていて，他者を絶えず織り込みながら存在している。他者と関わることで，このことに気づき，ともに変容するのである。このようなまなざしと他者認識をもつことが，さまざまな関係性とつながりをとりもどすための地域学の最重要部分を成している（「わたし」からの視点）。

関係とつながりをとりもどすということ
　「さまざまな関係やつながりをとりもどす」とは，実際にはいかなる経験をいうのだろうか。人を取り巻く関係やつながりは，「わたし」の生に厚みと広がりを与えてくれるだろう。例えば，自然のなかにあるとき自分よりも大きな何かを感じるように，自然に対する感覚や感性は，「いま，ここ」を越えた問題に連なっているのではないか。ここではこうした問題を例を挙げて考えてみたい。

　数多くの農山村を訪ね歩いた結城登美雄さんは次のように語っている。村はこの世の人だけで成り立っているのではない。村にはみんなで踊る，代々伝えられてきた踊りがある。そこでは覆面をした人も踊っている。踊りの先に死者を追憶し，死者とつながっているのだ。また，いくつかの村の古くからある習慣をとりあげて，死と向き合い，死を自然なこととして受け入れて生きる覚悟が前提であることや，自分よりも大きな存在を儀礼や習慣を通して身体で受け容れてきたことなどを紹介している。自然と関わりをもちながら生きるとは，例えば，このような世界に親しむことではないだろうか。

終章　希望の学としての「地域学」

　自然との関わり方の違いは、異なる地域観を生む。内山節さんによれば、ヨーロッパでは、地域は生きている人間たちだけの世界である。しかし、日本の場合、地域は自然と人間の世界であり、生と死を含めたものである。自然と人間はある次元で一体となっており、人々には「自ずからなる（自然＝ジネン）」という感覚がある。「自治」とは自然の世界と死者の世界を内部にもつ地域を自ら治めることなのである（内山 2009, 2010）。

　つながりが見えるようになることは、人を変えていく。吉本哲郎さんは、住んでいる場所にあるものを探して写真を撮り、詳しく調べて絵地図にまとめ、みんなで共有する方法を考えたことで知られている。この「あるもの探し」を通して、暮らしのなかにある力、「足元にあるもの」に気づくまなざしができていく。暮らしを支えてきたしくみが見えてきて、何が大事なのかがよくわかるようになるのである。さらに若者は「地元学に関わるなかで、あるがままの自分をそのままあるものとして見ていき、自分のもっている力に気づいている」という。「地域が見えてくる」だけではない。「自分が見えてくる」のである（吉本 2008）。

　「浦河べてるの家」の試みも重要である。「個人苦」が「世界苦」につながっていくという指摘は、たとえ苦しみであっても、自分が社会・世界につながっているという感覚が「生きている」喜びをもたらすことを示唆している。この感覚は、自分で仲間とともに、自分自身と生活とをみつめることから、「気づき」を通して得られる。

　最後に松場登美さんの場合である。松場さんは土地や地域、人や過去を「授かったもの」として受け容れている。それがさまざまなものとの良質な関係、つながりを生んでいる。松場さんはこの暮らしを「根のある暮らし」と呼んでいるが、「根」とはつながりのことである。つながりを日々感じ、それに支えられて生きる喜び、これこそが「地域を自分の手にとりもどす」ということであろう。

## 新たな関係とつながり

　「第Ⅲ部　地域をとりもどす」では、さまざまな分野で新たな関係とつなが

りが生まれ，人々が地域をとりもどしつつあることがわかる。

人には必ず周囲の助けを必要とする時期がある。この時期を誰がどのようにして支えるのか，これが「第9章　地域がつくる福祉」の課題である。「国がつくる福祉」から「地域がつくる福祉」へと重点が移りつつあるなかで，施設福祉でも在宅福祉でもない，日常の暮らしに近い福祉の形が現れた。NPO法人が高齢者のために民家を活用して家庭環境に近い生活の場を提供し，新たなつながりの結節点をつくったのである。「何とかしなければ」という人々のやむにやまれぬ思いが身近な具体的条件を活かしたつながりの網の目を創出している。

教育にも変化が生じている。住民が地域の知や技を学校にもち込み，子どもたちの生に豊かさを加えようとする試みが始まっている。海士町のように学校を地域生活の持続と充実という観点から位置づけ直す動きもある。地域と学校は新たな関係を築こうとしている（第10章）。

アートや文化を地域の再生や活性化に活かそうとする動きもある。経済効果と，人と人とのつながりを生み，住民が誇りをとりもどす社会的効果に期待が寄せられているのである。アートは「土地の力」，「地域の力」を引き出すことができる。アーティスト・住民・行政の協働は，地域を舞台としながらも，ときに地域を越える，新たな人と人とのつながりを生んでいる（第11章）。

大学も動いている。大学は普遍的な知の拠点として貢献してきたが，近代からの社会システムが大きく転換しつつある現在，ローカルな世界から知を積み上げ新たな枠組みをつくる方向にシフトし始めている。地域に学ぼうとしているのである。大学と地域の距離は縮小しつつある。大学における教育も同様である。学生たちが大学のなかだけでなく，地域に出て地域に学び，同時に地域に貢献する，そういう「地域協働教育」が模索されている。地域との間に学び合う新たな関係を構築できるのか，大学の正念場である（第12章）。

## さまざまな視点で地域をとらえる

それでは，最後に地域をとらえる視点を大きくまとめて結びに入ろう。視点とは，「誰もが生きやすい状態」を実現しようとするとき，どこに立って，何

終章　希望の学としての「地域学」

を見据えながら考えるか，ということである。本書では4つの視点を提示した。客観的・構造的視点，生活からの視点，「わたし」からの視点，移動の視点である。これらの視点はふたつに大別できる。ひとつは，地域から距離を置いて，客観的に地域性をとらえようとする視点，さらに地域をより大きな構造のなかに位置づけて考えようとする視点である（客観的・構造的視点）。他の3つの視点は，観察者が自分の外にある地域を観察対象として見るというスタンスではない。地域のなかにあって地域を生きる当事者として問いを立て，地域をとらえようとする視点である。

本書でひとつ目の客観的・構造的視点に立っているのは，「第7章　地形から地域を読む」と「第8章　経済が地域に及ぼす影響」である。第7章は地形・地質的構造と社会経済的地域構造との関係を長期的な時間のなかで考察している。第8章は，縄文期から現代までの人口の推移や人の動きと経済的な地域構造との関係を検討したものである。共通しているのは，長期的な時間のなかで日本全体の社会経済的な地域構造とその変化をとらえようとしている点である。これは「わたし」や生活からの視点では見えてこないものである。時間的にも空間的にも大きなとらえ方であるが，大きな構造のなかに各地域を位置づけてその現在をとらえ，将来像を考えようとしている。わたしたちの暮らしはこのような構造のなかにある。「地域だけを見ていては，地域はわからない」のである。

空間的に見れば，この視点はナショナルな空間やグローバルな空間から小さな空間を位置づけ，地域間の関係性・重層性を重視して，地域をとらえようとする。これに対して他の視点（3つの視点）は人間の主観的な世界を重んじて，生活空間のような小さな空間をみつめて諸関係やつながりを考える。そして，そこから人の暮らしとナショナルなものやグローバルなものとの関係をとらえようとする。いずれの視点に立つかで地域の見え方は違ってくるが，どちらの視点も地域と暮らしを枠づけている見えない構造をとらえようとする点では同じであり，互いを補い合うことができる。

第7章と第8章は，長期的な時間の推移のなかで地域を見ている点でも重要である。地域をつくりあげているもののなかには，ほとんど変化しないか，

100年を超えるような長期的な時間のなかでゆっくりと変化するものがある。また，もう少し短い，中期的な時間で変化するものも，ごく短期間で急激に変化していくものもあるだろう（井上 1989）。このような多層的な時間から地域を見たとき，地域はどのような顔を見せるのだろうか。

　歴史について補足すれば，歴史というとき，国家やもっと大きな空間と視野にたった歴史が想起されるが，生活者にとって，足元の歴史，自分たちの小さな世界の歴史もまたきわめて重要である。過去の世界や過去の人々とのつながり，自分たちの生活のしくみ，その根底にある「精神の習慣」を感じ取ることのできる，「気づき」としての歴史，自らを知るための歴史である。例えば，結城登美雄さんや森まゆみさんのお仕事である。内山節さんが著書で指摘されている歴史である。わたしたちが地域を「とりもどす」ためには，この歴史性の回復が不可欠である。

## 希望に向かって

　わたしたちの生と地域が抱えている課題は複雑で，容易な解決を許さない。それでも無縁社会をさまよう「漂流する個人」でありたくはない。どんな世界に生きているのか知りたい，「安心と無事」，「自分の存在の確かさ」を感じて生きたいとわたしたちは切に願う。本書の最も重要な検討課題は，自分の立つべき位置はどこなのか，まなざしをどこに向けるべきか，ということである。わたしたちが学んだのは，目を向けるべきはまずは自分の足元であり，そこからまなざしを広げていくことである。自分の足元，すなわち，自分自身を，自分の育ってきたところを，生活しているところを，よく見てみよう。そこを足場として，生活する当事者として，考え行動してみようということである。と同時に，生活の場を枠づけている大きな構造をとらえようとするまなざしも欠かせない。このような複眼的なまなざしをもってはじめて「拠りどころ」としての地域を自らの手でとりもどすことが可能になるだろう。

　本書で提示したのは，人として諸関係やつながりをとりもどし，創造し，ともに生きていくための態度と作法と視点である。わたしたちの手で，できるだけ「誰もが生きられる」地域にしていくことである。地域学における実践とは，

終章　希望の学としての「地域学」

この過程における個々人の内省から政策までのすべてをいう。

　この意味の実践例として、「地域学総説」で学生たちがたどり着いた「気づき」を紹介しよう。学生たちはこれまで述べてきた地域学を学んで次のように考えるようになった。地域学と自分自身は密接につながっている。地域学に向き合っているように見えて、実はこれまでの自分自身に向き合っている。自分の好きなことや大切なことを、楽しみながら丁寧に継続していくことが重要だ。それが行動につながり、意味ある情報の発信や共有を生む。そうすることで多くの人が活動に関わるようになり、「個人の願い」が「みんなの願い」に転換されていく。まずは自分の身の丈にあった、足元の実践から始めよう。自分たちの「生活の場」や「身近なところ」、それが実践の場だ（仲野 2010）。

　この学生たちの認識をどのように受けとめればいいのだろうか。学生たちのレポートを分析して論考にまとめた仲野誠は、おおむね次のように理解している。一見非常に些細なことのように見えるが、実はその根底にあるのは、自らの「実践」に対する学生たちの確かな、あるいは静かな覚悟の表明なのではないだろうか。「実践」の目的を何か具体的な社会的課題を解決するというよりは、「人間の幸福」とでも呼ぶべき非常に根源的なことを達成するものだという理解がたいへん多くみられる。大切なのは、様々な人びとの生きざまや覚悟、そしてそこから生まれてくる可能性や希望が実は自分のものでもあることを学生たちが自覚しているように思えることだ。他者の可能性は自分の可能性でもある、私の苦労は他者の苦労でもある。このような視点をも提供したのが「地域学総説」だったのではないだろうか（仲野 2010）。

　これは驚くべき「気づき」である。深い知的理解がここにはある。この理解は、日々の生活のなかで現実とつき合わされ、苦しみと悩み、喜びをえて、修正され深まっていくことだろう。そのとき粘り強さが求められるであろうが、わたしたちは「とりもどし」へと向かうこの小さな一歩に大きな可能性を見ることができる。この可能性は、しかし、若い学生たちだけのものではない。わたしたちも、自分の心の声に、他者の声に、素直に耳を傾けてみれば、確かな何かが見えてくるはずである。ここにこそ、希望の萌芽がある。

　これまで述べてきた態度と作法と視点は希望に向かうための出発点だとわた

したちは考えている。とはいえ，ここまで読まれてきた方はすでにお気づきであろうが，特別な新味といえるものではないかもしれない。炯眼の先達はすでに随分前から警鐘を鳴らしてきたからだ（第2，4，5章）。問題はその言葉をしっかりと受け止めて，わたしたちのものにすることができなかったことだが，いま，地域に期待が寄せられているのは，もはや見てみぬふりをすることができないところまできてしまったからであろう。さまざまな学問分野の動向，生活の現場での動き，学生たちの反応を見て思うことは，わたしたちが希望への道程を歩み始めたことだ。この歩みをよりいっそう確かなものにしていかなければならない。わたしたちの「主体性」が問われている。


注
(1) 柴田三千雄他編『シリーズ世界史への問い』（岩波書店，全10巻）は，「刊行にあたって」で次の問題認識を提示している。世界史の"現在"が人間存在のあり方とその意味をさまざまな次元で急速に変化させ，認識枠組みの大幅な組み換えを迫っている。認識における全体性の回復と，ひとりひとりの生に密着した視座の再構築とが求められている。このような状況のなかで，歴史認識の枠組みや立脚点についても根源的な問い直しが要請されていると。そして，検討すべき問題群として3点を挙げている。人間と自然（環境）との関係を歴史的に遡って見直すこと，人と人との結びつきの形（社会的結合）と社会的統合や権威の構造との関係を検討すること，国民国家を相対化する地域の重要な役割に着目して，近代以降，世界の一体化・構造化が進むなかでの政治的統合と抵抗などの関係をとらえ直すこと，である。
(2) フェルナン・ブローデルの「日常性」についての見解を紹介しよう。「私が出発したのは日常性であった。生活の中でわれわれはそれに操られているのに，われわれはそれを知ることすらないもの。習慣（l'habitude）——慣習的行動（la routine）と言うほうがいいかもしれない——，そこに現れる何千という行為は，それら自身で完遂され，それらについて誰も決定せねばならないということはなく，本当のところ，それらはわれわれのはっきりとした意識の外で起こっている。人間は腰の上まで日常性の中に浸かっているのだと私は思う。今日に至るまで受け継がれ，雑然と蓄積され，無限に繰り返されてきた無数の行為，そういうものがわれわれが生活を営むのを助け，われわれを閉じ込め，生きている間じゅう，われわれのために決定を下しているのだ。」(Braudel 1985=1995：18-19)
(3) 吉村伸夫によれば，政治哲学の領域でも同じような考え方が登場している。地域

といえるような概念が出てきたのはリベラリズムとコミュニタリアニズムとの論争を通してであり，冷戦時代の終焉を迎えるまでは，普遍的人間像を前提とするリベラリズムが主流であった。それ以後，地域は人の生の充実にとって重大な意味をもつという考え方が大きくなってきたという。

(4) 赤坂憲雄は今日の地殻変動の意味を次のように説明している。心の拠りどころとなり，アイデンティティにとって最も大切な岩盤のようなものを「故郷」とみなせば，いまは「複数の，いくつもの故郷をいやおうなしに抱え込んで生きる，それが当たり前になって」いる。今日では，唯一の「定点」と「故郷」を前提にした定住的な共同性に閉じこもって，異質なものを排除するのではなく，いくつもの「定点」と「故郷」を創り出すような遊動的思考へと向かわざるを得ない。閉じられたアイデンティティではなく，「やわらかく開かれたアイデンティティ」に耐えることを学ばなければならない。（赤坂 2010：258-260, 266）

(5) 二宮宏之は次のように述べている。歴史人類学の課題は過去のある時代，ある社会を深層において読み取っていこうとするものだが，そのために検討すべき問題群を，ひとまず出発点である人間のところに戻してやらねばならない。そうしてはじめて，個々の問題が人間にとってどのような意味をもつかが明らかになる。引き戻すにあたって，「からだ」と「こころ」のありようから出発して，人と人との結び合う「きずな」と「しがらみ」とがどのような性格のものであるかを問わなければならない。この結合様式こそが，特定社会の独自の性格を形づくる（二宮 1994：3-7）。これはそのまま地域についてもいえることであろう。

## 文献

赤坂憲雄，2010，『婆のいざない　地域学へ』柏書房
井上幸治編集=監訳，1989，『フェルナン・ブローデル [1902-1985]』新評論
岩崎正弥・高野孝子，2010，『場の教育──「土地に根ざす学び」の水脈』農山漁村文化協会
岩本悠，2009，「持続可能な地域をつくる島まるごと学校構想──地域に生きる〈人間力〉を育む」『増刊現代農業8月号』農山漁村文化協会
内山節，2005，『「里」という思想』新潮社
───，2009，『清浄なる精神』，信濃毎日新聞社
───，2010，『共同体の基礎理論──自然と人間の基層から』農山漁村文化協会
北川フラム（森繁哉），2006，「インタビュー，地域を開くアートの祭り──越後妻有の〈大地の芸術祭〉から」『季刊東北学』6
───，2010，『大地の芸術祭』角川学芸出版
中村良夫，2010，『都市をつくる風景──「場所」と「身体」をつなぐもの』藤原書

店
柴田三千雄他編，1989，『シリーズ世界史への問い4　社会的結合』岩波書店
仲野誠，2010，「地域学教育の当面の成果——2010年度『地域学総説』受講生の最終レポートから」『地域学論集』7(2)
二宮宏之，1994，『歴史学再考——生活世界から権力秩序へ』日本エディタースクール出版部
ノーバーグ＝ホッジ，ヘレナ，辻信一，2009，『いよいよローカルの時代——ヘレナさんの「幸せの経済学」』大月書店
松場登美，2007，「松場登美—石見銀山—足元の宝を見つめて暮らしをデザインする」西村幸男・埒正浩『証言・町並み保存』学芸出版社
―――，2009，『群言堂の根のある暮らし——しあわせな田舎　石見銀山から』家の光協会
向谷地生良・浦河べてるの家，2006，『安心して絶望できる人生』日本放送出版協会
柳原邦光，2010，「松場登美さんの仕事に学ぶ」『地域学論集』7(1)
結城登美雄，2006，「地元学をめぐって」『季刊東北学』6
―――，2009，『地元学からの出発　この土地を生きた人びとの声に耳を傾ける』農山漁村文化協会
吉本哲郎，2008，『地元学をはじめよう』岩波ジュニア新書
Braudel, Fernand, 1985, *La dynamique du capitalisme*, Flamarion.（＝1995，金塚貞文訳『歴史入門』太田出版）

## Column

教室からの気づき
——鳥取大学地域学部の授業をとおして

仲野　誠

　鳥取大学地域学部では3年次の必修科目として「地域学総説」を開講している。この授業は入学後2年間の地域（学）との向き合い方を問い直すとともに，4年次の卒業研究，さらには卒業後の自らの実践を考える授業でもある。これは教員による講義とゲスト講師によるさまざまな実践例の紹介によって構成されている。

　多くの学生は地域学をほとんど理解していない状態で入学してくる。それは自分の日々の暮らしや生き方とは直接関係がない学問だと思っている者も多い。しかしこの授業の学生たちの最終レポートからは，学生たちが他者の経験から学び，それを自分自身の経験と絡めながら地域の当事者としての自分の姿を再発見し，変容していく過程が浮かび上がる。それは自分自身の実感を伴ってとらえ切れなかった地域を自分の手に取り戻していく過程であるようにみえる（以下，引用はすべてこの科目の学生の最終レポートから）。

▷「最初は曖昧すぎてわからなかった地域学が，実際に地域に出て活動する中で，またこの地域学総説の講義を通して，だんだんと私たちにとってなくてはならない身近な存在としてみることができるようになってきた」

　学生たちは自分の生き方から乖離しているように思えていた地域を自分との関係性の中でとらえ直し始める。そしてこの過程で，学生たちは自分が向き合っているのは地域のみならず，それまでの自分自身でもあることに気づき始める。この内省そのものがすでに地域（学）を生きるための実践になっている。このような意味で，地域学教育は地域に向き合う／自分の生き方に向き合う作法や態度であり，生き方そのものという実践でもある。

▷「地域学総説を通して，今ここで私がどのように生きていたのか，そして生きていくのかをきちんと考えなおさなければならないと実感した。他地域に学ぶことも大事だし，今私の知らないところでどのような新しい動きがあるのかを知ることは非常に有意義なことだ。それは様々な生き方を知ることでもある。それを自分自身のこととして捉えなおすという作業にもつながっているのである」

▷「私の問いを議論するためには，その問いが地域のなかでどのようなところにあるものなのか，つまり立ち位置を知る必要がある。地域学とは，地域のなかの私と向き合っている私自身を見る視点を獲得するための学問でもあると考える」

▷「幸せに生きていくということについて考えるためには，まず自分自身と向き合わなければならない。生活の中で，あるいは学問を通して，様々なことを感じ，学

び，新たな発見をし，自分の価値観を再構築する。その繰り返しが地域学における内面的な実践だ」

　以上のように，外部から地域を問うていた自分が，地域を生きる当事者としてその責任を問いかけられるような存在に転化していくという問いの転換がここにみられる。そしてこの問いの転換は，たんに地域を考えるための新しい視点を得ることに留まらず，地域に対する自己の向き合い方や，地域における自己の実践のあり方を変容させることへと展開していく。ここに，それぞれの主体にとっての新たな地域学実践の萌芽と，「地域の当事者として生きていくことへの覚悟」とでも呼ぶべき態度がみられる。

▷「地域学は当事者性が求められる学問である。地域という存在は厄介なことに決して自分自身と切り離せないのである。地域と私は相互関係にあるとも言い換えられる。つまり客観性を持ちながら地域の内側に入り込み，地域を構成する要素の一つとして私がいるのである」

▷「地域学を自分のものとする方法として，自分が地域の一員であることを自覚し積極的に挨拶などをして，初めに身近にいる人と交流をもとうとするこの自覚こそが第一歩なのではないか」

　さらに重要なこととして，学生たちは，ゲスト講師たちなど他者の実践の可能性は自分の可能性でもあることに気づき始める。ある学生は「講義が進むほどにわからなくなっていった」と述べる一方で次のようにいう。「ただひとつわかったことは，誰にでも実践できるということである」。こうしてさまざまな人々の生きざまや覚悟と，そこから生まれてくる可能性や希望は実は自分のものでもあることを学生たちは自覚するようになる。

▷「地域学とは『やめないこと』が重要なのである。この方達（ゲスト講師）はいくつになっても地域学という学問をやめなかった方達なのでは，と感じた。地域学とは『継続する学問』なのである。この学部で学んだことが必ず将来自分の糧になる時が来るように思う。それはどういった形で現れるかは分からないが，私が考える地域学を深めるために，地域に入ること，触れることをやめない。そしてそれを継続したいと思う」

　「継続する学問」としての地域学は，地域に生きる当事者としての学生の力も借りながら鍛え上げられていく。学生が語りだした自分の身の丈にあった足元からの実践は，地域学にとっての財産である。それは，自らの実践に対する学生たちの静かで確かな覚悟の宣言のようでもある。学生たちの言葉は，教員・学生・住民という属性にとらわれず，同じ場所を共有する多様な地域の当事者たちが互いに触発しあい，大学という場を越えて地域学が創出されていることを示唆している。

《執筆者紹介》

**吉村伸夫**（よしむら・のぶお）第3章
- 1947年　兵庫県神戸市生まれ
- 1975年　同志社大学大学院文学研究科修士課程修了
- 2014年　逝去
- 　　　　鳥取大学地域学部地域文化学科元教授
- 専　門　英文学

**児島　明**（こじま・あきら）第6章
- 1968年　島根県大田市生まれ
- 2002年　名古屋大学大学院教育学研究科博士課程後期課程修了
- 現　在　同志社大学社会学部教授，鳥取大学地域学部地域学科人間形成コース元准教授
- 専　門　教育社会学

**矢野孝雄**（やの・たかお）第7章
- 1950年　愛媛県松山市生まれ
- 1975年　新潟大学大学院理学研究科修士課程修了
- 　　　　鳥取大学地域学部地域環境学科元教授
- 専　門　地質学

**竹川俊夫**（たけがわ・としお）第9章
- 1967年　京都府京都市生まれ
- 2007年　同志社大学大学院文学研究科社会福祉学専攻博士後期課程修了
- 現　在　鳥取大学地域学部地域学科地域創造コース准教授
- 専　門　地域福祉論

**渡部昭男**（わたなべ・あきお）第10章
- 1954年　愛媛県大西町（現・今治市）生まれ
- 1982年　京都大学大学院教育学研究科博士後期課程修了
- 現　在　鳥取大学名誉教授，神戸大学大学院人間発達環境学研究科名誉客員教授
- 専　門　教育学（教育行政，特別ニーズ教育）

**野田邦弘**（のだ・くにひろ）第11章
- 1951年　福岡県福岡市生まれ
- 1976年　早稲田大学政治経済学部卒業
- 現　在　鳥取大学地域学部特命教授
- 専　門　文化政策

**藤井　正**（ふじい・ただし）第12章
- 1957年　大阪府大阪市生まれ
- 1982年　京都大学大学院文学研究科博士後期課程中退
- 現　在　鳥取大学地域学部地域学科地域創造コース教授
- 専　門　都市地理学

《コラム執筆者紹介》

結城登美雄（ゆうき・とみお）
 1945年 旧満州（現・中国東北部）生まれ
    民俗研究家
 主　著 『東北を歩く――小さな村の希望を旅する』新宿書房，2008年
    『地元学からの出発――この土地を生きた人びとの声に耳を傾ける』農山漁村文化協会，2009年

松場登美（まつば・とみ）
 1949年 三重県伊勢市生まれ
    （株）石見銀山生活文化研究所所長，（特非）納川の会理事，（株）他郷阿部家代表
 主　著 『群言堂の根のある暮らし――しあわせな田舎　石見銀山から』家の光協会，2009年
 Ｈ　Ｐ 「石見銀山生活文化研究所」http://www.gungendo.co.jp/

新倉　健（にいくら・けん）
 1951年 神奈川県茅ヶ崎市生まれ
 1976年 武蔵野音楽大学大学院音楽研究科作曲専攻修士課程修了
 現　在 鳥取大学地域学部名誉教授
 専　門 作曲・指揮
 作　品 「広島が言わせる言葉」
    オペラ「ポラーノの広場」

森まゆみ（もり・まゆみ）
 1954年 東京都文京区生まれ
    作家・市民文化活動家
 主　著 『「青鞜」の冒険――女が集まって雑誌をつくるということ』平凡社，2013年
    『子規の音』新潮社，2017年
 Ｈ　Ｐ 「谷根千ねっと」http://www.yanesen.net/

河合節二（かわい・せつじ）
 1961年 兵庫県神戸市生まれ
    野田北部まちづくり協議会，野田北ふるさとネット事務局長，（特非）たかとりコミュニティセンター理事
 主　著 「野田北ふるさとネットの取り組み」『都市政策』132号，2008年
 Ｈ　Ｐ 「野田北ふるさとネット」http://nodakita-furusato.net

園山土筆（そのやま・つくし）
 1946年 島根県雲南市生まれ
    演出家，八雲国際演劇祭芸術監督，（特非）あしぶえ理事長
 Ｈ　Ｐ 「しいの実シアター」http://www.ashibue.jp/